Aan De Zijde Van Jezus

door

Dolores Cannon

Vertaald door: Philomène Kerremans

Voor toestemming, serialisering, condensatie, adaptatie, of voor het verkrijgen van onze catalogus van andere publicaties, schrijf naar Ozark Mountain Publishing, Inc, P.O. box 754, Hunstville AR 72740, ATTN: Persmission Department.

Library of Congres Catalogiging Publications Data
Cannon, Dolores 1931-2014
Aan De Zijde Van Jezus door Dolores Cannon
    Vervolg op: *Jesus and the Essenes*. Meer ooggetuigenverslagen van de ontbrekende delen van Jezus 'leven. De informatie is verkregen door regressieve hypnose, uitgevoerd door Dolores Cannon. Inclusief bibliografie.

1. Jezus 2. Geschiedenis: Heilig Land 3. Hypnose 4. Reïncarnatie
I. Cannon, Dolores, 1931-2014 II. Jesus III Metafysica IV. Title

Library of congress Catalog Card Number: 2021941738
ISBN: 978-1-950608-49-2

Illustratie en vormgeving: Broadaway Printing & Travis Garrison
Boek in: Times New Roman
Vertaald door: Philomène Kerremans
Boekontwerp: Nancy Vernon
Uitgegeven door:

PO Box 754, Huntsville AR 72740
WWW.OZARKMT.COM
geprint in de VS

INHOUDSTAFEL

HOOFDSTUK 1 - De ontdekking: Een Band met Jezus   1
HOOFDSTUK 2 - Een Ontmoeting met Jezus   11
HOOFDSTUK 3 - De genezing   30
HOOFDSTUK 4 - De Tempel en het Oude Jeruzalem   53
HOOFDSTUK 5 - Kennismaking met de nicht van Jezus   71
HOOFDSTUK 6 - Het vertrek   90
HOOFDSTUK 7 - Het dorp van de melaatsen   111
HOOFDSTUK 8 - Het dorp bij de Gallische Zee   133
HOOFDSTUK 9 - Visioen: De dood van Jezus   155
HOOFDSTUK 10 - Naomi's verslag van de kruisiging   175
HOOFDSTUK 11 - De dood is slechts een bedevaart   194
ADDENDUM   214
AUTHOR PAGE   217

Lijst met Illustraties

Galilea, ten tijde van Jezus   10
Jeruzalem tijdens de heerschappij van Herodes.   51
Een schaalmodel van de Tempel van Herodus,
    gezien vanaf het Zuid-Oosten   52
Het tempelheiligdom   67
Het vrouwenhof   67
De twaalf treden naderen van de Temple Porch   68
Een doorsnede van de tempel van Herodes   70
Anna's visioen van Jezus' gezicht toen ze uit trance kwam   211

HOOFDSTUK 1

De Ontdekking: Een Band Met Jezus

Mijn werk als hypnotherapeut, waarbij ik specialiseer in reïncarnatie en het onderzoeken van vorige levens - ook bekend als vorige-levenstherapie- heeft me al in vreemde situaties gebracht. Het leidde me naar mystieke plaatsen. Ik kreeg op deze manier een kijkje achter de schermen. Dit wil zeggen, in het onderbewustzijn, waar het onbekende versluierd ligt, in de mistige zee van tijd. Ik heb vastgesteld, dat de gehele geschiedenis van de mensheid opgenomen is in de hoofden, hetzij breinen, van de mensen die vandaag leven. Als deze herinneringen met rust worden gelaten, zullen ze in een onontdekte modus blijven bestaan.

Het zijn omstandigheden, de creatie van onze hectische wereld, die ervoor zorgen dat deze herinneringen boven komen drijven. Vaak gebeurt dit onvrijwillig, aan de hand van de invloed die ze uitoefenen op onze huidige levens, en dit op een manier, die voor ons onverklaarbaar lijkt. Nu men op het punt is gekomen, dat vorige-levenstherapie effectief wordt gebruikt als een hulpmiddel bij het oplossen van problemen, komen er meer en meer herinneringen aan het licht dan ooit tevoren! Mensen staan het zichzelf toe, misschien wel voor het eerst, om toe te geven dat het lichaam waarin ze zich bevinden, net zozeer als de herinneringen van hun huidige levens, misschien niet de totale som zijn van "de mens". Mensen zijn veel meer, dan wat ze zien in de spiegel, veel meer, dan wat ze zich bewust herinneren. Er bestaan nog onontgonnen dieptes in de mens, die we nu slechts lichtjes aanporren.

Sinds de start van mijn werk, in 1979, heb ik kunnen vaststellen dat we allemaal inactieve herinneringen hebben, deze omvatten vele vorige levens, en zijn te vinden in ons onderbewustzijn. Zolang we normaal, naar tevredenheid, kunnen functioneren in onze normale "wakkere" staat, heeft men geen belang bij het onderzoeken van deze herinneringen. Ik ben er stellig van overtuigd, dat ons huidige leven het belangrijkste leven is, en dat het leven van dit huidige leven ons bestaansdoel is. We moeten ernaar streven dit leven te leven, op de beste manier mogelijk.

Er zijn er velen die zich de vraag stellen, waarom herinneren we ons niets van onze vorige levens, als reïncarnatie een feit is? Het onderbewustzijn kan worden vergeleken met een machine, een bandopnemer. Het is een heel geavanceerde computer. In ons huidige, dagelijkse leven, worden we continu gebombardeerd met miljoenen minuscule stukjes informatie: beelden, geuren, geluiden, zintuiglijke input. Als we al deze informatie op een bewust niveau zouden verwerken, konden we niet normaal functioneren – we zouden ons compleet overprikkeld wanen. Het onderbewustzijn werkt dus als een filter, en evenzeer als een bewaker. Het stelt ons in staat om focus te behouden, op de informatie die ertoe doet om in onze maatschappij te functioneren.

Het is ook belangrijk, om hierbij te onthouden dat alle andere gegevens die worden verzameld, ook nog steeds te vinden zijn in het computergeheugen. Het gaat nooit verloren, het wordt opgeslagen door een miser-type onderbewustzijn. Wie weet waarom? Het is allemaal klaar om gebruikt te worden, om aangesproken te worden, indien nodig. Wanneer een cliënt onder hypnose wordt teruggebracht naar zijn, of haar, twaalfde verjaardag van dit huidige leven, kunnen ze meestal het hele voorval haarscherp navertellen. Ze kennen de namen van alle kinderen die er waren, en als je het zou vragen, zouden ze in staat zijn om het voedsel, de geschenken, meubels en de decoratie te beschrijven, tot in het kleinste detail. Dit zijn slechts een van de meer doordeweekse dingen, die worden opgeslagen bij de brein-opname van een verjaardagsfeestje. Er is een volledige filmbibliotheek aanwezig, om de situatie in detail voor het geestesoog te brengen. Elke dag, en elk voorval in ons leven, wordt op dezelfde wijze opgenomen, en bewaard. Hiertoe kan men op elk moment toegang krijgen, indien nodig.

2

Als alles uit ons huidige leven in ons onderbewustzijn opgeslagen is, hebben we ook toegang tot onze vorige levens. Ik vergelijk het graag met een gigantische videobibliotheek; we vragen het onderbewustzijn om een bepaald stukje film naar voren te halen. Als je dit even tot je laat doordringen, snap je vast wel waarom het misschien niet aan te raden is, dat deze herinneringen zonder filter naar de oppervlakte zouden drijven in onze dagelijks leven. Het zou een enorme schade kunnen aanrichten. We zouden helemaal overprikkeld zijn. Het zou een enorme rommel worden om normaal te functioneren als er herinneringen over eerdere karma-gerelateerde relaties doorsijpelden.

Zodoende handelt het onderbewustzijn als een selectieve filter, het behoudt datgene, dat essentieel is, om te leven in onze huidige situatie en omgeving. Soms ontstaan er problemen, wanneer vorige levens invloed krijgen op ons huidige leven. Zo zijn er specifieke omstandigheden, die een trigger vormen, om een herinnering uit een vorig leven in focus te brengen. Hier komt de vorige-levenstherapie bij kijken: het helpt patronen te ontdekken die vooraf opgesteld zijn door jezelf. Het helpt bij het ontdekken van, en omgaan met, onopgelost karma, dat opborrelt en een (vaak negatieve) invloed heeft op de dagelijkse bezigheden.

Veel van mijn cliënten, waar ikzelf, en andere vorige-levenstherapeuten, mee hebben gewerkt ondergingen al jarenlang behandelingen op mentaal en fysiek vlak. Geen van hun had de antwoorden gevonden die ze zochten. Ontwrichte relaties met anderen, die geen uitleg vinden in dit leven, hebben vaak hun oorsprong in gespannen en traumatische situaties uit andere levens. Een voorbeeld: Een sterke weerzin naar stof en honden werd teruggeleid naar een armoedig leven, waarbij het subject in de woestijn woonde en honden moest afweren om zijn voedselvoorraad te beschermen. De oorzaak voor fysieke ziektes die conventionele methodes weerstaan kan vaak gevonden worden in een vorig leven. Zo was er een cliënt wiens desastreuze nekpijn werd herleid naar twee gewelddadige levenseindes: een ervan was door middel van een guillotine, en een andere werd veroorzaakt door het wapen van een Indiaan, waarbij hij een slag in de nek kreeg. Er was ook een jonge universiteitsstudent, die er niet in slaagde lessen te volgen, omdat er hevige buikkrampen de kop op staken tijdens stressvolle periodes. Dit werd teruggeleid naar verschillende levens, waar de dood werd veroorzaakt door trauma aan dat deel van het lichaam: een zwaard, overreden door een koets, neergeschoten worden, enzoverder. Compulsief te veel eten en overgewicht kan mede veroorzaakt worden door sluimerende herinneringen aan een dood door hongersnood, of verantwoordelijkheid voor iemand, die op deze manier om het leven kwam. Het laatste zorgde voor een nood, om balans te brengen in deze karma-gerelateerde schuld.

Een vrouw die het verlangen had om een kind te baren, maar alle veel miskramen had doorstaan, ontdekte dat ze overleden was tijdens de bevalling in een vorig leven. Omdat het onderbewustzijn geen conceptueel besef van tijd heeft, denkt het dat het gewoon zijn job doet, je beschermen, door dit niet meer te laten gebeuren. De methode die werd toegepast in het geval van de miskramen, was het voorkomen van enige kans op bevallen, teneinde een miskraam uit te sluiten. Hierbij moet dus rechtstreeks gewerkt worden met het onderbewustzijn, om het ervan te overtuigen, dat het lichaam met deze problemen niet langer bestaat, en dat het huidige lichaam in een gezonde, capaciteitsvolle staat verkeerd. Eens het onderbewustzijn besef heeft van het verschil in lichamen, en dat de huidige persoonlijkheid geen risico loopt, raken de problemen snel opgelost.

Soms kan het antwoord gevonden worden in een enkel vorig leven. In andere gevallen ligt de oorzaak dieper, meer complex. Zo kan er een patroon worden gevonden dat verschillende levens overspant. Het is belangrijk om hierbij te benadrukken, zoals bij alle therapie, dat vorige-levenstherapie geen magische allesgenezer is. Eens de hints worden ontdekt, is het nog steeds aan de cliënt, om deze hints te zien als iets om mee te werken en de informatie te verwerken en toe te passen in hun huidige leven. Als de cliënt de verworven kennis toepast en ermee werkt kunnen de resultaten verbluffend zijn.

Gedurende de voorbije jaren, werkte ik met honderden mensen. Ik behandelde een gigantische hoeveelheid onderwerpen. Soms waren er interessante zaken, die verder onderzoek mogelijk maakten. Echter, het merendeel van de cliënten maakte me deelgenoot van levens die men, zo vriendelijk mogelijk, saai of doorsnee, zou noemen. Men zou denken dat er niks interessants in gebeurde. Maar net dit type casus geeft een zekere validiteit aan vorige-levenstherapie. Als wij, later in de toekomst, aan de hand van regressietherapie zouden worden teruggebracht naar dit huidige leven, zouden we ook vooral botsen op doordeweekse en gewone situaties. Dat is immers hoe leven is. Weinigen onder ons zijn belangrijk genoeg, of doen iets gek genoeg, dat we met ons hoofd op de televisie of onze naam in de krant belanden. Er zijn veel meer doorsnee mensen op deze wereldbol aan het vertoeven, dan uitzonderlijke! Het belangrijkste bij een regressie is natuurlijk niet of ik zelf het leven interessant vind om te onderzoeken. Het gaat erom, dat de cliënt heeft gevonden waar die naar zocht. Ik dacht vaak, na een sessie, dat de cliënt teleurgesteld zou zijn. Het bleek echter, dat de bovengekomen herinnering bijna altijd enorm belangrijk was, als stukje van hun puzzel. Het verklaarde iets waarmee ze al hun hele leven, worstelden. Ik oordeel dus niet over het nut van de herinneringen als therapeutisch hulpmiddel. Dit type van doorsnee regressies zijn de norm. Men zou er nooit over schrijven, tenzij er een opeenstapeling was, van een bepaald type leven, of van een stukje geschiedenis, zoals die dan verteld wordt, door verschillende mensen, die tijdens dezelfde periode leefden.

Mijn boeken zijn gebaseerd op een beperkt aantal sessies, toen ik het geluk had om te werken met een cliënt die bijvoorbeeld had geleefd tijdens een belangrijke historische periode, of met iemand die in verband stond met een belangrijk persoon. Ik heb zelf nog geen Napoleon of Cleopatra ontdekt, ik verwacht ook niet dat dit zal gebeuren. De kans is groter, dat ik iemand tegenkom, die in verband stond met zo'n prominent figuur, dan de persoon in kwestie zelf. In dat geval, moet je de nadruk leggen op wat zij zich herinneren van die persoon, zonder ooit meer details dan dat te verzamelen. Zelfs, als het subject naar een leven terugging, waarbij er iets historisch gaande was, zou nooit meer dan de perceptie van slechts één persoon worden bemachtigd. Ze kunnen je enkel vertellen wat zij op dat moment in tijd wisten over de situatie. Zo zal een boer niet op de hoogte zijn van wat er hogerop wordt besloten, en omgekeerd. Het verhaal wordt verteld vanuit hun unieke standpunt. Andere zaken worden onmiddellijk herkend als een verhaaltje, fantasie.

Toen ik het boek *Jezus en de Essenen*, schreef, had ik nooit durven denken, dat er nog een andere ontmoeting zou plaatsvinden, met iemand die andere, persoonlijke, details had over het leven van Christus. Dat boek bevat het verhaal van Jezus verteld doorheen de ogen van een van zijn leraren, bij de Essenen, in Qumran. Dit gebeurde, toen ik een jong meisje naar die periode bracht, met regressiehypnose. Het was voor ons beiden een geweldige ontdekking. Het meisje was nog schoollopend, en dit maakte de historische en theologische data nog meer relevant, en geloofwaardig. Ze verkeerde niet in de mogelijkheid, in haar jonge leven, om dit type informatie verzameld te hebben. Maar dat geval was er eentje van één uit de duizend, een naald in een hooiberg. Dit is waarom ik zoveel tijd spendeerde aan het verzamelen van details. Het idee, dat er misschien ooit nog iemand zou zijn, die in dezelfde tijdsperiode had geleefd, én een band had met Jezus, leek niet realistisch.

Ik heb wel degelijk nog subjecten behandeld, die ik naar die tijdsperiode terugbracht, maar dat waren dan Romeinse soldaten. Soms was het een persoon die in Jeruzalem leefde, of iemand die een kraam had op de markt. Ze vermeldden Christus zelfs niet, ook al leefden ze misschien vlakbij hem in de buurt. Dit voegt waarde toe aan mijn bevindingen, omdat het aantoont, dat mensen niet neigen naar het fantaseren vanuit het verlangen om contact te hebben gehad met Jezus. Zelfs als je ze in de mogelijkheid stelt. Ze vertellen hun eigen unieke verhaal. Het is waarschijnlijk zo, dat er een groot aantal mensen bestaat, die een vorig leven hadden met Jezus. En dat er dus zijn, met deze herinneringen weg gestouwd in hun onderbewustzijn. Maar hoe klein was de kans, dat ik nog iemand zou ontmoeten? Ik zou stellen dat die kans klein was. Ik verwachtte alvast niet, dat het nog eens zou gebeuren. Zeker niet na mijn ervaring met Katie, en het schrijven van dat boek, in 1985.

Ik werkte wel eens met een vrouw, die er zodanig van overtuigd was geleefd te hebben gedurende die periode, dat ze probeerde een herinnering te fabriceren onder hypnose. Ik geloof niet, dat ze probeerde om te liegen, of een onderliggend duister motief had. Ze geloofde gewoon heel erg hard, dat ze in een vorige leven Elizabeth was geweest. Dit was de moeder van Johannes De Doper. Niemand ging haar overtuigen van het tegendeel. Ze wou een regressie-sessie ondergaan, om dit aan haarzelf, en haar omgeving, te bewijzen. Ik ging hiermee akkoord, maar ik voelde me er niet helemaal lekker bij. Ik stelde mezelf nog meer in een observerende modus op dan anders mijn gewoonte is. Ik was enorm pietluttig over het vermijden van het leiden en gidsen van het subject. Vanaf het moment dat ze in trance

6

ging, begon ze met het beschrijven van Het Heilige Land, al snel volgde haar associatie met Johannes, en Jezus. Ze werd ervaarde veel emotie bij het praten over de arrestatie van Johannes, en zijn nakende dood.

Er waren meteen enkele dingen, die erop duiden, dat dit een gefantaseerd verhaal was. Toen ik diepgaande vragen stelde, kon ze hier geen antwoord op geven. Ze hield zich aan de Bijbelse versie, en week hier op generlei wijze vanaf. Met andere woorden, ze kon geen enkele vraag beantwoorden, waarvan het antwoord, of de informatie niet in de Bijbel te vinden is. Nog een hint voor 'bedrog', was haar lichaamstaal. Wanneer een cliënt normaal in trance is, zal die zo goed als bewegingsloos zijn. Hun ademhaling, beweging van spieren zijn ook zo goed als niet waarneembaar, en REM (Rapid Eye Movement) verhoogt. Dit zijn tekenen die worden opgemerkt door de hypnotherapeut, ze worden in het oog gehouden. Dit wordt gedaan, om de diepte van de trance te bepalen, en ook om te weten of er een trauma te bespeuren is. Deze vrouw lag niet stil. Haar lichaam vertoonde agitatie. Ze was voortdurend bezig met handenwringende gebaren, haar ademhaling was onregelmatig, en haar oogbewegingen waren incorrect. Haar gehele voorkomen vertoonde een zekere mate van stress. Na een halfuur van het hiervoor vermelde gedoe, ik was gedurende die tijd bezig met het gebruiken van "verdiepende technieken", deed ze wat ik een "kikkersprong" noem. Ze sprong vanuit de scene die we aan het behandelen waren, naar een andere scene uit een ander leven. Ze was nu een Italiaans priester van een kleine en arme kerk. Haar lichaam ontspande, en er vond een normale en doorsnee regressie plaats. Ze vertelde het verhaal van een ongelukkige priester, die er niet bij hoorde. Hij was absoluut niet akkoord met zijn trekking van het lot. Ik ontspande ook, omdat ik wist dat we ons nu weer op, althans voor mij, bekend terrein bevonden. Wat er was gebeurd, was duidelijk. Haar onderbewustzijn probeerde haar wens te vervullen en fantaseerde een leven met Johannes en Jezus, maar naargelang de trance verdiepte, kon het niet langer doorgaan met liegen, en een normale regressie volgde hierop.

Er gebeurde nog iets tijdens deze sessie wat maar zelden voorvalt. Tijdens het gefantaseerde deel van de sessie, voelde ik een enorme hoeveelheid energie van haar uit stralen. Het voelt als hitte, het zorgt voor een zekere aantrekking, een grijpend effect op mijn lichaam. Het is hoogst oncomfortabel, en het kan mijn concentratie beïnvloeden. Vaak zal ik wat afstand nemen van het subject (een halve meter), tot dit gevoel voorbijgaat. Tijden deze vreemde energie-fluctuatie viel het me op, dat de bandopnemer stopte met werken. Terwijl ik de vrouw verder vragen stelde, probeerde ik dit technisch probleem te verhelpen. Bij het openen van de bandopnemer, stelde ik vast dat de tape vastzat, en zich rond de spoelkop had gewonden. Ik haalde er een lange strook vermangelde film uit. Dan stak ik er een nieuwe cassette in, en ging door met de sessie. Toen ze verderging met het leven van de Italiaanse priester, werkte de bandopnemer zonder problemen. Zoals ik al zei, gebeurt dit slechts zelden. Doorgaans valt dit enkel op te merken bij situaties met een hoog stressniveau, of spanning, voor de cliënt. Kon het energieveld, dat ik effectief kon waarnemen, invloed hebben op de bandopnemer? Ik wist over gevallen waarbij extreem geruis, of lawaai, de stemmen op de tape onverstaanbaar maakt. Ik vermoed dat dit aantoont dat er meer gaande is tijdens vorige levens dan men denkt. Er lijken onzichtbare energiekrachten aanwezig te zijn. Ze stralen je tegemoet, vanuit het lichaam van de cliënt, en kunnen machines beïnvloeden. Zeker iets dat zo fijn is afgesteld als een bandopnemer.

Toen de vrouw ontwaakte uit de trance, was ze helemaal opgeslorpt door haar (veronderstelde) herinnering aan haar leven met Jezus. Ze dacht dat dit verder bewijs was, en verwierp het andere leven als priester. Ze was bijna ontzet toen ik haar meedeelde dat dat deel van de tape niet langer te beluisteren was. Behalve de verfrommelde tape, hadden de wieltjes zich ook laten gelden en de tape kon niet langer worden opgewonden. Ze smeekte me om dit te herstellen omdat ze het nu eenmaal moest en zou hebben. Het was het belangrijkste ding in haar leven. Dit was opnieuw een aanwijzing, dat de herinnering niet echt was, een waarlijke regressie waarborgt dit type reactie niet. De cliënt ontkent normaal gesproken dat de ervaring echt is, zeggende dat ze het ergens hebben gelezen, of het zagen in een film of dergelijke. Ontkenning is de eerste reactie, en het is volstrekt normaal om ze dingen te horen zeggen zoals: "Oh, ik verzon het waarschijnlijk." Ik geloof dat dit een methode is van het bewuste brein, om een plaats te kunnen geven aan iets dat zo vreemd aandoet. Vorige levens zijn alvast een heel vreemd gegeven voor de doorsnee mens. Voor mij was dit geval een onschuldige poging van iemand, om

8

een leven te fantaseren dat op een manier haar verlangen zou vervullen. Het verlangen om geleefd te hebben met deze belangrijk historische figuren. Het was ook verder bewijs voor me, dat zo'n dingen niet kunnen vervalst worden.

Ik verwachtte dus geen andere cliënten te vinden die tijdens de tijd van Jezus hadden geleefd, en als dat wel zo was geweest, had de vorige ervaring me wel bedachtzaam gemaakt. Maar deze voorvallen liggen niet in onze -sterfelijke- handen. De dingen die ik uiteindelijk ontdek, en verder onderzoek, lijken wel aangereikt vanuit hogere bronnen. Ze liggen alvast buiten mijn controle. Tijden de jaren 1986 en 1987 was ik bezig met het materiaal dat ik had verzameld rond Nostradamus. (Dit kan je lezen in mijn boeken, Nostradamus spreekt, Nostradamus spreekt opnieuw.) Er waren twee cliënten, die een spontane regressie naar dit tijdstip ondergingen, en mijn interesse werd opnieuw gegrepen. Ik heb me dikwijls afgevraagd wat de hoe klein de kans hiervoor was, maar heb sindsdien geleerd om de redenen niet in vraag te stellen. Ik word onverklaarbaar geleid, naar de zaken die ik aan het licht moet brengen.

Dit boek is het verhaal van twee vrouwen, die onafhankelijk van elkaar, ontmoetingen hadden met Jezus, in een vorig leven. Hun herinneringen voegen waardevolle stukken toe aan het vergeten en verwrongen verhaal dat wij nu kennen. Het helpt ons om Jezus beter te begrijpen en te waarderen. Hij was vooreerst een man, een mens, met complexe gevoelens en emoties. Hij was zeker ook een meester-leraar, die de mysteries van het universum begreep, en pogingen deed om ze te tonen, en door te geven aan anderen. Zoals hij zei, "Deze dingen zal je doen, en meer." Maar hij was ook een mens, en dit is het deel van zijn verhaal, dat niet echt wordt verteld. In dit boek, net zoals bij Jezus en de Essenen, krijgen we een zeldzame kans, om hem te zien zoals de mensen waarmee hij toen leefde hem zagen. Het toont ons een beeld van hem, dat diepgaand, persoonlijk, en waarachtig is. Misschien kan Jezus uiteindelijk gezien en geapprecieerd worden als de wonderbaarlijke mens die hij was.

Kom binnen in de wereld van het onbekende. De wereld van regressiehypnose.

Galilea, ten tijde van Jezus

HOOFDSTUK 2

Een Ontmoeting met Jezus

Er bestaan een aantal redenen voor mensen, om mij verzoeken naar een vorige-levenstherapiesessie. Veel mensen hebben een probleem dat ze willen verhelpen, of dat nu fysiek, of emotioneel van aard is. Karma-gerelateerde relaties met familieleden, of andere belangrijke mensen in hun leven, veroorzaken vaak problemen. Daar hebben ze dan hulp bij nodig. Ze hebben vaak alle andere conventionelere methodes aangesproken, zowel medisch als psychiatrisch, en komen dan uit bij vorige-levenstherapie als een mogelijke oplossing. Dan is er ook het percentage dat hypnose wil ondergaan en vorige levens onderzoeken uit pure nieuwsgierigheid. Om uit te zoeken, of ze inderdaad ooit een vorig leven hadden geleid.

Toen Marie me belde voor een afspraak, was ik niet zeker of ze tot de ene, dan wel de andere groep behoorde. Ze was een aantrekkelijke vrouw einde de dertig. Ze was gescheiden en probeerde twee zonen groot te brengen op haar eentje. Ze had haar eigen zaak gestart, een klein tuinarchitectenbedrijf. Haar schema was volzet, en onze sessies werden gepland tussen haar andere afspraken in. Ze kwam altijd aanrijden in een kleine bestelwagen vol planten. Na de sessies ging ze verder met het leveren van haar bestellingen. Dit was zeker geen verveelde huisvrouw die een opwindende hobby zocht... Marie was een toegewijde moeder, vastberaden om van een haar zaak een succes te maken, zodat ze haar twee zonen kon voorzien van een zo rijkelijk mogelijk leven.

Ze gaf toe dat op zoek was naar een oplossing voor een probleem, maar ze wou verder niet vertellen wat dat probleem was. Ze stelde

11

simpelweg dat als we het vonden, ze het zou herkennen. Dit betekende dat ik, als therapeut, in het donker zou tasten, niet wetende waar we naar op zoek waren. Dit kan worden verholpen door het onderbewustzijn de vrije teugel te geven. Zo laat je het onderbewustzijn toe te zoeken waar het wil. Bij onze eerste afspraak liet ik Marie in trance gaan. Dan stond ik haar toe te reizen naar waar ze wou, naar de tijd waar ze heen wou. Zonder een richting te geven, of een probleem aan te kaarten.

Ik kon makkelijk voorspellen wat er zou gebeuren, omdat deze zaken vaak een patroon volgen. De resultaten zijn doorgaans hetzelfde. Marie ging terug naar een leven dat doorsnee en saai was, en waarin weinig betekenisvols gebeurde. Ze zei dat het bepaalde vragen en zaken in haar leven begrijpelijker maakte, maar dat het geen verband hield met haar eigenlijke probleem. De week erna hadden we dezelfde resultaten, een normaal vorig leven, dat enkel belangrijk was voor Marie.

De doorbraak kwam tijdens de derde sessie. Marie was een uitstekende cliënte, en ik had haar geconditioneerd om in diepe trance te gaan aan de hand van een sleutelwoord. Deze sleutelwoorden kunnen allerlei zijn, en hun gebruik elimineert lange processen van inductie. Nadat ze het zich comfortabel had gemaakt op het bed, gebruikte ik het sleutelwoord, en ging verder met aftellen. Nadat ze in de diepe trance-state was beland, verzocht ik haar onderbewustzijn om ons informatie te verstrekken die belangrijk was voor haar. Ik vroeg, om haar mee te nemen naar een vorig leven dat belangrijk was, en relevant was voor haar huidige leven. Ik hoopte dat ze zich veilig genoeg voelde om hier gehoor aan te geven.

Ik voer zoveel sessies uit, dat ik verschillende bandopnemers gebruik. Het gebeurt vaak dat ik ze helemaal verslijt, zowel door het opnemen, als het weer afpelen. De tapes van deze sessies met Marie werden gemaakt tijdens een periode dat mijn bandopnemer niet optimaal functioneerde. Ik had er al verscheidene sessies met haar opzitten, voor ik merkte dat het niet goed liep. Het sloeg soms opnametijd over, en de wielen stopten met draaien. Op die momenten verloor ik bepaalde woorden. Ik probeerde me zo goed als ik kon alles te herinneren bij het neerschrijven van deze sessies. Tijdens onze sessies was ik dus vaak bezig met de bandopnemer.

Ik gebruikte een methode waarbij de cliënt op een grote witte wolk zweeft. Ik vroeg de wolk om haar af te zetten in een belangrijke tijd, waar er belangrijke informatie te vinden was, die ze zou willen hebben.

Ik telde, terwijl de wolk haar droeg, en zachtjes liet landen. Haar eerste indruk was, dat ze zich staande bevond, in een uitham, met groene bomen. Ze merkte op dat de stammen ervan glad waren, lichtjes grijs gevlekt, een structuur die haar onbekend was. Dan zag ze een kleine groep van vier mensen, tussen de bomen. Ze kon hen waarnemen van een afstand, ze leken allemaal dezelfde kledij aan te hebben, witte linnen gewaden, die rond het middel waren samengebonden met iets zoals een katoenen touw-riem. Een vrouw had een linnen doek over haar haar gebonden. Toen Mary zichzelf bekeek, naar beneden kijkend, ontdekte ze dat ze op dezelfde manier gekleed was. Ze droeg een huisgemaakt wit linnen gewaad, en sandalen aan haar voeten. Ze wist dat ze een jong meisje was, een beginnende tiener, met lang bruin haar. Ze zei dat haar naam Abigail was, en ze was daarheen gekomen van een nabijgelegen dorp. Ik vroeg haar of ze dichter bij de mensen wou gaan.

"Ja", antwoordde ze. "Ik zou graag weten waarom ze verzamelen. Wachten ze op mij? Ik moet weer de verlegene zijn, beetje zoals het leven waarin ik me huidig bevind. Zelfs nu aarzel ik om groepen te vervoegen. Ja, ik geloof dat ze op me wachten."

Dolores: Ken je deze mensen?

Marie: Ja. Ik heb al tijd met hen doorgebracht. Maar ik ben de jongste. Ik weet niet zoveel als zij weten over dingen.

D: Zijn ze buren, vrienden, wat denk je?

M: Ik geloof dat ze onderwijzers zijn. Ik heb nog niet zo heel veel tijd met hen doorgebracht. Ik voel me ietwat onwaardig rond hun onderwijs en hun aandacht. Het is moeilijk voor me om te accepteren dat ze me als student zouden willen. Omwille van mijn leeftijd en hun grote wijsheid. Ze lijken erg wijs, en ik lijk erg jong.

D: Ik denk dat het erg goed is dat je wil leren.

M: Ja. (Lacht) Dat is mijn natuur. Mijn gretigheid viel hen op. Ze geloven dat ik een waardige student ben, ook als ik dat niet doe.

D: Is het moeilijk om te begrijpen wat ze je leren?

M: Het is niet moeilijk te begrijpen. Ik ben erg bevoordeeld dat ik deze informatie mag weten. Het zijn spirituele lessen, die ze hebben verzameld over vele, vele jaren, en ze moeten deze kennis doorgeven.

D: Hoe vinden ze jou, en andere studenten?

M: Ik geloof dat mijn ouders me hebben aangeboden. Waar ik nu ben, is het alsof de anderen allemaal leraren zijn, en ik de enige student.

D: Ik denk dat het lastig moet zijn om zoveel leraren te hebben.

M: Ik denk dat het morele ondersteuning is. Het is alsof je bij een nieuwe familie komt. Ze zijn erg warm en verwelkomend. Ze lijken me erg leuk te vinden.

D: Weet je in welk land we ons bevinden? Heb je iemand daar iets over horen zeggen?

M: (Lange pauze) Het woord "Palestina" komt naar boven.

D: Is het er warm?

M: Er is een briesje. Het is warm in de zon, maar het is koel onder de bomen. Het is een erg prettige locatie om te leren. Ik vind mijn lessen met hen fijn. Dit is een erg prettige ervaring.

D: Moet je lezen, of schrijven?

M: Nee, ze onderwijzen aan de hand van spreken. En ik luister, en leer en hou de kennis in mijn brein, in mijn hart. Ik geloof dat ik ooit ook een onderwijzer zal worden. Dat is waarom ik nu op deze leeftijd zal leren, zodanig dat ik in staat ben zelf te onderwijzen als ik vervuld raak met wijsheid.

D: Wat voor onderwijs geven ze je?

M: Mysteries. Dat wat niet geweten is door de meeste mensen.

D: Wel, vele mensen zouden mysteries toch niet geloven, of wel?

M: De doorsnee mensen geven daar niet om. Ze hebben niet dat brandende verlangen. Dat is waarom mijn ouders me aanboden. Ze herkenden het brandende verlangen in me.

D: Je zei dat je nog niet zo lang bij hun studeerde?

M: Nee, dit is mijn derde ontmoeting met hun. We leren elkaar kennen. We leren persoonlijkheden kennen. Het heeft een air van iets meer bijzonder dan leerkrachten. Het is bijna... alsof je in een familie komt, van ooms en tantes. Alsof ze op me wachtten, en ik nu gearriveerd ben. Ze lieten me weten dat wat ze met me zullen delen "de mysteries" worden genoemd. Dat ik een bijzondere band met hen zal hebben.

D: Weet je waar ze deze kennis zelf hebben verkregen?

M: Ze hadden zelf onderwijzers. Het werd zo gedaan doorheen de eeuwen heen. Dit zijn de waarheden die overleefden.

Deze onderwijzers klonken zoals de Essenen, dezelfde mysterieuze groep die Jezus onderwees. Dit was nooit helemaal bewezen. Ze leken alvast deel uit te maken van een geheime Gnostische groep, die kennis bezat die niet beschikbaar was voor het grote publiek.

Ik wou vooreerst de tijdsperiode vaststellen, of het voor, of na de tijd van Jezus was. De Essenen waren een lange tijd actief. Een van de methodes die werkte tijden het vergaren van het materiaal voor mijn boek "Jezus en de Essenen" was vragen naar de Messias.

D: Is de Messias al naar jullie land gekomen, weet je hier iets over?

M: (Pauze) De Messias?

D: Heb je dat woord ooit al gehoord?

M: De Messias? Het lijkt als iets... dat ooit zal zijn. Ik weet er niets over.

D: Zijn er Joodse mensen waar jij leeft? Mensen die de Joodse religie bestuderen?

M: (Lange pauze) Het lijkt niet zo.

D: Omdat ik denk dat het deel uitmaakt van hun geloof, dat een Messias op een dag zal komen. Dat is waarom ik me afvroeg of je had gehoord over die verhalen.

M: Het lijkt niet alsof... De kennis lijkt er niet te zijn.

D: Okay. Ik probeerde gewoon vast te stellen in welke tijdsperiode we ons bevinden. En tijd is soms lastig om te vatten. Is er een leider in je land. Weet je dat?

In Jezus en de Essenen werd de tijd bijgehouden aan de hand van het aantal jaren dat een leider al op de troon zat. Maar dit hielp ons in dit geval geen stap verder.

M: Nee. Ik weet dat niet. Ik ben opgevoed in een kleine gemeenschap. Het is bijna alsof mijn hele leven toegespitst was naar dit moment.

Externe invloeden hadden geen vat op mijn begrip. Ik lijk een erg afgesloten leven te hebben geleid, heel beschermd. We hebben een gemeenschap, een klein dorp. Ik ken de mensen uit het dorp, maar niks van de grotere buitenwereld. Alsof ze me wilden beschermen, onaangeraakt wilden houden, zodat, als de tijd kwam voor het onderwijs, ik bijna maagdelijk materiaal zou zijn.

D: Zodat je niet beïnvloed zou zijn door de buitenwereld.

M: Ik geloof dat dat een ware stelling is.

D: Dat kan ik wel begrijpen. Heb je hiervoor nog andere lessen gekregen?

M: Mijn ouders. Ze zijn erg lieve mensen. Mijn leven in het dorp was erg vredig. Een prachtige jeugd. Mijn moeder maakt een soort van broodcake, die ik erg lekker vind. Ze bakt dit over een rooster. Dit wel een van mijn favorieten te zijn. (Ze stopte abrupt met herinneren). Maar nu ben ik niet langer een kind. En het is nu tijd voor mij, om een nieuw hoofdstuk te beginnen, en deze gekoesterde herinneringen op te bergen.

D: Maar je hebt wel herinneringen om te koesteren. Heb je broers of zussen?

M: (Pauze, dan verrassing) Oh! Het lijkt erop dat er een kleine zus is. Zij en ik kunnen het erg goed met elkaar vinden.

D: Ik bedacht me net, bereik je niet stilaan de leeftijd waarop je zou moeten gaan trouwen?

M: Wel, ik geloof niet, dat hetgeen is, wat ik zou moeten doen. Het maakt me erg gelukkig om nu student te zijn. Dit is iets waar ik op zat te wachten, waar ik naar uitkeek. Elk van deze mensen zal een verschillende rol spelen bij mijn onderwijs. Bij mijn leren. Ze zullen allemaal een aandeel hebben bij mijn educatie. Het lijkt erop dat...(pauze)

D: Wat is er?

M: Het lijkt erop, dat er grondige voorbereiding gaat plaatsvinden, voor publieke dienstbaarheid, zoals in een tempel.

D: Dan zal je vele zaken te leren hebben, niet?

M: Ja. Een breed, breed begrip. Spirituele basis. Waarheid.

D: Zal je in staat zijn om aan mij door te geven wat aan jou wordt geleerd?

M: Wel, dat weet ik nu niet, want ik weet niet waaruit dit onderwijs bestaat. Ik heb geen aarzeling om te delen, eens het mij bekend wordt gemaakt.

Het was duidelijk dat het onderwijs een lange tijd ging doorgaan, dus ik besloot om het verhaal wat vooruit te helpen. Ik doe dit normaal gesproken door de cliënt te vragen om verder vooruit te gaan in dat leven, naar een belangrijke dag. Aangezien de meeste levens doorsnee zijn, en gevuld met simpele, dagdagelijkse routine (net zoals onze huidige levens), is dit de beste methode om een belangrijk focuspunt in kaart te brengen. Er waren al levens waarbij de cliënt geen enkel belangrijk moment vond, wat opnieuw het gebruik van fantasie buiten kijf laat. Toen ik klaar was met het vooruit tellen van Marie (als Abigail), toonden haar gezicht en lichaam me, dat er iets aan het gebeuren was. Ik vroeg haar wat er gaande was. Er was geen antwoord, maar ik kon afleiden uit haar gezichtsuitdrukking en lichaamstaal, haar diepe zuchten, dat er haar iets dwarszat.

D: Wat ervaar je momenteel?
M: Ik lijk... ouder. Mijn leraren zijn niet langer bij me.
D: Studeerde je een lange tijd met hen?
M: Ja. Veertien jaren.
D: Waar ben je?
M: (Pauze) Ik lijk... in een tempel te zijn. Er is iets...iets is niet helemaal...niet goed.
D: Wat is er aan de hand?
M: (Lange pauze) Ik geloof dat het me niet word toegestaan om te onderwijzen. Het is alsof mijn brein vol is, en er is een belemmerende band rond mijn hoofd. Het wordt me niet toegestaan te delen. Het is... het is mijn volk. Het is alsof ze zijn... weg gestoken.
D: Maar je hebt zoveel kennis, waarom zouden ze je niet toestaan te onderwijzen? Je hebt vele belangrijke zaken om door te geven.
M: Ze zijn blij met de kennis die ik heb.
D: Wie zijn "ze"?
M: De ouderen. De mannen. Ik ben een vrouw. Ze zeggen dat vrouwen niet waardig zijn om onderwezen te worden. Ik zou deze kennis

niet mogen bezitten. Ze willen niet dat ik onderwijs. (Pijnlijk) Mijn hoofd!

Als de cliënt fysieke symptomen ervaart, verwijder ik deze altijd. Zo kunnen ze een nauwkeurig verslag weergeven van een situatie. Met name, op een objectieve manier, in plaats van de pijn en het ongemak te herleven. Dit houdt de cliënt comfortabel, en laat hun weten dat ik altijd voor hun zal zorgen. Het helpt hun ook om het verhaal te vertellen, zonder de afleiding van fysieke sensaties. Ik gaf haar de suggestie voor welzijn. Dan ging ik verder met het winnen van haar vertrouwen, zodat ze in staat zou zijn om me dingen te vertellen die ze niet aan anderen kon vertellen.

D: Je kan met me praten, zelfs als je niet met de anderen kan praten. Heb je hiervoor al onderwezen?

M: Kinderen. Ik onderwees... kinderen werden naar me gebracht. En ik deelde met hun. De ouders brachten ze. We zaten op de trappen van de Tempel. En we leerden, door het spelen van spellen, het vertellen van verhalen en dansen. En ik bracht licht in hun brein.

D: Oh, ik denk dat dit een erg mooie manier van onderwijzen is, omdat het moeilijk is voor een kind om dingen te begrijpen. Ik zou het heerlijk vinden als je sommige van die zaken met me wou delen, alsof ik een kind was. Er kunnen vele dingen zijn die ik niet weet, en ik ben erg gretig om te leren. Hoe onderwees je hun?

M: We hadden een vogel. Een kleine witte...ah, zoals een duif. Heel mooi. (Ze had een plotse ingeving) een tortelduif. De tortelduif was een speciale...oh, een vriend van me. De tortelduif en ik waren erg nauw verbonden. En ik gebruikte de duif als een voorbeeld voor de kinderen. Ik bracht de duif in de kooi, en toonde dan aan de kinderen dat de deur van de kooi open was. De duif kon naar buiten lopen, rondkijken en nieuwe gezichten zien, het had veel bewegingsruimte. Het kon zelfs wegvliegen. Ik was zo aan het tonen dat alle kinderen deze kans hebben, deze deuropening, die uitkomt op een groter begrip. En dat, als ze naar mij komen, en tijd met me doorbrengen, ze zullen begrijpen dat de wereld veel groter is dan hun eigen kleine kooitjes. Dat hun zielen kunnen uitstrekken in deze ruimte. Er is niks tussen hen en de mogelijkheid tot vlucht. Dan kunnen zij ook vliegen en ondersteund worden door de winden van spirit. Hoger en hoger raken. En terugkomen, terugkomen naar de mensen die zich op deze aardse plek bevinden. Dan kunnen ze tegen deze mensen zeggen, 'Kom, kijk wat ik heb gevonden! Kom, vlieg met me mee!' En dan zo iemand meenemen.

D: Dat is erg mooi.

M: Oh, de tortelduif is een wonderlijke, wonderlijke geestesvriend.

D: Dat vind ik leuk, dat snap ik ook wel.

M: Oh, ja. Er is zoveel meer dan wat je je ooit kan inbeelden. De kinderen zijn zo waardevol.

D: Wat toonde je nog aan de kinderen?

Ze verschoof, van het zich herinneren van het voorval, naar het eigenlijke ervaren ervan, alsof ze zich doorheen die situatie bewoog.

M: Er ligt iets roods daar op de trap (ze leek het te bestuderen). Het lijken twee stukken hout. Cilindervormig. Ze liggen daar... wachtend om gebruikt te worden.

D: Waarvoor worden ze gebruikt?

M: (Een ingeving) Oh! Ze worden gebruikt voor ritme. Voor percussie (Brede glimlach). Ze worden gebruikt om ritme te bepalen, als de kinderen dansen. Even kijken. (Pauze, alsof ze aan het kijken is).

D: Wat gebeurt er?

M: (Lacht) Oh, we dansen op en neer op de trappen. De trappen zijn breed, hebben ruimte. Ze zijn diep en lang. Dit is gewoon een heerlijke plek (Verrast). Het lijkt ietwat op de inham met de bomen. Ah!!! Zo zijn de pilaren en de overhang... (vrolijke lach) de schaduw, de koelte, met de zon net aan de andere kant. De kinderen zijn erg blij hier te komen. Ze hebben veel ruimte. En ze hebben tijd met mij. Het is een erg speciale tijd, voor iedereen hier. We leren door te dansen, terwijl we in het rond cirkelen.

D: Wat soort les wordt er geleerd door te dansen?

M: Het belang van fysieke expressie van hun innerlijke emoties. Van het toelaten te manifesteren wat er binnenin zit, het te manifesteren in actie. Nu leren we simpele ritmes, simpele patronen, simpele stappen, die verlossing en vreugde brengen, ze worden begeleid door muziek en ritme. We gebruiken ook een tamboerijn. Ze zullen ook in staat zijn om op deze jonge leeftijd te

leren, de manieren die ze hebben, waarop ze zichzelf uitdrukken.
Dit zal nodig zijn om te gebruiken als ze ouder zijn, en zelf
onderwijzen. Ze moeten nauw verbonden blijven met expressie.
Het wordt aangemoedigd om het niet allemaal binnenin te
houden, om het in plaats daarvan een stem te geven, om het een
actie te geven. Om een patroon te zien, en te weten dat er een doel
is. Dit wordt allemaal meegegeven in het begin, met een dans. Het
is een patroon dat ze nu leren, zodat het wordt meegenomen in
hun volwassen leven, waarin het niet makkelijk is om uitdrukking
te geven aan bepaalde patronen, bepaalde acties. Ze zullen zich
kunnen herinneren dat er in hun jeugd spontaniteit was. Ze zullen
zich de vreugde herinneren dat dit voortbracht, die vrijheid, dat
geluksgevoel. Er is zo'n grote vreugde in het woord van God. Er
is zo'n vreugde in zijn Geest. Als zijn Geest zich manifesteert
doorheen actie, is het een erg vreugdevolle ervaring.

D: Zo klinkt het wel, inderdaad. Ik denk dat je een erg goede onderwijzer bent.

M: Oh, dankjewel.

D: Je hebt erg goede methodes.

M: (Blij) Dankjewel!

Ik kreeg de indruk dat ze het niet gewend was om complimenten te ontvangen voor haar werk.

D: In welke stad bevinden we ons nu? Waar is deze tempel?

M: Jeruzalem.

D: Hebben ze een naam voor het soort onderwijs dat je doet? Ik bedoel, een organisatie, of een groep waar je misschien lid van bent.

M: Ik lijk...solitair te zijn.

D: Wat wil dat zeggen?

M: Ik heb geen associaties. Ik... lijk verbonden te zijn met de Tempel.
Dat is waar ik slaap. Mijn noden worden verzorgd door mijn
dienst in de Tempel.

D: Dat klinkt alsof het een grote tempel is.

M: Ja, het is een grote tempel. Open, veel ruimte, lange zuilen,
altaren.

D: Tot welke religie behoort de tempel?

20

M: (Pauze) Ik geloof Joods.

Dat was een verdere aanwijzing, dat ze in verband stond met een andere groep. Waren het de Essenen?

D: Je sprak over de woorden van God, dus ik vroeg me af welke god je aanbad.

M: (Pauze) Wel, mijn begrip verschilt van dat van de mannen. Zolang ik me bezighoud met kinderen wordt het me toegestaan. Het wordt verwacht dat ik mijn begrip stilhoud.

D: Ik zie geen kwaad in je begrip.

M: De priesters... (ze aarzelde – het was moeilijk om uit te leggen). Het is erg wansmakelijk voor me. Hun gedrag, hun onderwijzingen. Ze zijn zo gesloten. Ze zijn zo donker. Ze zijn niet van het licht. Ze zijn zelfs niet van de waarheid. Ze houden mensen weg van een directe ervaring met God. Hij is niet zo ver weg en moeilijk te bereiken. Hij is niet boos op ons. Hij wil niet dat we dieren doden als een offering. Hij is bij ons, in elke ademteug. Hij maakt deel uit van ons. Hij leeft binnenin ons. We zijn God in fysieke vorm. We zijn het. Het is geen ver weg iets, dat we slechts met veel moeite kunnen bereiken. We zijn allemaal heilig, elk met ons eigen overtuigingen, en we hebben allemaal die kern van heiligheid. Het is gewoon zo bedekt en weggemoffeld dat het er niet meer door schijnt. (Dit werd allemaal op een stille toon gezegd, maar met veel nadruk.) Het is frustrerend. Ik heb een gevoel alsof ik zoveel begrip en kennis heb, en het niet kan delen.

D: Misschien is dit waarom ik naar je toekwam. Je kan mij onderwijzen, en ik zal je helpen, zodat je je niet zo beperkt voelt. Maar de priesters leren de mensen dan andere dingen?

M: Het klinkt erg opgeblazen bij de priesters. Verheven boven de gewone mens. Alsof de gewone mensen niet direct aan God raken zonder de priesters. Het is hun aandeel, maar het houdt de mensen weg van de wetenschap dat God in elke mens huist.

D: Ben jij de enige vrouwelijke leraar?

M: Ik ben de enige. Ik heb een zekere dienst te vervullen. De kinderen zijn een weg voor me, een vlucht uit de maatschappelijke norm, en het is een geschikte plek voor vrouwen.

Toen ik later onderzoek deed, ontdekte ik dat er geen leerplicht of dergelijke bestond gedurende de tijd van Jezus. Als een mannelijk Joods kind onderwijs genoot, waren dat scholen die verbonden waren met de synagogen. De enige schoolboeken waren de Hebreeuwse geschriften. Voor de Joden betekende kennis zoveel als "kennis van de Wet van Mozes", of kennis uit de Thora. Niks anders werd onderwezen, en educatie betekende letterlijk "educatie in religie". Iedereen die "de Wet" grondig begreep, en in de mogelijkheid verkeerde om deze uit te leggen, en als hij wenste te onderwijzen, werd beschouwd als een "geleerd man": een Rabbi. Het vasthouden aan de strikte letter van de Wet werd gezien als een alom aanwezige karaktertrek van de geleerde mannen van die tijd.

We ontdekten in *Jezus en de Essenen*, dat er een sterke mannelijke chauvinistische houding was, gedurende die tijd (zoals we het nu kennen), in Palestina. Vrouwen hadden vooropgestelde rollen, en afwijking hiervan werd niet geaccepteerd. Ze kregen geen onderwijs, en hadden hun eigen afdeling in de tempel. Dit was gebruikelijk om te vermijden dat ze zouden mengen met het mannelijke gezelschap, gedurende de gebedstijd. Abigail haar situatie is geen weerlegging van deze regels, ze gaf al aan niet Joods te zijn. Ze moet wel onderwezen zijn door een andere groep, die zich niet gebonden voelde door deze regulaties. De Essenen hadden zo geen restricties, ze onderwezen iedereen, naargelang hun eigen verlangen en capaciteit tot leren. Hierover lees je meer in het eerste boek van deze reeks.

Het moet de mannelijke priesters enorm geïrriteerd hebben toen ze erachter kwamen dat Abigail niet alleen geëduceerd was, maar uitgebreid getraind was, in studievelden waar zij niet bekend mee waren. Dit konden ze niet toestaan. Het kon niet worden goedgekeurd.

Het werd nooit helemaal duidelijk waarom Abigail naar een plek werd gezonden waar ze niet welkom was. Blijkbaar wilden de mannen haar daar niet, maar ze konden haar ook niet wegsturen. Hun oplossing was, om haar op een positie te plaatsen waar ze geen bedreiging vormde met haar superieure kennis en andere manier van denken. Ze gaven haar de rol van een vrouw, die zorgde voor de kinderen, een positie waarin ze dachten dat ze geen schade kon toebrengen aan het gevestigde systeem. Ze waren verkeerd. Ze ontwierp snel een manier om te onderwijzen, een methode om kennis discreet aan de kinderen door te geven, onder het mom van spelen. Maar de echte kennis kon niet worden doorgegeven, en haar hoofd deed hier pijn door. Zoals ze zelf zei, het was alsof er een spanning, een band rond haar hoofd zat, en ze voelde zich alsof haar brein zou ontploffen van de druk. Niet moeilijk, met alle informatie die daar wachtte om gelost te worden.

D: Bestudeerde je ook de traditionele Joodse leer?

M: Dat wil niet echt in mijn brein verzamelen.

D: Heb je ooit gehoord over het verhaal van de Messias?

M: (Pauze) Ik weet niets over de Messias, maar ik geloof dat er een man aan het onderwijzen is. Hij is ook niet tevreden over de priesters (zucht). Ik geloof dat er een man is met een begrip dat overeenstemt met het mijne. (Pauze) Het koninkrijk van God is binnenin te vinden. De tempels zijn er niet om God af te scheiden van de mens. De tempels zijn een plaats van vereniging. De mens zou in staat moeten zijn om in de heilige plek te komen, en God op directe wijze uit te nodigen in zijn hart. Niet doorheen offeren of onderhandelen. Het moet iedereen toegestaan worden, om op die heilige grond te staan, en een directe lijn van communicatie te hebben met God.

D: Ik ben het met je eens. Maar deze andere man, heb je hem ooit gezien, hoorde je hem ooit spreken?

M: Ik geloof, dat hij zich op een andere plek op de trappen van de Tempel bevond, dan waar ik onderwijs geef. Het is een rechthoek. Ik geef de kinderen les aan de lange zijde. Hij stond aan het korte stuk, als je de Tempel benadert.

D: Hoorde je hem, toen hij de mensen toesprak?

M: Ik denk dat hij een menigte toesprak toen ik de kinderen onderwees aan de andere kant van de trappen.

Ze verschoof opnieuw van verleden tijd naar de huidige tijd. Wat mij duidelijk maakte dat ze naar die tijd ging om het voorval de herleven en rapporteren.

M: Hij spreekt met veel autoriteit. Ik ben benieuwd om te weten wie het is.

D: Heb je iemand horen zeggen wie hij is?

M: *Dit is erg ongewoon. Er is een man die ons gebaart naar hem te komen. De kinderen en ik. Hij zegt, 'Kom! Je moet hem horen, Deze man is de zoon van God'.*

D: Bevindt hij zich ook op de trappen?

M: *Hij rent naar het einde, waar de menigte zich verzamelt.*

D: Ga je met hem meegaan?

M: *Ik word verscheurd tussen deze persoon horen spreken – Ik kan de kinderen niet zonder toezicht achterlaten. Ze... Ik denk niet... Ik wil nog niet dat met me meegaan op dit moment. Ik weet niet waar ik ze mee naartoe neem. En ik ben erg voorzichtig als het op de kinderen aankomt.*

D: Ik denk dat je erg wijs bent omdat je de kinderen niet in gevaar wil brengen. Ga je bij hen blijven in plaats van te zien wie deze man is?

M: *Ik ben verscheurd. Ik ben half en half.*

D: Ik veronderstel dat je ook erg nieuwsgierig bent.

M: *Ja. Ik wil weten wie hij is, dat hij durft te spreken met zo'n autoriteit.*

D: Kan je hem horen spreken?

M: *Ik kan zijn stem horen. Hij spreekt met een complete autoriteit. (Lacht) Ah! Ik moet terug naar de kinderen. Ze zijn mijn verantwoordelijkheid.*

D: Maar je kan hem tenminste horen vanwaar jij bent.

M: *Hij is wel een eind ver. Ik kan horen dat er gesproken wordt, maar niet wat er exact wordt gezegd. Ik kan zijn stemtoon onderscheiden. Hij spreekt erg standvastig.*

D: Misschien zal je meer ontdekken over wie hij is, en wordt het je toegestaan om hem van dichtbij te zien.

Ik probeerde deze sessie te beëindigen. Voor we begonnen had Marie gezegd dat ze op een vooraf bepaald uur uit trance wou komen, omdat ze nog een andere afspraak had. Als Abigail niet naar deze man ging luisteren, gingen we niet veel wijzer worden op dit moment. Ik wist niet of de man Jezus was, maar het ging wel die richting uit. Ik wou hier dieper op in gaan en er meer over te weten te komen. Ik wou er echter momenteel niet meer tijd voor vrijmaken omdat ik dit moment zonder tijdsdruk wou laten ontvouwen. Zowel de tijd, als de lengte van de tape waren niet in ons voordeel. Ik rekende erop dat we dit verder konden uitpluizen in de volgende sessie.

M: *Ik heb een voorgevoel dat we elkaar zullen kennen. Er is een gemeenschappelijk begrip dat aantrekking zal veroorzaken. Ik heb geduld.*

D: Ja, dit is waar, mensen die hetzelfde denken zullen elkaar doorgaans vinden. Maar ik was nieuwsgierig naar de Joodse geloofsovertuigingen dat er ooit een Messias zal verschijnen. Is het waar, dat ze uitkijken naar een Messias? Weet je daar iets over?

M: *Het is alsof... Ik zal dat niet in mijn geest dragen. Het is alsof, wat ik in mijn geest heb, licht is, puur is. Het is alsof ik kwaadheid, angst en verwerping niet aanvaard. Ik zal het niet in mijn geest dragen.*

Ze had ofwel de Joodse traditionele theologie bewust buitengesloten, of ze was ze er nooit aan blootgesteld. Ze was inderdaad blijkbaar erg beschermd grootgebracht. In het begin van de sessie meldde ze dat ze maagdelijk materiaal was toen haar leraren begonnen met hun lessen. Misschien was dit de bedoeling, zodat ze geen invloed zou ondervinden van de traditionele denkscholen.

D: Dan accepteer je de mannen hun onderwijs niet.

M: *Ik lijk een soort schild rond me te hebben dat... Ik accepteer het niet in mijn brein.*

D: Ik snap waarom je het zou willen buitensluiten, omdat de mannen zo negatief zijn, zelfs al worden ze verondersteld priesters van God te zijn.

M: *Opgeblazen, vergeef me. Deze man heeft licht rond hem. Dat is hoe ik weet dat ik hem ooit zal kennen.*

D: Kan je hem zien?

M: *Ja. Ik kan zijn licht rond hem zien.*

D: Ging je rond het gebouw heen lopen?

M: *Nee. Ik kan doorheen de zuilen zien. Hij is elders, maar ik kan het zien. Ja, hij is van het licht.*

D: Zie je normaal gesproken licht rond mensen?

M: *Soms bij kinderen, maar niet dit soort licht. Dit is wit licht dat hem volkomen omringt.*

D: Oh, dat moet erg mooi zijn.

M: *Wel, het geeft hem iets aparts (lach).*

D: (Lacht) Kan je zien hoe hij eruitziet, of is hij te ver weg?

M: *Hij is aan een zijkant, verder weg van me. Hij lijkt in het wit gekleed te zijn, met een soort van bruin dat samenspant aan de...Het is alsof er een stuk stof is dat over zijn schouders gaat, voorkant en achterkant, en dan wordt het samengehouden naast zijn lichaam, aan het zijn middel.*

D: Kan je zien hoe zijn gezichtsvorm eruitziet?

M: *Nee, hij is ver weg. We zijn van dezelfde manier van denken. Het is bijna alsof er een... connectie is, zelfs op deze afstand. (Ze slaakte een lage kreet.)*

D: Wat is er? (Nog een scherpe ademteug). Wat is er??

M: *Oooh! Yes, hij voelt de connectie*

D: Wat?

M: *Hij komt! Hij komt! Hij komt op de trappen. Om de kinderen te zien (Haar stem was vol verwondering).*

Mijn bandopnemer liep bijna op zijn einde! Ik kon geen andere tape in de opnemer steken door de beperkingen die Marie had opgelegd rond de sessies. Wat een slechte timing om zoiets nu aan de hand te hebben. Gefrustreerd als ik was, wist ik dat ik een andere manier zou moeten vinden om deze sessie een einde te geven zonder haar te beledigen. Dan konden we later terugkeren voor een meer gedetailleerd verslag van dit exacte ogenblik.

M: *Het publiek volgt hem. Hij neemt het licht waar rond de kinderen. Hij begrijpt het. We zijn van dezelfde geest.*

D: Wel, dit is wonderbaarlijk mooi, maar ik ben bang dat we hier moeten weg gaan. Ik wil er graag alles over horen, maar we hebben geen tijd meer. Ik kan vandaag niet bij je blijven. Kan je hiernaar terugkeren als we hier afsluiten?

M: *Oh, ik zou het erg leuk vinden om meer te weten te komen over deze man.*

D: Dan zullen we volgende keer hiermee verdergaan. Het is erg mooi om deel van uit te maken en ik apprecieer dat je het met me deelt. Laat ons nu weg gaan hieruit.

Ze maakte nog steeds geluiden van verwondering en verrukking. Ik vond het absoluut niet aangenaam om dit te beëindigen, maar er was geen alternatief. Er waren verplichtingen voor haar in "de echte wereld".

D: Neem het goede gevoel met je mee. Laten we wegdrijven, we komen er een andere keer zeker naar terug. Neem de schoonheid ervan mee, de warmte en de liefde, terwijl je ervan wegdrijft.

Haar gezichtsuitdrukkingen en lichaamsbewegingen vertoonden protest. Ze wou echt de situatie niet verlaten, maar ze was gebonden om de instructies die ik gaf op te volgen. Ze kon niet in trance blijven, hoezeer ze dit ook wilde. De scène was aan het oplossen, en ze werd vooruit getrokken doorheen de tijd, terug naar de kamer waarin haar lichaam zich bevond.

D: Het is in orde, we keren ernaar terug. Ik beloof het.

Ik stuurde haar persoonlijkheid naar de huidige tijd en bracht dan Marie terug naar haar volle bewustzijn. Toen ze ontwaakte, was ze nog steeds onder de invloed van het laatste voorval. Ze begon te huilen, ik verontschuldigde mij dat ik haar ervan moest weghalen. Ze begreep dit wel, aangezien ze zelf degene was geweest die er een tijdslimiet op had geplaatst. Ze was alsnog teleurgesteld. Ik was snel genoeg om een nieuwe tape in de recorder te plaatsen, en zo een deel van de conversatie na haar ontwaken op te nemen.

D: Ik wou gewoon een klein beetje van wat je zei op band hebben. Je zei, dat het liefde op het eerste gezicht was, toen je hem in de ogen keek?
M: Er was een diepte aan begrip dat compleet van deze wereld was. Ik kon niet geloven dat ik werd gevraagd er weg te gaan. Ik bedoel, ik was er net. Het was zo sterk.
D: Sorry! (Lacht)

M: Dolores, het was net zoals bij dingen in dit leven die ik niet snapte. Ik werd weg genomen van dingen die zoveel voor me betekenen. (Vastberaden:) Maar we zullen terugkeren.

D: Zeker weten. En dan zullen we in staat zijn het af te ronden. Maar je was nog niet dichtbij genoeg, neem ik aan, om echt...

M: Ik was bijna dichtbij genoeg om uit te reiken en zijn hand vast te nemen.

D: Kon je zijn gezicht zien?

M: Ja. (Vol bewondering) Ik keek in zijn ogen.

D: Hoe zag zijn gezicht eruit?

M: Oh! Sterk... en vriendelijk... en liefde. Dat was alles wat je kon zien op zijn gezicht als uitdrukking. Zijn ogen zijn... er was gewoon liefde, enkel liefde. Hij was niet groot. Zo vriendelijk. Oooh, we moeten teruggaan.

D: Welke kleur had zijn haar?

M: (Pauze) Als de zon erop viel, was er een lichte rode schijn waarneembaar.

D: Zag je de kleur van zijn ogen?

M: Nee. Het waren diepliggende ogen. Het was bijna alsof er geen einde aan was. Ze gingen gewoon verder, en verder, naar binnen. (Lacht) Het was zoals dat gezegde, hoe je "jezelf verliest in iemands ogen'. Dat is hoe het was. De kinderen waren erg opgetogen. Ze konden zien dat er hier iets gebeurde. En ze wisten niet naar wie kijken (lacht).

D: Ik heb nog nooit een slechter moment gehad om af te sluiten (lachje). Normaal kan ik het beter plannen, zodat de verwarring en ontevredenheid kan worden vermeden.

Ik wist niet zoveel over Marie haar privéleven. Terwijl ze op het einde van het bed zat, vertelde ze me in vertrouwen dat ze al driemaal getrouwd, en weer gescheiden was. Ze vertelde dat, gedurende haar leven, de dingen en mensen die ze liefhad, haar ontnomen waren. En dat was hoe ze zich nu opnieuw voelde. Net op het moment dat ze hem zag, (blijkbaar toen ook een hoogtepunt in haar ongelukkige leventje), verplichtte ik haar om weg gaan. Ze was erg onder de indruk van deze man, en wou meer weten over hem. Af te leiden uit haar beschrijvingen en reacties, bestond er geen twijfel, dat de man die ze had waargenomen wel degelijk Jezus was. Dat was waarom ik zo verbaasd was, toen ze zei, met een dromerige blik in haar ogen, "Ik vraag me af wie hij was."

Geschrokken door deze stelling, vroeg ik, "Je bedoelt dat je het niet weet?" Ze zei dat ze absoluut geen idee had wie hij kon zijn, behalve dat hij duidelijk een opmerkzame en ongewone man was. Ik antwoordde dat ik haar mijn veronderstellingen niet zou vertellen, en het haar ging laten ontdekken tijdens de volgende sessie. Haar opmerkingen maakten korte metten met enigerlei onbewust verlangen om Jezus te ontmoeten. Ze herkende hem zelfs niet...

Met een diepe zucht verzamelde ze haar spullen, en met een nog diepere zucht klom ze weer in haar bestelwagen. Zo keerde ze terug naar haar leven van alledag, het leveren en verzorgen van haar planten.

Hetgeen ze beschreef hechtte zich aan me, het hing in de lucht rond me, als een zoete wolk. Ja, we zouden terugkeren. Ik moest meer te weten komen over deze opmerkzame man, die ze naar voren had gebracht doorheen de tijd.

HOOFDSTUK 3

De Genezing

Het was frustrerend, voor zowel Marie als mezelf, dat ik de laatste sessie zo abrupt moest beëindigen, en dan nog op zo'n cruciaal moment. Bij onze samenkomst de week erna, was ik vastberaden om terug te keren naar dezelfde dag, indien mogelijk. Hopelijk konden we verdergaan met het verhaal van Abigail's ontmoeting met de ongewone man, die ik herkende als Jezus.

Voor we met de sessie begonnen, wou Marie me vertellen over haar herinnering van de dans met de kinderen, op de trappen van de Tempel. We zaten samen op de bank, en ik zette de bandopnemer aan. Het is niet aan te raden om bij deze zaken te vertrouwen op je nota's en/of je geheugen. Te veel details kunnen verloren gaan en die kunnen later noodzakelijk blijken. Een toevallige opmerking, schijnbaar zonder betekenis, kan later het draadje zijn dat het geheel samenbindt. De bandopnemer is een onvervangbaar gebruiksvoorwerp, ook al duurt het soms weken vooraleer ik de tapes kan overnemen op papier.

De dromerige blik die Marie in haar ogen had, was een bewijs dat ze een visuele herleving doormaakte van de situatie, die zich voltrok voor haar geestesoog. Ze zag opnieuw de kinderen op de trappen, lachend en zorgeloos.

M: De manier waarop het in mijn visuele herinnering kwam, was dat de kinderen en ik zouden opstellen op één lijn, en we zouden in bochten gaan, naar binnen toe, tot we in een kleine dichte cirkel waren. En dan zou degene vooraan ons opnieuw uit die kleine dichte cirkel leiden, in de open ruimte. We doen dan een kleine bocht, komen terug in een dichte cirkel, en dan ontdoen we die ook opnieuw (dit ging allemaal gebaard met handgebaren). Het doel hiervan was om, op een symbolische wijze, aan de kinderen uit te leggen dat er momenten waren in ons leven, waarin het nodig was dat we naar binnen toe, in onszelf keerden. Dat we stil en alleen moeten zijn. En dat er ook een tijd is om de wereld te verkennen, om buiten te komen, en open te zijn. Dan zou de volgende balans weer binnenin jezelf plaatsvinden, op jezelf, alleen met jezelf, en dan weer naar de wereld toe. Het wordt gebruikt als een voorbeeld voor hen, om te begrijpen hoe het zit met de balans tussen actief leven en innerlijk denkend leven. Ik kon de symbolische betekenis herkennen.

D: Je zei dat je ook bepaalde stokjes gebruikte, en een tamboerijn.

M: *Ja, dat was voor percussie, dat was een andere dans. Die is niet zo duidelijk om te herinneren, ik zie enkel de kinderen op de trappen. Er moet een bredere trap geweest zijn die naar beneden toe ging tussen de twee traphallen waar wij toen dansten. De trappen van de Tempel zijn anders. Het was eerder een trap met tussendoor dan een vlak stuk en dan weer trappen. Dus ik denk niet dat dat hier gebeurde.*

D: Eerst klonk het raar, toen je zei dat je op de trappen danste. Maar ze zijn helemaal niet zoals iets dat wij ons inbeelden als we denken aan trappen.

M: *Ze waren erg breed. Ik leerde de kinderen op deze manier. En de mannen vonden dit veilig, omdat ze dachten dat ik de kinderen niet kon beïnvloeden. Ik was op de mij "toebehorende" plek. Maar ik kreeg veel gedaan, veel spirituele onderwijzing. Ik zal je nog eens iets vertellen over een interessant voorval dat deze zomer gebeurde, het was compleet buiten mijn karakteristieke zelf. Ik was in een grote tuin, een soort van voorraadtuin, hier in het dorp. Ik gebruik het voor mijn zaken. Ik was er heen gegaan om bepaalde planten op te halen om te laten groeien, in een commerciële tuin waar ik mee bezig was. Plots zag ik een klein stukje aardewerk, in de vorm van een duif. Het lag daar gewoon op de vloer. Ik kocht het, uiteindelijk. De reden dat dit zo ongewoon was, was de prijs: tien euro, en dat is veel geld voor een aardewerken duif (lach). Maar het was alsof die duif tegen me sprak. Ik bedoel, het was een spontane reactie. En vorige week,*

31

tijdens de regressie, toen die duif uit de kooi kwam ze ik bijna, 'Paloma', omdat dit de naam was, die ik had gegeven aan de aardewerken duif.

D: Dat is het Spaanse woord voor duif. Maar die duif moet wel getemd zijn, die vloog niet weg.

M: *Natuurlijk. Zij en ik hadden een spirituele band. We communiceerden.*

D: Ik dacht dat toen je het eruit liet, het weg zou vliegen. Maar het bleef blijkbaar gewoon zitten.

M: *Ze vloog. Ze cirkelde rond. Ze toonde al de vrijheid van een vogel in volle vlucht. Ze wist haar vrijheid te tonen in de lucht, en ze wist dat ze terug ging komen, zodat ze de anderen kon tonen hoe ze konden uitvliegen.*

D: Dat was het symbolisme.

M: *Ze begreep echt dat ze een spirituele hulp was bij mijn onderwijs. We hadden een nauwe band.*

D: En dat voorval met de aardewerken duif gebeurde maanden voor wij begonnen samen te werken. Misschien was je onderbewustzijn je aan het voorbereiden, alsof het zei 'dit is het moment', of zoiets. Alsof het kleine beeldje een herinnering moest opwekken.

M: *Ja, dat moet wel. Want toen ik die nacht thuiskwam, na de regressie, en ik langs Paloma liep, dacht ik, 'Nu begrijp ik waarom je me zo nauw aan het hart ligt'.*

D: Het was een belangrijke connectie met een herinnering.

Mijn taak, toen we met de regressie begonnen, was Marie terugbrengen naar hetzelfde leven als hiervoor besproken werd en hopelijk naar dezelfde situatie als waar we de vorige sessie hadden beëindigd. Ik gebruikte haar sleutelwoord en telde af naar het leven van Abigail.

D: Ik zal tot drie tellen en we gaan terug doorheen de tijd en ruimte. Op het moment dat ik tot drie heb geteld zijn we bij Abigail, in Jeruzalem. 1... 2.... 3... we zijn terug gegaan in de tijd, naar het ogenblik dat Abigail in Jeruzalem was. Wat ben je aan het doen? Wat zie je?

32

Toen ik klaar was met tellen, vertoonde het gezicht van Marie fysieke reacties.

D: Wat is er?

M: *(glimlachend) De kinderen. Kan je de kinderen zien? Ik ben zo nauw verbonden met de kinderen. Ze zijn me erg dierbaar.*

D: Wat zijn de kinderen aan het doen?

M: *(Lachend) Ze zijn kind aan het wezen. In het rond aan het springen. De trap op en af klauteren. Ze zijn gewoon vreugdevol. Aan het praten met de tortelduif.*

D: Oh, ze vinden die tortelduif wel leuk, of niet?

M: *Ja. Ze is een hele speciale spirit.*

D: Waar ben je?

M: *Op de trappen van de Tempel. (Een erg liefdevolle stemklank:) Kinderen zijn zo speciaal. Er is een klein meisje en ze houdt van de tamboerijn. Er hangen linten aan de zijkanten. Ze houdt ervan, om in het rond te dansen, en met de tamboerijn te schudden, zodat de linten in de winde wapperen. We doen niet echt aan structureel onderwijs momenteel. We spenderen gewoon tijd samen.*

D: Zei je niet dat de priesters je laten werken met de kinderen?

M: *Ja. Maar, ongeweten door de priesters, zijn deze kinderen kanalen, ontvangers en zenders. Ze zijn opslagplaatsen, voor de kennis en training die ik heb ontvangen. En of ze nu wel, of niet, volkomen begrijpen wat we doen tijdens onze tijd samen, het wordt toch een deel van hun. Als hun leven een punt bereikt waarbij die informatie van pas zou komen, zullen ze in staat zijn die naar wens boven te halen. Ze hebben dat patroon intussen immers al vastgelegd.*

D: Ze zullen zich misschien niet herinneren waar het vandaan kwam, maar het zal er zijn.

M: *Inderdaad. We hebben zo'n verregaande invloed op de levens van kinderen tijdens hun ontwikkeling. Het is bijna een conditionering voor hun op deze leeftijd. We beïnvloeden hoe zij naar de wereld kijken naargelang ze ouder worden. Als je hun voorbereid op een manier die neigt naar de weg van begrip en wijsheid, zullen ze in staat zijn om dat uit hun herinnering te halen in hun latere levens.*

D: En de priesters denken dat je op deze manier geen schade kan aanrichten.

M: Ik ben...veilig. Ik doe iets dat veilig is, het is aanvaardbaar werk voor een vrouw. De kinderen toestaan in en rond de Tempel te zijn, en daarbij een vrouw hebben die geen intimiderende figuur is naar hen, de priesters, toe. Ja, mijn werk is... oh, het is gewoon een kruimel die ze me toegooien. Ze weten niet wat voor een kans ze me gegeven hebben.

D: Het is waarschijnlijk iets waarmee ze zichzelf niet wilden belasten.

M: Inderdaad. En ze begrijpen zekeren vast wel, dat een vrouw op een bepaalde manier omgaat met kinderen. Een manier die ze zelf niet kunnen opbrengen. Ze worden zo vervuld door hun eigenbelang, en door hun maatschappelijke positie, dat ze niet anders kunnen, dan kinderen intimideren. Het is bijna alsof ze angst zaaien in de harten van kinderen (met afkeer). Omwille van hun uitgebreide gebruiken en gewoontes, hun hoofddeksels en gewaden, en al het randmateriaal dat ermee gepaard gaat, met die rol die ze innemen. Hier spelen de kinderen en ik in onze gewone kleren. We kunnen in de zon zitten, en we kunnen ons naar de schaduw verplaatsen als het te warm is. En we hebben doorsnee hulpmiddelen om mee te werken, want ons leven is een doorsnee leven. Weinig mensen komen in een positie van autoriteit, of hebben uitgebreide ondersteunende systemen rondom zich. We leven allemaal op doordeweekse, alledaagse manieren. En als we die doorsnee dingen uit ons leven kunnen gebruiken, en begrijpen dat ze een veel groter begrip kunnen vertegenwoordigen... Dan hebben we iets bereikt in de levens van gewone mensen.

D: We hebben meer invloed dan we ons realiseren.

M: Ja. Ik denk dat dat waar is. Ik denk dat we niet ten volle begrijpen hoeveel invloed we uitoefenen op de kinderen rondom ons.

D: Ik denk, dat de priesters een vergissing begaan. Je kan een grote hulp zijn voor de volwassenen, maar ze realiseren zich dat niet.

M: (Zachtjes) De kennis. Ik weet niet waar de kennis heen zal gaan.

D: Wel, je doet jouw deel om de kennis te bewaren, door deze kinderen te helpen.

M: Ja, deze simpele voorbereiding. Maar de waarlijke volledige kennis die ik heb is... Ik weet niet, misschien zal iemand naar me toe komen, iemand aan wie ik het kan doorgeven. Mijn hoofd is zo vol. Mijn hoofd...Ik doe wat ik kan.

D: Ik ben er ook altijd. Ik sta klaar om te leren, en ik ben je dankbaar voor wat je doet.

M: *Dankjewel.*

D: Maar als de priesters je daar niet willen, waarom ben je daar dan? Ik dacht dat ze je misschien zouden buitenwerken, of je doen weggaan. Kunnen ze dat dan niet?

M: *Mijn begrip hierrond is, dat ik eraan vasthang. Dat deel werd geregeld door de mensen waar ik bij in de leer ging. Dit was het doel, of het resultaat, van dat onderwijs en van die voorbereidingen. Toen het voltooid was, was het mijn taak om naar de Tempel te gaan. Dit werd verondersteld een uitstekende plaats te zijn voor mij, om te onderwijzen, en om de kennis te delen. Ze wisten niet dat dit zou gebeuren. Het was niet op deze manier gepland. Maar nu kan er niks meer aan veranderd worden. De priesters weten dat ik hou van mystieke kennis, en zij vinden dat dit niet moet gedeeld worden met de gewone mens. Zo vinden ze ook dat ik niet in een positie moet zijn van invloed, dus ik kan geen onderwijzer zijn. Het is alsof ze effectief hebben beknot wat mij initieel is gegeven, wat ik zou moeten delen. Ze geven me slechts een minieme uitlaatklep, met de kinderen. Maar de kinderen zijn slechts een klein onderdeel van mijn voorbereiding in het onderwijs. Het wordt me niet toegestaan om te doen waar ik voor ben voorbereid. Dat is waarom mijn geest...mijn hoofd zo strak aanvoelt, zo vol.*

D: Ik vermoed dat de priesters bang zijn van je. Ze willen het op hun eigen manier, niet op jouw manier.

M: *Ja. Ik denk dat, ook al wanen deze mannen zich spirituele leiders, ze niet meer dan de letter van de Wet volgen, de Boeken. Ze hebben geen nut voor levenskennis, of voor wat in het hart terechtkomt als een geschenk van God, ze zien enkel voor wat men leert van een geschrift. En de kennis de mij werd toebedeeld, en wat ik deel met anderen, is van een esoterische aard. Ze zien er geen nut voor. Ze zijn er ietwat bang van, maar meer dan dat – begrijpen ze het niet als een aanvulling op de bestaande Wet (ze refereerde naar de Thora, het boek van de Joodse regelgeving). Ze zien het als een frivool, onbelangrijk, bijna vormloos aspect van spiritualiteit. Ik geloof, dat ze denken dat het goed wordt koest gehouden, en bewaard, in een vrouwelijk brein. Dit denken ze,*

omdat het gaat over innerlijke zingeving, aanvoelen en gevoel,
over geest-wijsheid, veel meer dan over het brein, het redeneren.
Oh, hun regels!

D: Wat voor regels?

M: Ze hebben voor alles een regel. Kijk maar in het Boek, in plaats
van in je hart. Ze verliezen de ware gevoelskern van de Wet, door
te veel te kijken naar de Letter van de Wet.

D: Ik denk niet dat ze het zouden begrijpen, zelfs als je het zou
uitleggen. Ze zijn niet dat soort mensen.

M: Akkoord.

D: Maar ik hoop dat, als we op deze manier blijven samenkomen, je
aan mij wat van je esoterische kennis kan meegeven. Ik zou
dankbaar zijn als k die dingen zou mogen leren. Het kan je
misschien helpen het op die manier los te laten.

M: Op dit ogenblik… lijkt dat niet aanvaardbaar.

D: Ik bedoelde niet ogenblikkelijk. Ik bedoel…ooit.

M: Je zou bepaalde zaken moeten doorstaan…zoals een initiatie of
een introductie, zodat je kan begrijpen wat het is, dat je vraagt om
te mogen weten. Dan zou je beslissen of je echt de
verantwoordelijkheid wil, die samenhangt met deze kennis. Zoals
ik zeg, het dragen van deze kennis zonder verlossing, is een fysieke
pijn in mijn hoofd. Het is van hier, tot hier, een fysieke pijn (ze
maakte gebaren over de breedte van haar voorhoofd).

D: Dus ter hoogte van je voorhoofd. Wel, ik wil niet dat je je niet
comfortabel voelt.

M: Ik ken het gevoel. Het is er gewoon.

D: (Ik gaf suggesties om deze fysieke waarnemingen te verzachten.)
Terwijl ik met je spreek zal het je niet dwarszitten. Ik wil niet dat
je op enigerlei wijze niet comfortabel bent.

M: Dankjewel.

D: Misschien kan je me, in de tijd die we met elkaar doorbrengen,
initiëren, en dan merken we het vanzelf.

M: Het ligt aan jou. Het is een persoonlijke verantwoordelijkheid die
niet licht mag worden opgevat.

D: Okay. Maar vandaag heb ik interesse in wat je aan het doen bent.
Je speelt met de kinderen. Zijn er nog andere mensen in de
omgeving?

M: Er zijn wel mensen die hier aan het kuieren zijn. Ze hebben blijkbaar geen specifiek doel. Het lijkt meer op een bezoek, rondkijken, zien hoe het eruit ziet. Misschien zijn ze van verder buitenaf, leven ze ver weg van hier. Dit zou dan een speciale kans zijn voor hen om hier te komen, in deze ruimte, en zichzelf bekend te maken met deze Tempel. Ze kijken omhoog en zeggen: 'Oh, kijk!' (Wijzend).

D: Is de Tempel mooi?

M: Ja, het is erg groot. Hoge, grote ruimtes. Het is een... Ik aarzel om het woord 'intimiderende' ruimte te gebruiken, maar het geheel ervan is enorm indrukwekkend.

D: Dit waarschijnlijk waarover ze zo verwonderd zijn. Is er op deze dag nog iets gaande rondom te Tempel?

Ik probeerde terug te keren naar haar ontmoeting met de man waarvan ik dacht dat het misschien Jezus kon zijn, om zo verder te kunnen gaan met dat verhaal. Ik wist niet of dit dezelfde dag was als toen.

M: (Zachtjes) Die man!

D: Welke man?

M: Die man van licht.

Blijkbaar ging ze hem opnieuw zien. We keerden terug naar dezelfde scène zonder ernaar te vragen. Natuurlijk was dit onze bedoeling, en was het onderbewustzijn zich hiervan bewust...

D: De laatste maal dat we spraken, kon je hem zien doorheen de zuilen, en hij was in gesprek met andere mensen met een autoritaire stem. Is dat wat je ziet?

Haar gezichtsuitdrukking vertoonde dat ze een fijne ervaring aan het hebben was.

M: Ja. Dat licht.

D: Hoe ziet dat licht eruit?

M: Het is wit. Het omringt hem compleet. Het straalt vanuit elk deel van zijn lichaam. Van zijn voeten...helemaal, helemaal rond zijn lichaam…tot zijn hoofd (verwonderd). Het alsof hij in een capsule van licht rondloopt.

D: Oh, dat klinkt mooi.

M: Het ongelofelijk merkwaardig. Ik heb nog nooit zoiets gezien. Hij is van het licht.

D: Wat denk je dat dit "licht" veroorzaakt?

M: Zijn geest. Het is een externe manifestatie van zijn innerlijke (interne) licht. Het kan gewoonweg niet helemaal bevat worden door een fysiek lichaam, dus het straalt ervan af. Het is erg duidelijk voor mij, om te zien.

D: Ben je verbaasd dat je zoiets kan zien?

M: Oh, nee nee. Dat ik het kan zien is niet ongewoon. De aard van het licht zelf is gewoon ongewoon. Het is een erg wit licht.

D: Je bedoelt dat het voor jou niet ongewoon is om lichten te zien rondom mensen.

M: Nee nee, ik heb die kennis.

D: Zijn er andere "lichten" die je op een verschillende manier waarnam?

M: Ja. Dit is erg verschillend. De kinderen, zie je, ze hebben een zachte gloed rondom zichzelf. Hun roze tinten en gele tinten en groene tinten. Hele zachte kinderlijke gloeiende juwelen. Deze man is een diamant. Deze man is een helder, wit, krachtig licht. Heel, erg, krachtig.

D: Wat is hij aan het doen?

M: Hij spreekt met mensen. Hij gebruikt zijn armen als hij spreekt. Hij spreekt met een zekere autoriteit. Hij is niet tevreden met het gedrag van bepaalde mensen.

D: Kan je hem deze dingen horen zeggen?

M: Nee, ik kan het opmaken uit de toon van zijn stem. Zijn woorden zijn me niet duidelijk. Hij kijkt een andere richting op. De projectie is te ver weg van mijn gehoor. Maar de stemklank vertelt me veel.

D: Alsof hij niet tevreden is over iets.

M: Het is geen verwijt. Het is eerder een… uitleg. Een heel strikte uitleg. Als ze de waarheid kunnen zien, zullen ze in staat zijn zichzelf meer in het licht te stellen.

D: Dit is niet makkelijk voor mensen.

M: De mensen die rond hem staan lijken een erg donkere en dichte opeengepakte energie. Het is bijna alsof... (een ademhaling, als een ingeving) het is bijna alsof hij met klompjes kool praat! (Lacht). Ze lijken erg donker. En hij heeft zo een helder schijnend licht. Het lijkt wel alsof hij probeert om hun de weg uit hun donkere hoek te tonen, en iets van zijn licht te af te tappen, als het ware. Hij gebruikt strikte taal om hun aandacht te trekken, om hun te helpen begrijpen hoe belangrijk het is. Het is niet onvriendelijk. Het is, zoals men placht te zeggen, vriendelijk, doch strikt.

D: Soms is dat wat je nodig hebt.

M: Ja. Deze man is heel liefhebbend. Het is alsof hij die klompjes kool liefheeft (lacht). En hij wil zo graag... (opnieuw een ademhaling, opnieuw een ingeving). Oh! Hij wil ze veranderen in diamanten. Dat is waar die vergelijking vandaan komt. Die klompjes kool kunnen diamanten worden, zoals hij zelf is. (Ze was erg tevreden met die ontdekking).

D: Het zou een hoop werk betekenen, of niet?

M: Oh, ze zijn zo vast. Zo dicht van samenstelling. Zo donker. Hij haalt zich wel veel op de hals.

D: Zou je naar hem willen gaan luisteren?

M: Ik heb het gevoel dat ik kan wachten. Zolang de kinderen onder mijn hoede zijn, zal ik hun jonge geesten vreugdevol, veilig en gekoesterd houden. Zodat ze altijd het gevoel hebben dat ze in een beschermd omhulsel zijn als ze bij mij zijn. Ik denk dat dit ook het onderwijs verscherpt. Ik denk dat ze ontvankelijker zijn op die manier, om de lessen te laten wortelen in een dieper deel van hun geest. Als we dat omhulsel rondom ons in stand houden, als een unit, een lichaam, zodanig dat de leraar en de studenten als één geheel aanvoelen.

D: De laatste maal sprak je hierover, en ik dacht dat je bang was om hen naar daar te brengen. Omdat je niet wist wie deze man was, en wat hij aan het zeggen was.

M: Er was een man die me wenkte en zei, 'Kom, en luister'. Ik zal bij de kinderen blijven. Onze relatie is erg belangrijk, en ik wil niet dat daar een inbreuk op wordt gemaakt. Het is bijna alsof we in een bol van gekleurd licht zijn, als we samen zijn. Ja, ik zal hier blijven en we zullen dit onderhouden. Maar ik kan zie dat die man geen inbreuk zou zijn. Zijn licht zou eerder uitreiken om ons licht te vervoegen.

D: Ik dacht dat je misschien angst voelde, dat je dacht, dat de kinderen in gevaar zouden worden gebracht op een bepaalde manier

M: Nee, het is eerder een geval van... het beschermen van onze eigenheid. Je weet wel, als je rond zo'n klompen kool hangt... dat dat dan je eigen aura beïnvloedt, je eigen gloed en licht.

D: Ja, dat begrijp ik.

M: En de kinderen zijn bij me en we hebben een band van vertrouwen. Ik heb geen verlangen om hun naar die andere energie te brengen. Ze zullen daar meer dan genoeg van ontvangen in hun toekomstige levens. We hebben een vertrouwensrelatie. Ik zal dat onderhouden.

D: Dat is goed. Het was dus niet hem, waar je je zorgen over maakte.

M: Ik denk niet dat ik van hem iets te vrezen heb.

D: Ik ga een klein beetje vooruitgaan. De laatste maal zei je, dat hij je aanwezigheid aanvoelde en zich omdraaide?

M: Ja! Het is bijna alsof er een connectie tussen ons bestaat. Een band, die doorheen deze fysieke ruimte kan reizen. Het is bijna, alsof we aangetrokken worden door elkaar. Dat de energie in hem en de energie in mij gelijkaardig zijn. Dat we worden aangetrokken door die energie van licht.

D: Vertel me wat er gebeurt.

M: Hij voelt mijn aanwezigheid aan, omdat hij gevoelig is voor energetische veranderingen.

D: Het zal een verschillende energie zijn in vergelijking met de hompjes kool, met wie hij aan het spreken is.

M: Ja, ja (grinnikend)

D: (Lange pauze) Wat is hij nu aan het doen?

M: Hij is nog steeds aan het praten met de andere mensen. (Lange pauze)

Haar gezichtsuitdrukking vertelde me, dat ze iets aan het ervaren was.

D: Wat is er?

M: (Zachtjes) Ja, hij... Hij zal komen.

D: Hoe bedoel je?

M: (Verrukte geluidjes) Hij zal komen. Als antwoord op ons licht.

D: Denk je dat hij de kleuren rondom jullie kan waarnemen?

M: (Overtuigd) Oh, ja! Hij kan het zien! Hij kan het zien. Ik denk niet dat er iets is dat hij niet kan zien.

D: Hij moet een erg merkwaardige persoon zijn.

M: Hij is dat zeker. Hij komt naar ons! Zoals ik zei, zijn licht heeft uitgereikt om ons licht op te nemen. We maken nu deel uit van zijn licht.

D: Wat is hij aan het doen?

M: (In verwondering) De kinderen zijn aan het gloeien. De kinderen...gloeien...ze... (ze maakte geluiden van verrukking). Levend... ja, de energie is... Oooh! Mijn hele lichaam tintelt. Oh! De kinderen...oh, de kinderen (grinnik) Ze zijn kinderen aan het wezen. Ze trekken aan zijn mouw en de zoom van zijn gewaad, ze vragen hem om te knielen – wat hij dan ook doet. Hij begrijpt de kinderen. Ja, en de kinderen reageren op hem. Alsof deze man het volwassen resultaat is van wat zij nu beetje bij beetje aan het worden zijn. Een beetje alsof ze zien "oh, zo kan ik worden! Dat is waarom we leren wat we leren! Kijk! Dit hoe het zal zijn als we volwassen zijn!

D: Ze kunnen dit aanvoelen?

M: Ja. Oh, er is... we zijn meegenomen in zijn licht. Het is een uiterst wonderbaarlijk... ongewoon (Haar stem klonk zo verrukt dat ze het moeilijk had zinnen te voltooien).

D: Gevoel?

M: Ja. Het is alsof we allemaal buiten tijd en ruimte zijn. We worden allemaal omhuld door dat witte licht (diepe zucht). Hij wil weten wat de kinderen hebben geleerd.

D: Oh, is hij met hun aan het praten?

M: En 'Wat is je lievelingsspel?' en 'Wat is je lievelingslied?' En 'Kan je het me tonen?' En... Maar de kinderen zijn te uitgelaten om rustig samen te komen en... (verrukte lach)

D: Volgde de menigte hem?

M: Er zijn mensen ja, daar beneden. Het is alsof de kinderen ook het publiek hebben getransformeerd. Nu zie ik de groep niet zozeer als zwarte klompjes kool, maar als een groepering van kleuren, vele kleuren en textuur en vormen. Ze zijn niet in detail waarneembaar, maar er is daar een groep van iets. We zijn niet op hetzelfde niveau, zeg maar.

D: Bedoel je dat er iets gebeurde toen hij naar je toe kwam?

M: Ja, we werden... we zijn omhoog gehesen hierin (Giechel). We zitten in onze eigen wereld! (Gelukzalige lach). Het is erg aangenaam.

D: Praat hij ook met jou, of enkel met de kinderen?

M: Het is alsof hij begrijpt wie ik ben. En dat daarover niet gesproken hoeft te worden. Ik ben een voorbeeld voor de kinderen. Zijn aanwezigheid hier, de tijd die hij met hun heeft doorgebracht, het zal hen bijblijven voor de rest van hun leven. Dat was zijn doel, daarom kwam hij naar de kinderen, zodat ze deze ervaring van energie en licht zouden voelen, terwijl ze worden omhoog gehesen in dit witte licht. Ergens worden gebracht buiten tijd en ruimte. De kinderen zullen zich dat altijd herinneren... zelfs in anderen levens. Ze hebben dit contact, deze imprint, nu ontvangen.

D: Praatte hij met de kinderen, of was gewoon bij hun zijn al genoeg?

M: Hij knielde neer voor hun. Hij is op hun hoogte. Hij had zijn armen rond hun. De kinderen zijn uitgelaten en communicatief. Het lijkt wel alsof hij in staat is ze allemaal tegelijk te begrijpen. (Pauze) Hij kijkt op naar me. (Scherpe ademhaling) Oooh! Hij begrijp zo veel! Oh!!!! (Ze werd bijna overweldigd door emotie.)

D: Wat is er?

M: (Bijna huilend, haar stem was beverig:) Hij begrijpt. Hij begrijpt de pijn in mijn hoofd. Hij begrijpt de kennis die ik niet mag delen. Oooh! Hij houdt van me, voor wat ik kan doen. Het is alsof dit genoeg is. Werken met de kinderen. Delen wat ik kan, met hun jonge, ontwikkelende brein zal genoeg zijn. Het zal genoeg zijn... Oooh! Die man! Ik geloof dat hij de pijn wegnam.

D: Raakte hij je aan?

M: Nee, maar het is weg.

Ze was zo ondergedompeld in haar ongelooflijke ervaring, dat ik me bijna een indringer voelde.

D: Sprak hij met jou, of communiceerde hij op een mentale manier met je?

M: Er was een wederzijds begrip tussen onze geesten. Hij... hij draagt dezelfde lat. Hij heeft zoveel kennis en begrip. En het is alsof het hem ook niet wordt toegestaan dit te delen. Dat kan misschien de connectie geweest zijn die hem hierheen bracht (diepe zucht). We hebben een gelijkaardig pad. We hebben een wederzijds begrip, een verstandhouding.

D: Stopte hij met praten tegen het publiek, terwijl dit allemaal plaatsvond?

M: Ja. Hij was klaar met wat hij met hun wou delen. Het was alsof naar ons toe komen een heel intieme actie was, van hem uit. Het publiek was hier niet bij betrokken. Ze waren simpelweg omstanders. Ze waren er, en ze waren er getuige van, maar ze namen niet deel. Ik denk ook niet dat ze echt begrepen wat er gebeurde. Het zou me niet verbazen als we onzichtbaar waren (lachend). We bevonden ons erg, erg hoog.

D: Wat bedoel je met "erg hoog"?

M: Oh, ik bedoel... We werden omhoog gebracht in het licht. Het is... we gloeiden gewoonweg.

D: De andere mensen zagen waarschijnlijk niets buitengewoon. Wat is hij nu aan het doen?

M: (Zachtjes) Er is een kalmte in me, waar ik mezelf moeilijk van los krijg.

D: Is hij er nog?

M: Ik geloof dat hij er nog steeds is. Ik heb... blijkbaar... mijn lichaam verlaten. En ik moet terugkomen in mijn lichaam.

D: Ja, voor de kinderen. Je kan ze daar niet achterlaten.

M: Oh, we zijn allemaal veilig. Het is gewoon... tot ik terugkeer in mijn lichaam, kan ik niet veel betekenen voor wat we aan het doen zijn (diepe zucht).

Ze nam een diepe ademteug, blijkbaar om zichzelf weer te aarden.

M: Het was een genezing. Alsof hij in zichzelf nam, wat voor mij zo pijnlijk was. Hij heeft me echt verlost. En ik weet dat dit de reden is, waarom ik het zo moeilijk vind om terug te keren.

D: Misschien zal je hoofd nu niet meer zo'n last zijn voor je.

M: (Stille toon) Het is weg. De pijn is weg. Ik geloof dat dat is wat hij doet. Ik vermoed dat hij die gave heeft. Ik geloof, dat hij zo'n

43

klompje kool zou kunnen omringen met zijn licht en ze een diamant maken (Zacht lachje). Ik geloof, dat hij dat soort begrip heeft, van dat niveau. Hij is van een level dat ik nog niet kende. Ik ben er zelfs niet zeker van, of ik hiervoor wist, dat zo'n niveau bestond. Hij is nog steeds bij ons. We zijn nog steeds in dat witte licht, maar we zijn nu opgeheven. We bevinden ons buiten de tijd. De kinderen zijn buiten de tijd, met ons.

D: Ik beeld me in dat het een erg vreemd gevoel is, maar niet onaangenaam. (Ik wou zeker zijn dat ze zich comfortabel voelde).

M: Oh, nee. Wie zou hier willen weggaan? Nee, dit is een erg buitengewoon, verheven en vreugdevol niveau.

D: Ik vraag me af waarom de andere mensen dit niet voelen als hij met hun praat.

M: Ik geloof dat zij hun lichamen en geest nog niet hebben geopend, ze kunnen dit nog niet ontvangen. Het is bijna alsof hij ons een geschenk heeft gegeven, als een soort erkenning van wat we hebben bereikt. Dat hij ons heeft geholpen, om ons verder te brengen op ons pad, simpelweg door naar ons toe te komen en bij ons te zijn. Door ons in zijn licht te nemen, in zijn vibratie. Het is alsof hij ons een geschenk gaf. We zullen allemaal anders zijn als dit gebeurd is.

D: Dus hij hoefde je niet aan te raken, of met je te praten?

M: Nee. Wat hij deed was... hij erkende de kinderen op hun niveau, zodat ze ouden begrijpen hoe belangrijk ze zijn. Elk individu is een waardige ziel met eigen speciale gaven en taken. En door bij ze neer te knielen, ze aan te raken en hun toe te staan hem aan te raken, ontvingen ze een complete validatie van hun eigen individuele spirit. En toen hij rechtstond, en één werd met mij, zagen ze die overgang. Dit stond hun toe om op hun beurt over te gaan en hun spirit uit hun lichaam te laten. Nu hebben ze deze waarheid van realiteit, van de spirit die binnenin huist. (Dit werd allemaal op zachte toon, en met grote verwondering geuit.)

D: En niemand kan hun dat ooit nog afnemen. Misschien was het makkelijker voor de kinderen om te ervaren, omdat ze er meer voor open stonden.

M: Ja, ze zijn nog nieuwe geesten in deze jonge lichamen. Ze zijn nog niet (giechelt) verkoold...

D: Dat is een goed woord.

M: Ze zijn nog steeds licht. Ik ben zeker dat dit niet zo zal blijven. We keren... we worden teruggebracht naar onze alledaagse staat van zijn.

D: Wat nogal een verschil is in realiteit.

M: Ja. En nu moet hij gaan. Hij zegent ons, terwijl hij de trappen afloopt. Hij zegt dat hij niet vaak deze kans krijgt. En dat het voor ons allemaal een speciale traktatie was. Alsof we speciaal waren voor hem. Wij waren net zozeer een geschenk voor hem, als hij was voor ons.

D: Dat is goed! Je had een rol te spelen, om hem te helpen.

M: Ja. (Ze sprak tot de kinderen:) Wel, wel, kinderen, dat was me nu wel een speciale ervaring, of niet?

D: Wat antwoorden ze?

Ze negeerde me, en sprak verder met de kinderen. Daarna dacht ze luidop na over de ervaring.

M: We kunnen dat bereiken. Zoals hij was, zo kunnen wij ook zijn. We hebben ons beperkte begrip, dat ons klaarmaakt voor een breder begrip. En of we nu wel of niet in staat zijn om zoveel mensen te raken in dit leven als we willen... We weten, dat onze ziel enorme vooruitgang heeft gemaakt in dit ene moment. We hebben iets bereikt. Het is alsof, oh! De omvang van dit geschenk is overweldigend. Oh! Het is alsof we net jaren en jaren en jaren vooruit zijn gekatapulteerd. Hij was in staat om de tijd te veranderen, alsof we daarnet vele levens verder waren dan nu. De kinderen zijn erg kalm nu. Ze realiseren zich dat we nu anders zijn. (Diepe zucht) Het is ook tijd voor ons, om weer aan te passen aan onze lichamen en geest. De avond valt. De ouders gaan hun kinderen komen halen.

D: Ik vraag me af wat ze aan hun ouders gaan vertellen, als ze het al gaan vertellen?

M: Ik weet het niet. De kinderen hebben verschillende verstandhoudingen met hun ouders.

D: Dit lijkt wel een unieke ervaring, die maar een keer in je leven voorkomt.

M: Ja. Zo lijkt het voor mij ook. Dat dit een... enorm geschenk was.

D: Wie was die man? Weet je dat?

M: Hij sprak zijn naam nooit uit. Ik vroeg er niet naar. Maar hij was van het licht. Hij was een Zoon van God. Hij had een dieper begrip dan iemand van ons al heeft bereikt, op de aarde, op dit moment. Het is alsof hij de belichaming was van alle mysteries die mij geleerd zijn. Dat hij was hoe het eruit zag als je ze zou uitvoeren. Hij was een afgewerkt product. Wat hij met ons deelde was... hij hief ons naar een andere dimensie. En door dit te doen liet hij ons ervaren waar we toe in staat zijn. (Zucht) En zo...

D: Je zei dat hij de Zoon van God was. Worden we niet allemaal beschouwd als kinderen van God?

M: Ja. Hij was gewoon zoveel verder in zijn mogelijkheden. Je weet wel, die klompjes kool van daarstraks? Die hebben nog een lange weg te gaan vooraleer ze dat soort licht zullen bereiken. De kinderen en ik zijn geen klompjes kool, maar ook totaal niet op het niveau van licht dat hij bevat. En we keren allemaal terug naar licht dat vanuit God komt. Deze man, dat hij op de aarde loopt en tegelijk op dat niveau fungeert... Ik kan niet... Ik kan het niet bevatten.... Hij is een erg speciale mens.

D: Ik denk niet dat er zo veel mensen aanwezig zijn op aarde, of wel?

M: Nee. Ik heb nog nooit zo iemand ontmoet. Hij heeft een missie. Het is alsof hij, toen hij bij ons weg gin... hij terugkeerde naar het pad dat hij voor zichzelf had gekozen. En dat wij een omweg waren... Het was niet het bedoelde pad dat hij bewandelde. Maar het was zeker een geschenk voor ons allemaal, toen hij de omweg nam. Het alsof de kinderen en ik hem voedden terwijl hij ook ons voedde. (Opeens terug in de realiteit:) En dus, nu dan, (zucht) de laatste kinderen zijn aan het weggaan. Het is tijd om de kaarsen aan te steken. Ik zal veel hebben om over na te denken in mijn bed vanavond.

D: Ja, zeker weten. En ik wil je enorm bedanken om deze ervaring met me te delen. Als ik terugkom, wil je me dan meer vertellen over jou, wil je je ervaringen met me delen?

M: Ik kan moeilijk geloven dat er nog soortgelijke ervaringen zullen zijn.

D: Zelfs als ze er niet op lijken. Wil je je kennis met me delen?

M: Ja, natuurlijk. (Geëmotioneerd:) Ik zal mijn leven met je delen.

D: Het zou een eer voor me zijn.

M: Ik moet alleen zijn nu...

D: Ik begrijp dat. Ik denk dat het belangrijk is, dat je nu wat tijd voor jezelf hebt, om na de denken over wat er is gebeurd. En ik bedank je, ik kom zeker terug op een ander moment.

M: Dankjewel.

D: Goed, laten we hier weg gaan. Drijf maar weg van die situatie, en laat Abigail rusten, en nadenken over wat ze net heeft meegemaakt.

Ik bracht Marie terug naar haar volle bewustzijn, in een wakkere staat. Deze ervaring was zo overweldigend, dat het onmogelijk is om de extreme emotie over te brengen die ze vertoonde. Haar stem was zacht, en klonk als fluweel, terwijl ze de ervaring herleefde. Ze was er compleet ondersteboven van. Ik was hevig ontroerd door haar reactie, en probeerde het wonder ervan te absorberen door osmose. Ik voelde me vaak een indringer bij het stellen van mijn vragen. Toen ik haar weer bij bewustzijn bracht was ze nog steeds met haar gedachten bij de ervaring. Ze leek het te willen vasthouden, zolang dat mogelijk was, goed wetende dat het snel zou vervagen. Hoewel ze al wakker was, bleef ze stil op het bed liggen, alle gedachten in haar hoofd overlopend. Het was een complete, wonderbaarlijk mooie ervaring, en ze wou het niet loslaten.

Ik schakelde de bandopnemer opnieuw in, en wat volgt is onze conversatie nadat ze weer bij bewustzijn was:

M: Ik kan me herinneren dat ik in mijn cel was, waar ik sliep. Met mijn ogen wijd open. Ik weet niet of het nog de energie was van zijn licht rond me, of ik, die probeerde te begrijpen wat er was gebeurd. Maar er was geen rust voor me die nacht.

Ik begon luider te spreken, doorheen te kamer te bewegen, om zo te proberen haar gedachten in het heden te laten ankeren.

D: Dat was me wel de ervaring, hé?
M: (Nog haar grip behoudend:) We waren… Het was bijna alsof we verwijderd werden van de Aarde. Alsof we werden vastgehouden, omhelsd, in dat licht. We waren buiten tijd en ruimte. Ik kan het niet helpen om te denken dat we onzichtbaar waren.

D: Ik denk niet dat er een toeschouwer was die wist wat er gebeurde. Zij zagen waarschijnlijk niks ongewoons.

M: Misschien niet. Ik weet niet hoe dat werkt.

D: Je zei dat al die mensen wel hompen kool leken. Ze begrepen het waarschijnlijk toch niet. Ze hebben waarschijnlijk gewoon een man zien spelen met kinderen.

M: Ik weet het niet. Misschien was het voor hun ook een ervaring. Ik denk dat hij in staat was om op deze manier iets te tonen aan het publiek, ook al waren we in onze eigen omgeving. Het publiek moet in staat zijn geweest, om een verschil in onze lichamen waar te nemen. We breidden als het ware uit, werden groter. Het licht breidde ons uit. Ze moeten wel in staat zijn geweest om... misschien was het een demonstratie. Hij probeerde te tonen, 'Dit ligt binnen de mogelijkheden. Kijk naar deze kinderen, die puur zijn en nieuw en onbevreesd. Zie wat ze kunnen worden. En zie deze vrouw, die vol is van vertrouwen en geloof. Zie hoe ze kan worden getransformeerd. Dit is wat jullie ook kunnen doen.' Ik geloof wel dat ze een zekere verandering hebben waargenomen.

D: Ja, het is moeilijk om vast te stellen hoeveel ze precies hebben gezien. Wel, het was erg mooi. Ik denk dat het tijd is om terug te keren naar het huidige land der levenden. Maar het is heerlijk dat je je kan herinneren hoe het voelde. Je zal dat kunnen houden als een geschenk. De meeste mensen herinneren zich niet wanneer ze 'ontwaakten'.

M: Er was een enorme verlossing. Mijn hele lichaam voelde... onbelast. Ik weet niet waar het heen ging, maar hij was in staat het weg te nemen. Ik weet niet hoe hij het deed. Maar omdat hij de bondage rond mijn geest begreep, was het alsof hij in staat was het te verlossen. Omdat iemand het begreep.

D: Denk je dat je die ervaring zal kunnen gebruiken in je huidige leven?

M: Ik geloof dat deze herinnering een geschenk was voor mij. En terwijl ik verderga in dit leven, zal ik in staat zijn hieraan energie te onttrekken. Weet je nog hoe ik sprak over de kinderen? Dat ze, willen of niet, deze patronen zouden hebben in hun levens? Dat is wat mij hier is gegeven. Of het nu in mijn bewustzijn blijft, of niet... Het is deel van dit leven nu. En wanneer ik het nodig heb, zal het er zijn.

D: Dat is goed!

Normaal gesproken heeft de cliënt geen herinneringen aan de sessie, de trance-staat die nodig is, waarin ze zich volkomen identificeren met de andere persoon, staat dit niet toe. In dit geval kwam ik tot de ontdekking dat het onderbewustzijn een geldige reden had om dit deze maal wél toe te staan. De herinnering zou haar huidige leven niet nadelig beïnvloeden. In tegendeel, het ging belangrijke veranderingen veroorzaken die haar leven zouden verbeteren.

Marie dacht ze geen verdere sessies nodig had. Ze had genoeg informatie gekregen om haar verscheidene maanden te laten reflecteren... Terwijl de winter zijn intrede deed in de bergen van Arkansas, keerden we allebei terug naar onze dagdagelijkse routines.

Ongeveer een maand later vonden we elkaar terug op een feestje. Marie kwam naar me toe, gooide haar armen om me heen, en vertelde me hoezeer ik haar leven had veranderd. Ze zei dat de regressieve ervaring een enorm diepgaand effect op haar had gehad. Het had een hele nieuwe wereld geopend. We namen plaats in een afgelegen hoekje, en ze vertelde me dat ze driemaal getrouwd en ook hetzelfde aantal keren gescheiden was (zoals ze al eens eerder had vermeld). Ze leek altijd op zoek naar iets dat ze niet kon vinden. Haar echtgenoten waren geen slechte mensen. Het waren gewone, normale en vriendelijke mannen, maar ze slaagde er altijd in iets verkeerds met ze te vinden. Nu realiseerde ze zich dat ze een diepgaande, overstijgende liefde voor deze man had gevoeld in haar vorige leven, en ze het sindsdien steeds opnieuw had proberen vinden. Ze zocht er echter onbewust naar, in gewone stervelingen, waar ze het vanzelfsprekend nooit gevonden had. Geen menselijke man kon tegen zo'n liefde opboksen. Ze had geprobeerd om deze eigenschappen te vinden in haar echtgenoten, en omdat ze gewoon menselijk waren, was hetgeen ze zocht niet aanwezig. Vol teleurstelling bleef ze verder zoeken, in plaats van zich neer te leggen bij de sterfelijke, mindere, liefde van een menselijke man. Ze had deze zoektocht nog niet bewust gezien voor wat het was: een nood en hunkeren naar perfectie, en dan vooral perfectie in liefde.

Marie stelde ook dat, sinds de regressie, haal hele leven op zijn kop was gezet. Een nieuwe wereld had zich geopend, en het was wonderbaarlijk. Voor het eerst in haar leven, stond ze zichzelf toe om op een normale manier met een man om te gaan, en het was een compleet nieuwe ervaring. Ze wist nu dat ze een relatie kon hebben, en de man menselijk kon laten zijn, met gebreken, en alles wat erbij hoorde. Ze had het gevoel bevrijd te zijn van een verschrikkelijke last. Haar onredelijk hoge verwachting van wat liefde zou moeten zijn, was op zijn plaats gezet. Ze begreep dat zo'n ongelooflijke liefde ook echt was, en dat ze het had ervaren. Maar ze begreep ook dat ze dit type liefde niet ging vinden in dit leven, omdat het geen aardse liefde was, het was vrij letterlijk, niet van deze wereld.

Ik wou het leven van Abigail opnieuw verkennen, maar dit mocht niet zijn. Marie had het erg druk met de zaak en de nieuwe liefde in haar leven. Toen ik haar sporadisch zag, leek ze gelukkig en tevreden, ze had geen nood aan verdere regressiesessies. Ze was ervan overtuigd dat ze de oplossing had gevonden voor haar probleem, en dat is het belangrijkste aspect aan mijn werk. Mijn verlangen bestaat eruit, dat ik mensen wil helpen zich aan te passen, zodat ze op een meer effectieve manier kunnen bestaan in hun huidige leven. Zonder problemen, en de daarbij horende patronen van andere levens die doorsijpelen en de boel ontwrichten.

Ik heb nooit geweten wat er gebeurd is met Abigail. Blijkbaar was ze toegewijd aan haar dienstbaarheid in de tempel en bleef ze er. Maar ik vind het een mooie gedachte dat haar leven gemakkelijker was na haar ontmoeting met Jezus. Ze zei dat hij haar pijn had weg genomen, en dat hij haar had laten inzien dat haar werk met de kinderen genoeg was. Ook al zou ze nooit het grote geheel aan kennis kunnen doorgeven. Misschien bedacht ze steeds betere manieren om dit aan de kinderen door te geven, onder de neus van de priesters.

De kinderen zullen zeker haar warmte en vriendelijkheid niet vergeten zijn naarmate ze ouder werden. Misschien keerden ze terug voor verder onderwijs. Misschien vond ze een speciale student. Wat er ook nog met haar gebeurde, in dat leven, ik heb de indruk dat Abigal doorheen leven gezegend was, en alvast door deze ontmoeting. Ik heb ook het gevoel gezegend te zijn door haar toestemming om deel te mogen uitmaken van die momenten, en het met haar te herleven. Ik voelde ook de ongelooflijke liefde in haar woorden. Abigail gaf ons meer kennis door dan ze ooit zelf kan raden, ze stuurde de informatie naar ons toe, naar deze tijd. Dank je, Abigail, je bent waarlijk een toegewijd, begaan, en prachtige lerares.

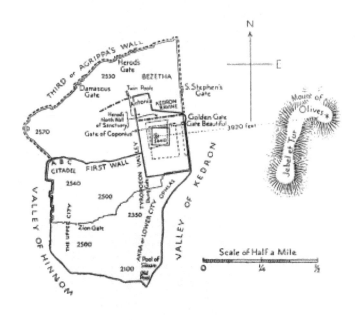

Herod's Jerusalem

Jeruzalem tijdens de heerschappij van Herodes.

Een schaalmodel van de Tempel van Herodus, gezien vanaf het Zuid-Oosten

HOOFDSTUK 4

De Tempel en Het Oude Jeruzalem

Het materiaal dat je in dit boek leest, werd verzameld in 1986 en 1987, aan de hand van hypnose en regressie naar vorige levens. Het lag ongestoord tussen mijn documenten, tot mijn uitgever in 1993 aanhaalde dat ik een vervolg zou kunnen schrijven op Jezus en de Essenen. Ik wist op dat moment, dat ik het nodige onderzoek zou moeten doen, om historische referenties te bevestigen, of ze te ontkennen. Dit is een noodzakelijkheid, en voor mij was het een aangenaam onderdeel van mijn werk.

De voorzichtige regressietherapeut die in dit domein aan het werk gaat, weerhoudt zich van onderzoek tot de sessies zijn afgelopen. Er wordt namelijk gesteld dat, indien de therapeut of de cliënt weet heeft van historische feiten, dit kan worden overgedragen door ESP (Extrazintuiglijke Perceptie). Dit fenomeen heeft belang, als het kon bewezen worden. Ik heb gewerkt met cliënten, die aangaven weet hebben van wat er gaande was in de kamer tijdens de sessie. Dit zou normaal gesproken niet het geval mogen zijn. Ze beantwoorden vaak een vraag, voor ik die stel, alsof ze het uit mijn brein halen. Ik weet, dat ik niet onbewust de antwoorden verschaf, en zij veranderen het verhaal niet zodanig, dat het past bij wat ik me inbeeld. Ik kan dan wel een beeld in mijn hoofd hebben over wat er gaat gebeuren, het is vaak compleet verkeerd... Ze vertellen het verhaal vanuit hun eigen, unieke standpunt. Ik kan dit niet beïnvloeden. Ik heb vaak tests uitgevoerd, tot ik zelf tevreden was, om te bewijzen dat er geen ongewilde beïnvloeding gebeurt. Als noch ikzelf, noch de cliënt weet heeft van het materiaal, de historische periode, en dergelijke... Dan moeten de antwoorden komen van ergens buiten ons bewustzijn. Het is een medeoorzaak, die redenen, dat er wordt aangeraden geen onderzoek te doen, tot de sessies volkomen zijn beëindigd.

In het laatste stadium van de voorbereiding van dit manuscript besliste ik, dat het tijd was om onder te duiken in de oude, stoffige boeken van de universiteitsbibliotheek. Dit is waar ik het meeste van mijn onderzoek doe. Als ik daar niet kan vinden wat ik zoek, heb ik via een interbibliothecair leningssysteem toegang tot elke bibliotheek in de VS. Hun computer vindt het boek, en dan wordt het me toegezonden. Dit het onderdeel van mijn werk, dat ik zo aantrekkelijk vind. Ik vind het heerlijk, om in oude boeken te snuisteren, om uren te lezen en één belangrijk detail te vinden. Het is alsof je een speld in een hooiberg vindt, en dat geeft een enorm gevoel van voldoening.

Een deel van de informatie kan algemene kennis zijn voor de doorsnee Jood, als die interesse heeft in zijn thuisland, maar het was mij alvast vreemd. Mijn leven als Amerikaanse Protestant was niet

53

echt een basis voor Joodse kennis. Ik ga er even wat dieper op ingaan, zodat ik een beeld kan schetsen van het gebied. Van hoe het eruitzag, hoe het bestond, tijdens de tijd van Christus. Context is belangrijk voor alle verhalen.

Miljoenen toeristen reizen elk jaar naar het Heilige Land, ze verwachten de plekken te bezoeken waar Jezus leefde, waar hij onderwees en waar hij overleed. Ik heb geconstateerd dat dit onmogelijk is, omdat deze plaatsen niet langer bestaan. Zelfs degenen die slechts wensen op dezelfde grond te lopen als waar Hij liep, zullen teleurgesteld achterblijven. Het terrein is zoveel veranderd, dat dit onmogelijk is.

Vandaag is Jeruzalem een heilige stad, in functie van drie van de meest prominente religies ter wereld: De Joodse religie, Het Christendom en de Moslimreligie. De eerste twee erkennen het als zijnde DE Heilige Stad, en de laatste plaatst het op de ladder na Mekka en Medina. Dit zijn waarschijnlijk de hoofdredenen waarom Jeruzalem is blijven bestaan. Omwille hiervan zal het ook nooit vergaan, niet zolang mensen een religieuze beleving ervaren.

Voor dit boek, concentreerde ik me op details over de oude Tempel van Jeruzalem, en details over Jeruzalem als oude stad. Ik wou weten, of ik de beschrijving van Abigail ergens kon terugvinden. Wat ik ontdekte, verbaasde me. Het is alom bekend, dat vele steden opgeslokt zijn door de zee van tijd, en er geen spoor van te vinden is. Sporen ervan worden blootgelegd door de voorzichtige opgravingen van de archeoloog, en aan de hand van naarstig onderzoek. Ik heb echter altijd aangenomen dat, indien een stad eeuwenlang op dezelfde plek bestaat, je er overblijfselen van zal aantreffen, dat men dingen ervan bewaard. Ik heb ruïnes gezien in Engeland, die eeuwenoud waren. In Rome vind je nog steeds het Colosseum en andere structuren. Dus nam ik aan, dat hetzelfde waar zou blijken als het aankwam op Jeruzalem. Het was het centrum van zoveel religieuze aandacht doorheen de tijd. Ik veronderstelde, dat sommige van deze oude bouwwerken zouden zijn bewaard.

Ik heb intussen ontdekt dat dit niet zo is… Niets uit de tijd van Christus heeft het overleefd. Er werd niks bewaard, omdat, op het moment dat de evenementen plaatsvonden, niemand wist dat ze belangrijk waren. Niemand wist dat, wat er toen gaande was, zoveel invloed zou hebben op de wereld, eeuwen later. Het kan misschien een schok wezen, om te weten dat de plekken waar de bedevaarders heen gaan, eigenlijk geen historische fundering hebben... De Christelijke bouwwerken worden verondersteld gebouwd te zijn op funderingen van plaatsen waar hij leefde en stierf enzovoorts... Ze zijn nooit geverifieerd. Het merendeel van de heilige plekken die worden getoond in Jeruzalem, zijn zorgvuldig geselecteerd, doorheen de eeuwen. Ze werden benoemd ten voordele van Christelijke bedevaarders, sommige plekken zijn al verplaatst, en kregen een nieuwe locatie aangewezen, anders werden samen gegroepeerd, het was een beetje afhankelijk van hoe het op dat moment in tijd, het beste uitkwam.

Gedurende 3000 jaar was het gebied rond Jeruzalem een bezet gebied, het werd overgenomen door verschillende beschavingen en culturen. De stad heeft een constante stroom aan aanpassing, vernietiging en reconstructie ondergaan. Zo gebruikte men materiaal vanuit de ene tijd opnieuw in een andere tijd, ze recycleerden opnieuw, en opnieuw. De stenen en dergelijke werden soms verdeeld over verschillende constructies, op verschillende locaties. Er heeft zoveel verandering en aanpassing plaatsgevonden, dat er nauwelijks nog een spoor te vinden is van hun originele bouwwerken. Het gebied van het Heilige Land, en de andere heilige plekken, is zo veel veranderd, dat er slechts een handvol locaties met zekerheid kan worden benoemd. Zelfs de exacte plaat van de oude stad Bethlehem is nooit gevonden. Het was zonder twijfel een kleinere stad, dan wat het vandaag de dag is. Historici zijn momenteel van mening, dat, zelfs al groeide het bevolkingsaantal gedurende die tijd, er in die periode niet meer dan vijftien mannelijke baby's zullen geboren zijn. Dit maakte het makkelijker voor Koning Herodes om ze te traceren. De massale slachting, die wordt weergegeven in films, is dus waarschijnlijk ietwat overdreven.

De huidige stad Jeruzalem is verder naar het Westen te vinden, dan waar de oude stad zich zou hebben bevonden. Desondanks is het mogelijk, om een vrij tot zeer accuraat beeld te verkrijgen, en te weten hoe de stad eruitzag tijdens de periode dat Jezus leefde. Vanaf de Olijfberg kon men over de Kidron Vallei kijken, richting de Heilige Stad. Ten tijde van Christus was Jeruzalem hoog op een heuvel gelegen, en de Tempelberg was aan drie kanten omringd door massieve muren. Het gaf de indruk van een machtig fort, op een ontoegankelijke positie. Het had dan ook de tand des tijds, zowel als verscheidene vijandige aanvallen, doorstaan. Steile kliffen in het Oosten, Westen en Zuiden die uiteindelijk valleien werden (de Kidron Vallei en de Hinnom Vallei), deden dienst als natuurlijke verdedigingssystemen. Toen Jezus leefde, was de stad gescheiden door een ravijn, de Tyropoeon Vallei, en dus verdeeld in twee duidelijk definieerbare gebieden. Deze diepe vallei kon je oversteken aan de hand van een stenen viaduct of loopbrug, die werd ondersteund door hoge boogbruggen.

Jeruzalem is al zo vele malen vernietigd en heropgebouwd, dat stad intussen rust op de vorige stad, en die weer op de voorgaande stad, enzoverder. Op sommige plekken liggen de moderne straten tientallen meters boven het niveau van de oude stad. Een stad, die intussen bedolven ligt onder puin dat zich ophoopte. De Tyropoeon Vallei, is vandaag de dag grotendeels opgevuld, die bestaat enkel nog als een kleine depressie die el-Wad wordt genoemd. Zelfs de topografie van het land rondom de Heilige Stad is dus aanzienlijk veranderd sinds de tijd van Christus. Het gebied bestond oorspronkelijk uit verscheidene heuvels en valleien. Het is nu getransformeerd, in een zo goed als vlak stuk grond. De valleien die Jeruzalem toen omringden, zijn opgevuld doorheen de eeuwen heen.

De bredere en hogere heuvel aan de Westelijke zijde van Tyropoeon Vallei was de plaats van de Bovenstad, wat door de ouder historicus Josephus de Hoge Markt genoemd werd. Het kan worden aangenomen, dat dit deel van de stad oorspronkelijk een marktplaats was. De lagere Oostelijke heuvel, die zich bij het gebied van de Tempel bevond, werd 'Acra' genoemd. Dit was de plek van de Lage Stad of Neder Stad. Het gebied van de Tempel was de "derde heuvel". Ten Noorden van de Tempel vond je de "vierde heuvel", waar de groeiende stad zich liet gelden. Volgens Josephus, werd dit laatste deel 'Bezetha' genoemd (betekenis hiervan is vermoedelijk: "Huis der Olijven") of Nieuwe Stad. Ten tijde van Christus, was dit gebied nog niet ommuurd. In die tijd was Jeruzalem veel meer een heuvelstad, dan hoe je het vandaag aantreft. De huizen werden gebouwd op steile hellingen. De smalle straten hadden vaak de vorm van trappen, en waren daarom ongeschikt voor karren, of rijders.

De Joden beschouwden Jeruzalem als het centrum van de wereld, en het kon inderdaad die titel wegdragen in de Oude Wereld. De vele verschillende nationaliteiten van Palestina, en de grote toestroom van vreemdelingen in Jeruzalem, zorgden ervoor dat je er een waaier aan menselijke verscheidenheid aantrof. Je hoorde een kakafonie aan verschillende talen in de straten. Grieks, Hebreeuws, Aramees waren de voornaamste talen. Vele van de nationaliteiten hadden hun eigen wijk in Jeruzalem, en hun eigen synagogen en tempels.

Enkele van de gigantische muren die de Tempelberg omringden, waren eigenlijk steile afgronden, die tot wel meer dan negentig meter steil naar beneden afliepen. Daar was de voet van de vallei. Opgravingen lijken Josephus' stelling te bevestigen. Hij beweert dat, ten tijde van Koning Solomon, de gigantische muur in het Westen, kon worden gezien over zijn gehele lengte. Dit was zo'n vijfentwintig meter van de grond, op tot het niveau van het Buitenhof. Hierboven rees de kloostermuur hoog over het Court. Deze beschrijving werd jarenlang gezien als een overdrijving van Josephus.

Nog een andere stenen brug overspande ooit het diepe ravijn van de Kidron Vallei, aan het Oostelijke deel van de Tempel. Het verbond dat deel met de Olijfberg. Dit werd beschreven als een loopbrug, die was opgebouwd uit bogen, die op hun beurt weer op bogen waren geplaatst, de bovenste bogen leunden op de kroon van boog eronder. In die tijd, was het een immens bouwwerk, dat werd gebruikt om een vlak oppervlak te bekomen tussen ongelijke natuurlijke heuvels. Aan de kant van de Olijfberg, was er een wenteltrap, die naar beneden in de vallei leidde, en dan steil omhoog naar de Oostelijke poort van de Tempel en de daarbij horende terreinen. Er was een ruim wandelpad, of terras, ongeveer vijftien meter breed, aangelegd voor de Gouden Poort-ingang. Jezus zou Jeruzalem vanuit die richting zijn binnengewandeld, vanaf de Olijvenberg, op Palmzondag. Tuinterrassen vormden een prachtig zicht op de hellingen, van de Kidron Vallei helemaal tot aan het hoogste terras, bij de Tempel.

Josephus vertelt ons verder ook, dat, gedurende het bestaan van Jezus, Jeruzalem leek op honingraat. Vooral onder de grond, waar men een wirwar aan galerijen en ondergrondse wegen aantrof. Ze werden niet gebruikt als riolering of begraafplaats, maar eerder als verdediging ten tijde van oorlog. Vroeger had elke plek die het verdedigen waard was, een geheime uitgang, om te kunnen ontsnappen in tijden van nood. Toen de Romeinen het gebied innamen, en Jeruzalem daarbij vernietigden, werd vastgesteld dat een groot aantal vluchtelingen zich ophield in de ondergrondse tunnels. Zodanig veel, dat men ondergronds is beginnen graven naar de vijand... Honderden gevechten vonden plaats onder de grond. Er waren zovelen doden dat er een stinkende, giftige walm vanuit elke traphal en opening kwam. De lucht in de stad was ongeschikt om in te ademen. De Romeinen dichtten de ventilatie en verzegelden de openingen naar de geheime ingangen. Deze oude delen zijn mettertijd in de vergetelheid geraakt.

Er zijn verschillende tempels gevestigd op de Tempelberg in de geschiedenis van de mensheid. Momenteel is de naam "Rotskoepel", een plek die Heilig is voor de Moslims, (moskee) op deze plek gesitueerd. Het wordt Haram esh-Sherif, genoemd. Dit betekent zoveel als, "heilig ommuurde plaats", en het is inderdaad een heilige plek voor Christenen, Joden en Moslims. Het is al drieduizend jaar geleden, dat Koning David de stad Jeruzalem selecteerde, als de beste stad om de hoofdstad te worden van het koninkrijk Israël. Koning Solomon (circa 973 – 933 v.C.) bouwde de eerste tempel in Jeruzalem. Deze constructie was gebaseerd op plannen van zijn vader, David. De tempel van Solomon was, waar nu de Rotskoepel staat, hoewel het hedendaagse bouwwerk waarschijnlijk meer oppervlakte inneemt dan de Solomontempel. Men heeft al toespelingen gemaakt op het feit, dat de Heilige Rots, onder de Moslimkoepel, de natuurlijke top van de heuvel is, en dat het de plek was van de oorspronkelijke Tempel. Deze rots kan misschien zelfs gediend hebben als een natuurlijk altaar. De Tempel en het Paleis van Solomon werden omringd door muren, en werden afgescheiden van de stad. Momenteel blijft er bovengronds niks meer over van deze gebouwen. Er zijn echter wel verscheidene delen ontdekt ondergronds. We beschikken enkel over de werken van de oude historici, om ons te helpen reconstrueren hoe het er toen uitzag.

De geschiedenis van Jeruzalem is een lang en turbulent verhaal. Van bezetting naar bezetting door verschillende landen, bezig met eeuwenlange heropbouw, gevolgd door complete vernietiging, om dan weer op te bouwen... Er is een grondigere opgraving nodig, om afdoende gegevens te hebben over de waarheid van de bestaande theorieën. Enkel dan kunnen we een accurate reconstructie bekomen, het vloerplan van de Joodse Tempels. Zo'n gegevens bestaan niet, maar momenteel ligt het begraven onder een gigantische hoop puin, de overblijfselen van vele eeuwen. Het huist onder huizen en straten, dus het kan niet gemakkelijk worden opgegraven. De vele heropbouw zorgde ervoor dat er grote vernieling was in de oude delen die werden opgegraven.

De Rabbi's geloven in een traditie dat er een originele versie van de Wet begraven ligt in de heilige Haram (het gebied dat de Rotskoepel omvat). Het wordt ook algemeen aangenomen dat de Ark van het Verbond begraven ligt onder de Tempelberg. Deze is verloren geraakt in de geschiedenis, na de vernietiging van de Tempel van Solomon door de Koning van Babylon.

Ergens binnen de muren van de Heilige Stad is er een koninklijke grafkamer van de Koningen van Judah (zoals wordt vermeld in de Bijbel). In die koninklijke kluis rust het stof van David, en ergens naast hem zou Solomon moeten te vinden zijn, en de opeenvolgende prinsen van het Huis van David. Die werden begraven in dezelfde grafkamer. Archeologen zijn van mening dat, als de Koninklijke Tombes gevonden worden, ze een kluwen van kamers zullen zijn, en geen serie van kamers. Geschiedkundigen beweren dat Koning Herodes de Grote wist in welke kamer de begraafplaats was, en dat hij enkele van de schatten heeft verwijderd die bij de koningen waren bewaard. Hij wou een grondigere zoektocht uitvoeren, maar twee van zijn bewakers werden gedood door een mysterieuze vlam die uit de grafkamer kwam. Dit beangstigde Herodes, en hij liet de zoektocht bij de tombes voor wat het was. Ze zijn vermoedelijk nooit meer verstoord. Hun locatie is verdwenen in de annalen van de geschiedenis.

Jeruzalem werd ingenomen door Koning Nebuchadnezzar van Babylon in 598 v.C., en opnieuw na een opstand in 587 v.C. Vooral bij de laatste opstand, werd de stad nagenoeg geheel verwoest De Babyloniërs vernietigden de stad Jeruzalem compleet. De Tempel en de muren werden platgegooid, de inwoners verbannen. Er werd niet aan heropbouw gedaan tot na 538 v. C., toen Joodse bannelingen terug toegang kregen tot hun eigen stad. Ze keerden terug uit Babylon na vijftig jaar in ballingschap. Op dat moment werd de stad van Jeruzalem gestaag opnieuw opgebouwd. Nehemiah zag toe op de heropbouw van de muren en de Tempel, op dezelfde plek als waar de Tempel van Solomon huisde, echter een gebouw op kleinere schaal. Deze Tempel bestond ongeveer vijfhonderd jaar, maar het metselwerk leed onder de tand des tijds, en er was sprake van verwaarlozing. De verslagen rond deze Tempel zijn de vinden in het Oude Testament.

De Romeinen kwamen pas vele eeuwen later ten tonele, toen de Hasmonee heerser en diens zonen, Hyrcannus en Aristobulus, bakkeleiden over de troon. Dit opende een weg voor de Romeinen, om de macht te grijpen. Uiteindelijk benoemden de Romeinen Herodes tot Koning van Judea, een titel die hij had van 40 tot 4 v.C. Herodes de Grote was een fervente bouwer, en het was onder zijn heerschappij, dat de stad Jeruzalem het uitzicht kreeg, die het tentoonspreidde, aan het begin van het Christelijke tijdperk. Jeruzalem werd een veel invloedrijkere stad, dan het was, ten tijde van David.

Herodes was niet populair bij zijn Joodse onderdanen. Bij het ouder worden, wou hij meer en meer op goede voet staan bij zijn onderdanen. Hij had een bepaalde flair als het aankwam op het bedenken van gebouwen, en hij wist hoezeer de Joden hun gebouwen waardeerden. Zo kwam hij op het lumineuze idee om bepaalde zaken recht te zetten en dat, door dit te doen, zijn populariteit zou stijgen. Hij moest en dus de Tempel heropbouwen. Het zorgde ook voor werkgelegenheid, voor een groot aantal mensen. Het verminderde bijgevolg de dreiging van een revolutie. Het aanbod van de koning om een reconstructie uit te voeren, werd ontvangen met twijfel en achterdocht. Herodes vervulde niettemin zijn belofte. Ja, dit was dezelfde Koning Herodes, wiens reputatie in de geschiedenis een vaste plek kreeg, door baby's te laten vermoorden bij zijn zoektocht naar Jezus.

Hij herstelde de muren, en bouwde drie krachtige formidabele torens in de ouder stadsmuur. Aansluitend aan de drie torens, was er het paleis van Herodes. Toen Judea later werd geregeerd door de Romeinse afgevaardigden, werd dit enorme gebouw hun verblijf, en hun hoofdkwartier als ze in Jeruzalem verbleven. Aan de Noordwestelijke hoek van de Tempel werd een elegant fort voor de soldaten opgetrokken, wat Antonia werd genoemd (vernoemd naar Mark Antonius), wat verbonden was met de Tempelportieken, aan de hand van twee trappen, of bruggen. Dit werd gedaan zodat ze een directe toegang hadden tot het gebied van de Tempel, indien nodig. Vanaf het uitkijkpunt van het fort, kon men waken over de stad, de omgeving, en het Heiligdom in de Tempel.

De belangrijkste architecturale onderneming van Herodes, was de heropbouw van de Tempel. Hoewel hij beweerde, dat hij dit deed als een nobele daad, werd het waarschijnlijk eerder gestuwd door ijdelheid. Het werk begon in 20-19 v.c., en de heropbouw van het Heiligdom werd voltooid binnen een jaar en een half. Het belangrijkste deel van het nieuwe gebouw, werd afgerond binnen een tijdspanne van ongeveer acht jaar. Het verdere werk, de verfraaiingen, en het oprichten van de buitenhoven, werd verdergezet gedurende het leven van Christus. De Tempel van Herodes heeft slechts een korte tijd bestaan. Minder dan veertig jaar, na de voorspelling van Christus: "er zal geen steen op elkaar blijven bestaan die niet wordt neer gegooid" (Mark 13:2), werd deze voorspelling waarheid. De Romeinse bezetters vernietigden de Tempel...

Alle overblijfselen van de Grote Tempel van Jeruzalem zijn verdwenen. Toen de Romeinen Jeruzalem aanvielen in 70 v.c., werd de Tempel in brand gestoken, en geplunderd. Behalve het paleis van Herodes, dat werd bewaard voor administratieve doeleinden. Het geheel van Jeruzalem werd zo goed als uit de geschiedenis weg geveegd. Vele muren werden opgegraven tot hun fundering, en de stenen ervan werden in de ravijnen gegooid. De Romeinen wilden de indruk wekken dat Jeruzalem niet langer bewoond werd, dat het niet langer bestond. Het was een complete, totale vernietiging. Alle inwoners werden vermoord of verwijderd tijdens een van de grootste bloedbaden in de geschiedenis van de mensheid. Om het hele gebied nog meer onbewoonbaar te maken, ontbosten de Romeinen de onmiddellijke omgeving van de stad. Erna ook het land dat tot een kilometer ver reikte rondom. Zodoende slaagden ze erin om een dichtbeboste, met boomgaarden bedekte en gekoesterde omgeving om te keren in een verwilderd gebied. Palestina keerde nooit terug naar wat het ooit was. Dit was rond hetzelfde ogenblik dat Qumran, de Esseense gemeenschap, die zich bij de Dode Zee bevond, werd vernietigd. Het fort van Masada, werd ook ingenomen. Dit gebeurde na er honderden mensen zelfmoord pleegden, waarna er een lange belegering volgde van de Romeinen.

Sindsdien hebben zowel geschiedkundigen als anderen, geprobeerd om te bepalen, hoe de Tempel van Herodes er exact uitzag. Net zoals waar het zich precies bevond op de Tempelberg. De enige overblijfselen bovengronds, zijn delen van de massieve muren, die doorheen de tijd bleven bestaan. De muren zelf waren een puik stukje werk van ingenieurs, samen met technologische hoogstandjes, door Josephus beschreven als "het meest geniale werk dat volgens de mens toen bestond". De funderingen werden geplaatst op vaste rotsgrond, zo ver als dertig meter onder het huidige aardoppervlak. Massieve rotsen die tonnen wegen werden ontdekt. Deze rotsen werden zo dicht bij elkaar geplaatst, dat een blad papier er niet tussen paste. Er was geen sprake van cement. Overblijfselen van dit metselwerk, typerend was voor de tijd van Herodes, kunnen nog steeds worden gevonden in de Klaagmuur bij het Westelijke deel van het Tempelgebied.

Bovengronds lijkt deze muur te zijn gereconstrueerd. De stenen zijn niet zo zorgvuldig geplaatst. De negen laagste lagen van steen die, typerend voor Herodes-geïnspireerd metselwerk, bestaan uit gigantische blokken. De grootste was ongeveer vijf meter lang, en ongeveer vier meter breed. Hierboven zijn er vijftien lagen van kleinere stenen aangetroffen. Er zijn veel aanwijzingen die erop duiden, dat dit een reconstructie is, met oud bouwmateriaal. Het is moeilijk om te aan te nemen dat de originele bouwers - die zo'n moeite namen om gigantische blokken te bewerken-, deze andere stenen er zonder nadenken bovenop zouden hebben geplaatst. De Joden komen al naar de Klaagmuur sinds Bijbelse tijden, om er de vernietiging van de tempel te beklagen.

Er zijn veel theorieën die de ronde gaan, over het uiterlijk van de Tempel, gedurende de tijd van Jezus, maar slechts weinig informatie is gebaseerd op feiten. Enkele oude geschiedkundigen – Josephus is hiervan veruit de meest betrouwbare – hebben beschrijvingen nagelaten in hun werk. De Tempel werd gebouwd uit harde kalksteen, die werd uitgehouwen in grote grotten, diep onder het Noordelijke deel van Jeruzalem. Dit soort rots kon worden gepolijst, tot het een opvallende glans had, zodat het een gelijkenis vertoonde met marmer. Het Tempelgebied was gezegend met een onuitputbare watervoorraad, die stroomde uit een natuurlijke bron. Er was een fascinerend systeem aanwezig, dat bestond uit ondergrondse reservoirs, die verbonden waren met elkaar. Dit werd mogelijk gemaakt door middel van pijpen, tunnels en leidingen. Een deel van dit systeem bestaat nog steeds, in de ondergrondse ruimtes, onder de huidige stad.

van een slachthuis. Hier werd dan ook wierook gebrand, en werden de mensen gezegend, in aanwezigheid van diegenen die dit gebied mochten betreden.

Niet enkel de voorkant van het Tempelhuis, maar ook de muur, en de ingang tussen de poort en het Heiligdom, waren bedekt met gouden platen. Het Heiligdom bevond zich in het binnenste hof, en werd bereikt door een trap van twaalf treden. Het was opgebouwd uit witte stenen. Josephus schat de grootte van deze stenen in als: ongeveer elf meter op drie en een halve meter op vijf en een halve meter. Men zegt dat het in die tijd het grootste bestaande religieuze Heiligdom was. Vooraan was de hoogte gelijk aan de breedte, zo'n honderd cubits (ongeveer vijvenveertig meter), afgaande op Josephus zijn verslaggevingen. Het was overal bedekt met gouden platen. Er was een, in de muur verzonken, gouden spiegel te vinden boven de ingang. De spiegel reflecteerde de stralen van de opgaande zon met een vurige pracht.

Binnenin het Heiligdom, was er de verdeling tussen de Heilige Plek, en het Heilige der Heiligen. In de Heilige Plek was er een altaar, een solide gouden zevenarmige kandelaar, en een licht dat nooit werd gedoofd. De muren van het Heilige der Heiligen waren belegd met goud, maar bevatten niks, afbeeldingen waren niet toegestaan. De Hogepriester was de enige mens, die het werd toegestaan om deze uiterst heilige kamer te betreden, en dat enkel op speciale dagen. Het Heilige der Heiligen bevond zich, volgens aanname, boven waar nu de Heilige Rots te vinden is. Binnenin de Rotskoepel.

Enkel de ingang naar dit heilige onderdeel was zichtbaar voor de bevolking. Het werd bedekt door een rijkelijk gekleurd gordijn, dat bewoog in de wind. Dit gordijn verborg het gouden interieur, en de inhoud ervan, voor de ogen van het gewone volk. Dit is het gordijn dat in twee delen werd verscheurd ten tijde van de kruisiging van Christus.

Zoals gezien vanaf de Olijfberg, was de Tempel direct op de voorgrond, waar de Rots nu de Heilige Rots overschaduwt. Omringd door weelderige zuilengalerijen, rezen de hoven van het ene op in het andere, de ene hoger dan de andere, reikend naar het innerlijke Heiligdom. Daar schitteren de marmeren, en gouden, voorzijde je toe.

Het doel van Herodes was blijkbaar om de Tempel zichtbaar te maken voor mensen die van heinde en verre kwamen. Met dit schouwspel domineerde het alvast de omgeving. Het bouwmateriaal, sneeuwwitte kalksteen, en het vierkante vlak vooraan, dat compleet bedekt werd met goud, waren bedoeld om de aandacht af te leiden van de rest van de stad. Daarom was het een traditie, om te zweren bij het goud van de tempel.

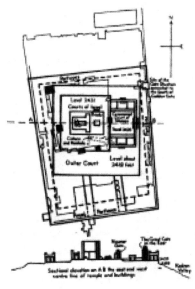

The Temple Sanctuary

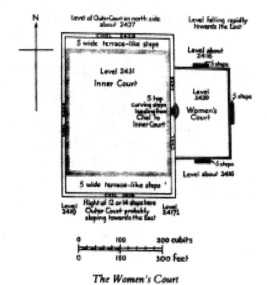

The Women's Court

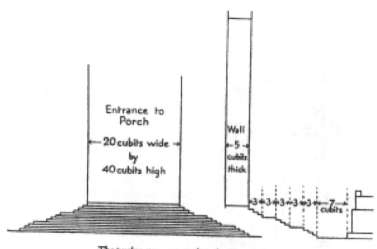

The twelve steps approach to the Temple Porch

Deze uitgebreide bouwwerkzaamheden kostten natuurlijk een hoop geld. Herodes begon met het heffen van onmenselijke belastingen. Hij was altijd bezig met het bedenken van nieuwe manieren om zijn vele nieuwe projecten te financieren. Het volk werd nog verder belast door de Romeinen, voor projecten die in het buitenland doorgingen, wat geen voordeel bracht voor de onderdanen van Herodes zelf. Men vond deze taxatie bedrukkend. Er waren bittere uitroepen tegen het verkwistende gedrag. Deze verkwisting gebeurde met geld dat ontwrongen was aan mensen die het broodnodig hadden... Herodes dacht dat, als de mensen zagen dat het geld werd gebruikt voor een zichtbaar, tastbaar project... Een tempel voor hun God, ze op zijn minst gesust zouden zijn.

Je kan niet ten volle de glorie van het Heiligdom van Jeruzalem appreciëren, tenzij je het concept van "heiligheid" beschouwd, en de rituele voorbereidingen die je moest ondergaan. Dit was verplicht als je "voor de Heer" wou verschijnen. Sommigen werden hierbij aangemoedigd om deze zuiveringen door te voeren in hun dagdagelijkse leven, zodat ze de toorn van God niet zouden uitlokken. De standpunten rond Jezus waren verschillend. Hij hechtte niet zoveel belang aan de verschillende stadia van heiligheid in het Heiligdom.

Hij had de indruk, dat zijn pompeuze tijdsgenoten te ingenomen waren door het ritueel en de ceremonie. Hij vond die rituelen eerder symbolisch. De mensen uit de Tempel waren de individuele persoon en de noden ervan vergeten.

Ik geloof dat het gebied waar Abigail haar kinderen onderwees, te vinden was aan de Oostzijde was van het gebouw. Er waren verschillende andere trappenhallen die van het Hof der Heidenen, naar het Hof der Vrouwen leidden, maar de geplaveide groep trappen... Het lijkt aan de beschrijving van het dansen op de wijde trappen te voldoen. Het zou ook normaal zijn dat de priesters Abigail hadden gedelegeerd naar het Hof der Vrouwen, zoals haar status betaamde. Ze werd op de "juiste plaats" gehouden. Nabij deze buitenzone was er een kamer voor het opslaan van muzikale instrumenten, wat ook haar beschrijving van het dansen aanvult.

Er waren pilaren aan het Oostelijke deel van de veranda aan de voorzijde, dit kon de plek zijn waar Jezus sprak met de menigte. Het grote gebied met zuilen richting het Zuiden (de basiliek), aan de ingang naar de Tempelberg, was te ver weg voor Abigail om te zien, en dus om hem duidelijk te kunnen zien. Geschiedkundigen zijn het erover eens dat Jezus en zijn discipelen onderwezen in het gebied aan de Oostzijde van de Tempel. Dit lijkt logisch, omdat hij daar met iedereen kon spreken. Het maakte niet uit hoe zuiver ze waren. Hij kon ook gehoord worden door zowel Joden als Christenen. Dit gebied was opengesteld voor iedereen.

Als mijn veronderstellingen kloppen, zou Jezus gepredikt hebben aan het lagere gebied van het Vrouwelijk Hof, onder de veranda aan de voorzijde met de pilaren, terwijl Abigail speelde met de kinderen op de geplaveide trappen die naar het binnenhof leidden. Als hij zich heeft omgedraaid, en haar heeft gezien, zou hij de trappen omhoog naar haar toe hebben beklommen. Het publiek zou vanaf beneden hebben toegekeken. Ik denk dat de geschiedkundigen, zowel als Josephus, duidelijk maken dat dit de enige locatie was waar dit kon plaatsvinden. Wat hierbij opmerkelijk is, is dat de trappen, de pilaren en de andere details, er nog steeds te vinden zijn. Deze verificatie kan plaatsvinden, voor degenen die er grondig onderzoek naar wensen te doen.

In de volgende hoofdstukken zal ik dingen toevoegen die verband houden met dit onderzoek, op de gepaste plaats in de tekst.

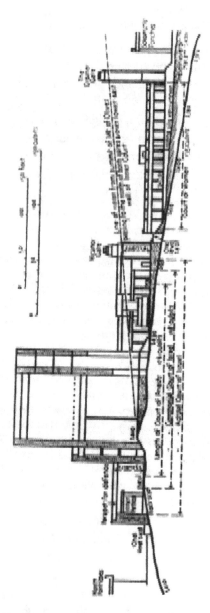

Een weergave van de verdeelde verhoging van de Tempel van Herodes.

70

HOOFDSTUK 5

Kennismaking met de nicht van Jezus

De volgende toevallige connectie met Jezus werd spontaan tot stand gebracht in 1987. Dit was ruim een jaar nadat ik met Marie had samengewerkt. Ik was nog volop bezig met de vertaling van de Nostradamus verslagen (voor de reeks boeken die ik schreef over Nostradamus), en ik was ook bezig met ufo-onderzoek. Men vroeg me, om hypnose toe te passen op iemand, in verband met een vermoedelijke ontvoering in Arkansas (te vinden in het boek "Keepers of the Garden"). Mijn tijd werd verdeeld tussen al deze projecten. Daarbovenop was er nog mijn werk als een regressietherapeut.

Anna was een erg zachte, lieve, Joodse vrouw eind de dertig. Hoewel haar voorkomen haar leeftijd niet liet raden. Ze leek wel een eeuwige jeugdigheid te bezitten, en gaf de indruk dat er een tiener school onder de oppervlakte. Ze was opgevoed binnen de Liberale Joodse religie en zij en haar familie spraken geen Hebreeuws. Anna en haar man besloten te ontsnappen aan het overbevolkte en lawaaiige Los Angeles, waar Anna geboren en getogen was. Ze kozen een kalmere levensstijl in de heuvels van Arkansas. Ze slaagden erin een bed&breakfast uit te bouwen, aan de buitenrand van een toeristisch stadje. Ik kende haar al enkele jaren, en had al met haar gewerkt bij verschillende projecten. Ze was een uitstekende cliënte, en ik had haar geconditioneerd om snel en makkelijk in trance te gaan. Ik kan waarlijk stellen dat Anna een van die mensen is, die niet in staat is tot bedrog. Ze is de meest betrouwbare persoon die ik ooit heb ontmoet.

Op het moment dat het gebeurde, was ik niet met Anna aan het werken rond een probleem, of iets in het bijzonder. Het enige dat er aan de hand was, was dat ze terugkerende beelden, zogenaamde 'flashes' had. Deze situaties vertoonden een overeenkomst met Israël, met dat gebied van de wereld. Het waren straatbeelden, en het bevatte mensen die gekleed waren in de typische klederdracht voor dat gebied. De beelden die ze binnenkreeg waren niet storend, maar ze had het vermoeden dat haar onderbewustzijn haar misschien wou vertellen dat ze in dat land had geleefd. Ze wou de mogelijkheid hiervan verder verkennen. We hadden als doel meer informatie te verzamelen tijdens de eerste sessie.

Toen ze het zich comfortabel had gemaakt op het bed, gebruikte ik haar sleutelwoord en de sessie begon...

D: Je zei dat je recentelijk sommige situaties bent beginnen zien waarvan je vermoed dat ze verband houden met een vorig leven. We gaan proberen om daar wat meer over te weten te komen. We willen weten of er iets is dat jij moet weten. Je dacht dat het in Jeruzalem was, maar je weet dit niet zeker. Als de beelden die je voor je geestesoog ziet, belangrijk zijn, als ze waarde hebben, was ik graag met jou daarheen gegaan. Dan verkennen we ze samen, en merken we of er iets is dat je moet weten. Ik zal tot drie tellen, op drie zal je je daar bevinden. 1...2...3... we zijn naar de tijd gegaan die je je visualiseerde. Wat zie je? Wat ben je aan het doen?

Ze stapte in de situatie op een ongewoon moment. Ze sprak met een kinderlijke stem, en ervaarde zoveel emotie, dat ze op het punt stond om in huilen uit te barsten.

A: Ik ben... Ik ben een vrouw, een kind. Ik ben nog geen dertien jaar. Mijn naam is Naomi (uitgesproken 'Niome'). En ik ben niet erg gelukkig (bijna in tranen). Oh, het is moeilijk om erover te praten.
D: Gebeurde er iets, dat je je zo voelt? (Ze was aan het huilen, dus ik maakte haar rustig). Je kan het me vertellen.
A: Ik wou dat ik een man-kind was. Dan was ik vrij, om te doen wat ik denk dat ik moet doen. En dat weet ik (ze barstte in tranen uit). Dit is moeilijk.

Anna kende me al, en we hadden een band, maar ik ging hier om met een andere entiteit. Ik moest Naomi's vertrouwen winnen, zodat ze zich op haar gemak zou voelen en met me zou praten.

D: Ik begrijp het. Soms heb je iemand nodig om mee te praten. Je kan het er altijd met mij over hebben.

A: *Ik zou de leer, de kennis, moeten verspreiden. Omdat ik het zo goed begrijp vanuit mijn hart. En hij keek me aan, en hij vertelde met dat dat niet mogelijk was. Omdat ik een vrouw ben, het zou niet begrepen worden. En... (huilend) Ik hou zoveel van hem.*

D: Over wie heb je het? Wie vertelde je dit?

A: *Dit was... (huilend) dit was de Nazarener.*

De enige persoon die ik ooit bij die naam had horen noemen, was Jezus. Dat was een verrassing. Ik zou voorzichtig vragen moeten stellen, om vast te stellen of dit daadwerkelijk was, over wie ze het had.

D: Ken je de Nazarener?

A: *Ja (huilend). En ik wou mijn ouderlijk huis verlaten en met hem mee gaan, omdat ik weet, ik wéét dat ik al die dingen kan doen. (Haar stem was vol spijt en emotie). En ik ben niet bang!*

Ze begon opnieuw te huilen, tranen liepen over haar wangen en maakten natte vlekken op het kussen.

A: *Ik zou mijn haar kunnen afknippen, en jongenskleren dragen. En ik denk niet dat ze het verschil zouden opmerken. Maar ik geloof, ik geloof echt dat ik met hem zou moeten meegaan. Dat ik hem zou moeten helpen en voor hem zorgen. Ik geloof dat hij me nodig heeft. En ik geloof dat, als ik als man geboren was, ik dit had kunnen doen. Maar er is niets aan te doen. Ik wil niets anders doen.*

D: Ik snap het.

A: *En ze zeggen dat mijn vader zijn halfbroer is (snik). Als dat waar is, vind ik dat het me moet worden toegestaan dit te doen.*

Dit was een grote verrassing. Ik veronderstelde dat ze sprak over Jezus, maar had hij een halfbroer? In Jezus en de Essenen werd vermeld dat hij verschillende broers en zussen had. We kwamen echter niet tot een gesprek met hen in dat boek. Hoewel ik in de war was, moest ik toch manieren bedenken om vragen te stellen die niet leidend waren.

D: Wie is je vader?

A: Mijn vader is de vuurmeester. Hij werkt met metaal. Hij is de dorpssmid. Hij maakt sloten en verschillende dingen, met de metalen die hij vormgeeft.

D: Je zei dat hij de halfbroer was van die andere man?

A: Dat is wat mij is verteld. Ik weet niet of dat is waarom ze me willen tegenhouden, of niet.

D: Wat is de naam van je vader?

A: Jozef.

Een volgende verrassing. Intussen wist ik, dat het in die culturen gebruikelijk was om de oudste zoon te vernoemen naar de vader.

D: Hoelang ken je deze andere man al?

A: Ik heb hem altijd gekend. Hij was er altijd. Hij komt naar het huis, om mijn vader te zien. Ik vermoed dat ze zakendoen, maar hij heeft nog andere zaken in de stad. Ik hoorde hem spreken en het was alsof hij mijn woorden sprak. Ik weet dat hij weggaat.

D: Waar gaat hij heen?

A: Hij gaat met een groep op reis, een bedevaart, om de leer te verspreiden. En ik weet dat daar mijn plaats is. Maar mijn vader vindt van niet. Mijn vader voelt angst, en ik niet. Mijn moeder is een erg stille vrouw. Zij zegt er niks over.

D: Hoe heet de stad of het dorp waar je in leeft? Heeft het een naam?

A: Jeruzalem. Ze zeggen...

Ze sprak die woorden in een taal die achteraf Hebreeuws bleek te zijn, een taal die ze niet kende. Het was moeilijk voor me om dit fonetisch over te brengen, dus vroeg ik later aan een man die vloeiend Hebreeuws kon of hij er iets wijzer uit werd. Hij gaf me de spelling: Yerushalaym shel sahav. Naomi sprak verder:

A: En nu weet ik wat dat betekent. Ik wist nooit echt wat het betekende.
D: Wat is de betekenis?
A: Het betekent 'Jeruzalem van God'.

De man die Hebreeuws kon, vertelde me dat deze vertaling absoluut correct is. Hij ging dan verder en begon me uit te leggen dat Jeruzalem zo werd genoemd. De oudere huizen zijn gemaakt van een lokale honinggekleurde kalksteen, dat geeft het hele dorp een gouden gloed als de zon erop schijnt. Dit klonk als een aannemelijke verklaring, tot ik mijn eigen onderzoek deed naar het oude Jeruzalem. Alle moderne gebouwen werden pas opgericht na de tijd van Christus. Dit zou dus niet kloppen tenzij de huizen waren gemaakt van hetzelfde materiaal als tweeduizend jaar geleden. Dat is een mogelijkheid, maar mijn onderzoek gaf een ietwat logischere verklaring voor de naam "Jeruzalem van God".

Ik ontdekte, dat de belangrijke gebouwen van de Tempel gebouwd waren met lokale kalksteen die werd gepolijst tot het zodanig glansde dat op marmer leek. De voorkant van de gebouwen was belegd met goud, en verschillende van de deuren die naar de binnenhoven leidden waren belegd met goud en zilver. Dit zorgde voor een aanblik van een glinsterende, sprankelende Tempel, het moet een imposante indruk hebben gegeven. De Tempel werd beschreven als iets dat over de gehele Oude Wereld bekend was en besproken werd. Blijkbaar noemden de mensen de stad daardoor ook "Jeruzalem van God".

A: Ik genoot altijd van het geluid, als ik het hoorde, maar ik wist niet echt wat het betekende. Het betekent wat hij aan het verspreiden is. Het betekent...de gouden gloed die ik zie vanuit zijn hart. Het is die gouden gloed van liefde en vriendelijkheid en zorgdragen. Van de afwezigheid van angst en wreedheid. De naam betekent dat soort gouden licht. Het goud van het zijn. Het betekent niet het goud van het metaal. Dat is wat ik eerst niet begreep. Het wil zeggen dat hij Jeruzalem goud maakte, omwille van wat hij probeert te onderwijzen. En ik vermoed, dat, nu ik het begrijp, ik het gewoon wil leven. Ik wil helpen. Ik wil met hem lopen. Ik weet dat ik dezelfde liefde-energie heb, en ik zou kunnen helpen. Ik hoef niet getrouwd te zijn, verzorgd te worden of een moeder te zijn. Ik

weet dat ik met hem zou kunnen meegaan en leren hoe ik mensen
moet genezen en hun pijn verlichten. Dat is alles wat ik wil.

D: Je zei dat sommige van zijn lessen door jou al gekend waren. Heb
je met hem gestudeerd?

A: (Lacht) Nee, dat is niet toegestaan. Ik hoorde hem spreken met mijn
vader, toen ze dachten dat ik sliep. Ik heb mezelf ook al eens
vermomd om naar buiten te gaan en te gaan luisteren als hij een
bijeenkomst had georganiseerd. En ik luisterde, ik hoorde het niet
gewoon.

D: Gaat het over een grote groep mensen? Je zei dat hij een groep met
zich meenam.

A: Nee, niet erg groot. De meeste mensen hebben in het privé
onderwezen, in kleine groepen. Maar hij weet nu dat hij deze
boodschap moet uitzenden. Deze groep is klein, omdat er niet
velen onder ons moedig genoeg zijn om het pad van waarheid te
bewandelen, het pad van liefde. Het is moeilijk om mensen te
vinden die niet bang zijn om te genezen en van dienst te zijn. Dus
is de groep momenteel niet zo groot, voor zover ik weet.

D: Weet je of hij nog een andere naam heeft, behalve de Nazarener?

A: Hij wordt ook Jezus genoemd, maar ik vind de Nazarener beter
klinken. Misschien is het omdat ik hem en mijn vader hoorde
praten. De Nazarener.

D: Ik vroeg me af, of dat was hoe je vader hem aansprak.

A: Oh, soms. Maar doorgaans, als hij langskomt, als ze over zaken
spreken, tapijten en metaal, noemt hij hem Jezus. Soms noemt hij
hem broer. Ze gebruiken 'broer' vaak.

D: Maar je zei dat je hoorde dat ze halfbroers zijn? Betekent dat dan,
dat ze dezelfde moeder of dezelfde vader hebben? Wat weet je
daarover?

A: Ik weet niet of ik het allemaal begrijp. Ze spraken er nooit echt
over, of toch althans niet waar ik bij was. Maar ik denk... Ik denk
dat de vader dezelfde is, omdat mijn vader de naam heeft van zijn
vader. Maar ik begrijp niet veel. Ze hebben het me nooit verteld.

D: Heb je ooit je grootmoeder of grootvader gezien? (Ik dacht aan
Jozef en Maria).

A: Die langs de kant van mijn moeder meer dan die langs de kant van
mijn vader. Er zijn dingen waarover niet wordt gesproken. We

zien ze niet erg vaak. Ze wonen ver weg. Dat is wat mij wordt
verteld.
D: Dan is degene die je het meeste ziet, de Nazarener, als hij
langskomt. Heb je broers of zussen?
A: Ik heb een broer. En die is ver weg. Hij ging weg om te studeren.
D: Wat voor studies?
A: Hij ging weg om geleerd te worden. Hij ging studeren bij leraren
en raboni (rabbi's), om verschillende Wetten te bestuderen, om
een geleerde te worden.

Ik kon het woord "raboni" niet vinden in het woordenboek, dus
vroeg ik de Joodse man die ik ken wat hij erover wist. Hij zei dat het
een van de formele manieren is om een rabbi respectvol aan te duiden.

D: Moest hij ver weg gaan om dit te doen?
A: Ja. Hij is hiervoor naar een andere, grotere, stad gegaan.
D: Ik dacht dat Jeruzalem groot was.
A: Jeruzalem is groot. Maar ik denk dat hij, omwille van zijn studies,
niet in Jeruzalem kon blijven.

Ik heb al uitgelegd dat onderwijs betekende dat je onderwijs kreeg
in de Wet, en dan ook enkel in de Wet. Een andere vorm van onderwijs
zou elders verkregen moeten worden. De gedachte kwam bij me op
dat haar broer misschien was gaan studeren bij de Essenen, aangezien
Jezus deze gemeenschap wel degelijk kende.

D: Dan weet je niet precies waar hij heen ging? Je hoorde niemand
daarover iets zeggen?
A: Hij gaf me geen naam. Nee, ik weet geen naam van een plek. Maar
er zijn vele dingen die ik niet mag weten. Ik denk dat ze dat doen
uit angst, ze denken dat ze me beschermen.
D: Maar de broer die je bedoelt is ouder dan jou, correct?
A: Ja. De broer die ik bedoel is tien jaar ouder dan mij. Ik weet niet...
hij kan betrokken zijn bij geheime dingen. Dus ze vertellen me wat
ze me willen vertellen. Het is alsof hij een tweede vader is
(lachend). Mijn moeder heeft mijn broer en mij als kinderen, maar
er zijn andere kinderen waar ze voor zorgt. En ze doet ook alle

dingen die van een vrouw verwacht worden. Ze zorgt ook voor
weeskinderen, of andere kinderen, die zorg nodig hebben.

D: Kan je me vertellen hoe de Nazarener eruitziet? Zijn fysieke
verschijning?

A: Hij is... als ik naar hem opkijk, wacht even. Laat me even kijken.
Hij is ongeveer zo groot als mijn vader. Ik vermoed dus gemiddeld
qua lengte. Hij lijkt erg... hij heeft kracht in zijn armen en
schouders. Hij is geen erg grote man, maar hij heeft kracht. En...
zijn ogen, zijn ogen zijn wonderlijk. Zijn ogen zijn blauw. En hij
heeft bruin haar en... haar op zijn kind en haar boven zijn mond.
Hij is bruin van de zon. Ik zou stellen dat hij vrij donker van huid
is.

D: Maar zijn ogen zijn wonderlijk?

A: Ja. Ik dacht niet dat blauwe ogen zacht en liefhebbend waren, maar
bij hem zijn ze dat wel. Ik ben donkere ogen gewend. Maar deze
ogen zijn zo vriendelijk, zo liefdevol (zucht).

In "Jezus en de Essenen" gebruikte ik citaten uit "The Archko
Volume, een minder algemeen bekend boek, geschreven door Drs.
Mcintoch en Twyman, geprint in 1887. Deze mannen hadden
neergepende verslagen ontdekt in het Vaticaan, die handelden over
Christus. Eentje hiervan omvatte een beschrijving van Jezus, die,
merkwaardig genoeg, overeenkomt met degene die hier werd
weergegeven. Nadat Jezus en de Essenen werd gepubliceerd, vond ik
een andere brief, waarin een gelijkaardige beschrijving te vinden was.
Dit document was ook ontdekt in de bibliotheek van het Vaticaan.
Men veronderstelt, dat het geadresseerd was aan de Romeinse Senaat
ten tijde van Christus. Het werd geschreven door Publius Lentulus, die
toen de Romeinse consul was in Judea, een voorgang en vriend van
Pontius Pilatus. Hetgeen volgt is zijn beschrijving van Jezus:

"Dit is een man met een nobel en welgevormd lichaam, met een
gezicht vol vriendelijkheid en zachte striktheid, zodat de
aanschouwers hem zowel liefhebben als vrezen. Zijn haar is de kleur
van wijn (waarschijnlijk geelbruin) en goudkleurig aan de wortel –
stijl en zonder luister – maar vanaf de oren krullend en glanzend,
verdeed in twee even delen. Zijn gezicht is zonder schade en wordt
vergezeld door een ingehouden glans; zijn gelaat is uitnodigend en

vriendelijk; zijn baard is vol, hetzelfde kleur als zijn haar, gevorkt in vorm; zijn ogen zijn blauw en extreem helder.

"Hij is formidabel in argumentatie en weerlegging, in exhortation en vriendelijk onderwijs. Hij is aangenaam van spraak. Niemand zag hem ooit lachen, maar velen, in tegenstelling, zagen hem huilen. Zijn persoon is groot; zijn handen zijn slank. Hij spreekt met aandacht en met ernst, weinig wordt overgelaten aan het toeval; in schoonheid overtreft hij de meeste mensen.

Dit is een uittreksel uit het artikel "What Did Christ Really Look Like*", door Jack Anderson, het verscheen in *Parade Magazine*, 18 April, 1965.

D: Je zei dat hij al bij je thuis langskwam sinds je je kon herinneren?

A: Ja. Ik heb hem altijd gekend. Ik heb hem hier altijd gezien. Toen ik nog jonger was dacht ik dat ze gewoon zakendeden. Maar ik denk dat hij een familiaal probleem probeerde op te lossen.

D: Dat kan logisch zijn. Als ze broers zijn, is het normaal dat hij soms langskomt om hem te bezoeken. Ik heb veel interesse in deze man. Hij klinkt erg ongewoon.

A: Wel, het is gewoon dat ik... Ik ben onlangs naar hem toe gegaan, om hem te vertellen dat ik met hem mee wou. (Opnieuw triest:) En hij vertelde me dat, omdat ik een vrouw-kind was, het te lastig zou zijn. Mensen zouden het niet begrijpen. Toen vertelde ik hem, dat ik mijn haar kon afknippen, en jongenskleren dragen, zodat de mensen het niet zouden weten. En hij antwoordde, dat ik met hem zou mee lopen, maar nog niet meteen. En ik heb geen wens om iets anders te doen. Ik ben niet zoals mijn moeder. Ik ben niet gemaakt om de dingen te doen die zij doet. Ik vertoef gewoon in dit vrouwelijke lichaam.

D: Misschien bedoelde hij gewoon, dat je nog even zal moeten wachten. Als hij zei, dat de tijd nog niet rijp was, zei hij ook niet echt 'nee'. Misschien zal hij je later toestaan om met hem mee te gaan.

A: Dat hoop ik. Maar ik kan sowieso van dienst zijn. Proberen onthouden wat ik hem hoorde zeggen. En mijn moeder helpen, met de kinderen die zorg nodig hebben.

D: Je zei, dat je ook een keer stiekem naar buiten bent gegaan, om naar hem te gaan luisteren... Was dat de enige keer?

A: Er waren niet zoveel kansen, ik vind het ook niet leuk om mijn ouders niet te respecteren. Maar, ik werd zo aangetrokken door de stemmen binnenin me, dat ik buitensloop om naar hem te gaan luisteren. Ik ben er een paar keren heen gegaan. Ik luisterde naar mensen hier in het dorp, en kwam zo te weten waar de bijeenkomsten plaatsvonden, soms luisterde ik gesprekken af, als ze bij mijn vader langskwamen. De bijeenkomsten gebeuren op verschillende plekken. Mensen gebruiken een geheim deel van hun huis, of ondergrondse ruimtes van het dorp. En hij houdt daar dan een bijeenkomst, om een manier van leven bij te brengen die rechtvaardig is, en die voor iedereen zou moeten bestaan.

Archeologen ontdekten tijdens opgravingen, dat de het ondergrondse deel van Jeruzalem gevuld is met geheime doorgangen en ondergrondse kamers. Ze dateren uit een tijd voor Christus. In sommige huizen kon deze zeker een doorgang naar een van deze ondergrondse ruimtes aanwezig geweest zijn.

D: Kan je je iets herinneren van de dingen die hij vertelde?

A: Als ik eraan denk, zie ik meteen het gouden licht dat vanuit het gebied van zijn hart scheen. En ik herinner me vooral, dat hij zei dat we vooral moesten liefhebben. Zorgdragen voor een ander, zoals je zelf zou willen dat men voor jou doet. Ik neem aan, dat hetgeen is, wat ik me best herinner. Zijn wijsheid is sterk, en toch niet bruut. Zodoende leert hij ons, dat we geen pijn moeten gebruiken als middel tot verstandhouding.

D: Waarom moet hij bijeenkomsten houden op geheime plaatsen?

A: Omdat er een groep is, binnen de regering, die beginnen te denken dat hij misschien meer invloed heeft op mensen, dan ze aanvankelijk wilden accepteren. Ik denk niet dat ze in hem geloofden, of dat ze hem oprecht als iets zagen, dat je serieus moest nemen als bedreiging. En ik denk, dat ze zich nu wel degelijk zorgen beginnen te maken... Omdat de armen, en de hulpeloze mensen, degenen die vertrouwen hebben, en geloven, zich bij hem beginnen aansluiten. Er is een verschuiving in de aandacht van de overheid. Ze worden harder. Ze worden bang

*van zijn kracht, van zijn waarheid, en van de kracht, die schuilt in
zijn waarheid. Ze zijn een hoop nietsnutten. Ze nemen en nemen
en hebben kamers vol rijkdom, en ze geven er niet om wat er
gebeurt met de zieken en de armen. Dus de bijeenkomsten worden
in het geheim gehouden.*

D: Ik vraag me af waarom ze bang zouden zijn van één persoon.

*A: Dat waren ze niet in het begin. Maar ik denk dat sommigen binnen
de overheid hem hebben gehoord. Ze weten dat hij spreekt over
een waarheid die zijzelf ook voelen. En binnenin zichzelf worden
ze verscheurd omdat ze geen loyaliteit kunnen voelen aan beide
kanten. Er wordt een groot conflict gecreëerd, ben ik bang.*

Tijdens deze periode werd Israël onderdrukt door de bezetting van
de Romeinen. Vele vrijheden waren afgenomen, ze werden ook
torenhoog belast. De onderdrukking was dusdanig dat vele Joodse
mensen zich slaven voelden in hun eigen land. Ze waren op zoek naar
een Messias, een redder, om hun te komen bevrijden uit deze situatie.
Ze wouden wanhopig terugkeren naar de levensstijl die ze hadden
opgebouwd voor de Romeinse bezetting. Er heerste echter veel angst
onder het volk, het Romeinse leger was sterk.

Er werden toen dus vele geheime genootschappen gevormd, die,
vooral met geweld, de regering wouden omverwerpen. Een van de
meest opvallende waren de Zeloten, waarvan Judas Iscariot werd
geïdentificeerd als lid. Zij wilden oorlog en zochten naar een leider
die sterk genoeg was om hun beweging vooruit te brengen. Vele van
deze groepen, sommige ervan gewelddadig en andere vredevol,
dachten hun leider gevonden te hebben in Jezus; Hij sprak over dingen
waarvan ze nog nooit hadden gehoord.

De priesters gingen hier niet mee akkoord, omdat hij een andere
geloofswijze predikte dan zij wilden onderwijzen. Dus werd hij door
beide kanten van dit tafereel nauwkeurig in het oog gehouden. De
Romeinen waren hier het hardnekkigst in, ze zagen dat zijn volgers in
aantal groeiden. Ze wisten dat de burgerlijke onrust enkel een sterke
leider nodig had om een opstand te organiseren. De wijde verspreiding
van de Joden had ervoor gezorgd dat Jeruzalem een centrum was om
rekening mee te houden in het Romeinse Rijk. Wat daar gebeurde,
gebeurde op wereldschaal. Dus de acties van iemand met afwijkende

gedrag, zoals Jezus, werden nauwlettend in de gaten gehouden. Verslag ervan werd naar Rome gestuurd.

D: Je zegt dat er een groep hem vergezelt naar de meeste plaatsen? Ken je iemand uit die groep?

A: *Ik heb enkele mannen gezien. Ze laten die groep niet zoveel in publiek samenkomen. Het leek alsof ze ongeveer dezelfde leeftijd hadden. Er lijkt een band te bestaan. Ze geloven in dezelfde dingen en werken samen voor het grotere goed. Er zijn er een handvol die altijd bij hem zijn.*

D: Ik vroeg me af of je misschien hun namen kent. Ik vertel het heus niet verder, ik ben gewoon nieuwsgierig.

A: *(Pauze) Ik denk dat er een man is die Johannes heet...? (Dit werd gesteld als een vraag). En dan de andere man... Ik heb Johannes dikwijls gezien. Maar die andere mannen, ik weet hun namen niet, denk ik.*

D: Ik dacht dat je hem, of je vader een van de mannen misschien bij naam had horen noemen. Hoe ziet die Johannes eruit? Je zei dat hij ongeveer dezelfde leeftijd had?

A: *Ja. Hij ziet er zowat hetzelfde uit, behalve dat hij wel donkere ogen heeft, zoals de meesten in dit gebied. En hij ziet er niet zo zachtaardig uit. Zijn stem is een ook een beetje schor.*

D: Je zei een tijd geleden iets over 'stemmen', die je vertelden dat je iets moest doen? Wat bedoelde je daarmee?

A: *Ik vind het niet fijn om tegen mijn ouders hun wensen in te gaan, of om mijn ouders te onteren, maar soms hoor ik dingen... De stemmen die in mijn hoofd komen, vertellen me dat alles ok is, omdat je dingen doet voor de juiste redenen. Je doet ze niet uit oneer. Je doet ze omdat je je geloof wil eren, je God. De stemmen zijn zo sterk dat ik weet dat het wel goed als ik mezelf vermom, en stiekem uit het huis sluip.*

D: Dit is dus wat je bedoelt. Je hoort ze in je hoofd? Volg je een geloof, als je weet wat ik bedoel?

A: *Ze leren een vrouw-kind niet veel, althans niet in mijn familie. Maar ze zijn van Joodse geloof. Ik denk ook dat de Nazarener van dit geloof is. Toch bewandelt hij een andere weg, in de Wetten is er veel onrechtvaardigheid. Ik denk dat families daarom*

verscheurd worden. Mensen hebben moeite met het begrijpen, of
zelfs kennen, van hun eigen geloofsovertuigingen.

Dit maakte onderdeel uit van het conflict dat Jezus en de priesters in de Tempel hadden. Hij ging niet akkoord met hun interpretatie van de Wet, de regels van Mozes, die waren uitgelijnd voor de Joden. Hij vond dat ze onrechtvaardig waren en te strikt werden toegepast. In jezus en de Essenen wordt duidelijk dat hij een andere betekenis vond bij zijn studie van de Wetten. Zijn uitgesproken mening veroorzaakte wrijving, dus hij verliet de Tempel en begon in het geheim aan zijn ministerie met zijn versie van religie. Naarmate zijn populariteit groeide, kwam er meer en meer tegenstand van de priesters, die dachten dat hij hun autoriteit wilde ondermijnen.

D: Gaat je gezin ergens heen om te bidden?
A: Ja hoor. Ze gaan naar de Tempel.
D: Ben je ooit zelf al naar de Tempel gegaan?
A: Ja. Maar vrouwen gaan langs een andere ingang binnen en zitten
ergens anders dan mannen. En ik voel me niet... ik voel me daar
niet geliefd. Ik voel me ergens anders dichterbij God.
D: Kan je me vertellen hoe de buitenkant van de Tempel is? Is het een
groot gebouw of een klein gebouw?

Ik wou weten of de beschrijving die Naomi me gaf van de Tempel overeenstemde met die van Abigail.

A: Deze... Ik denk dat er meerdere zijn in de buurt.
D: In Jeruzalem?
A: Ja. Deze is niet de grootste. Deze is gemaakt van steen.
D: Is er nog een grotere in de stad?
A: Er is een grotere.
D: Heb je dat gebouw ooit gezien?
A: Ik heb het gezien. Het is erg groot. Het beangstigt me. Het doet me
koud aan. (Lachend:) Ik vind onze kleinere tempel leuker.
D: Waarom? Omdat de andere te groot is?
A: Ja, ik vind het gewoonweg te groot.
D: Wel, hoe ziet die er dan uit van buitenaf?

A: Oh. Het heeft veel lichtgekleurde stenen. En dan grote deuren, en soms pilaren aan de buitenkant. Er is... er zijn erg hoge plafonds binnen.

D: Zijn er veel pilaren aan de buitenkant?

A: Aan de voorkant, zijn er geloof ik... acht.

D: Zijn er nog ergens anders pilaren?

A: Binnenin. Ik zie er enkele binnenin.

D: Zijn er trappen die naar de deuren leiden?

A: Ja. Ze zijn lang... lange stenen... trappen.

De beschrijving van Naomi overlapt met Abigail haar versie, en met het onderzoek van de historici.

D: Maar je zei dat je er niet graag heen ging omdat het...

A: (Onderbrekend:) Te groot. Het doet me eenzaam voelen.

D: Ja, soms kunnen dingen te groot zijn, dan sluit het je buiten van wat het je probeert te leren. Maar de vrouwen krijgen niet echt onderwijs?

A: Nee. Niet waar ik ben opgegroeid. Ze onderwijzen de vrouwen niet. De mannen krijgen wel lessen. De Rabbi (Raboni) geven les aan de mannen, maar hij geeft geen les aan vrouwen. Het lijkt wel alsof het een traditie is. Ik ben hier niet blij mee.

D: Het lijkt vreemd dat ze je niet zouden willen onderwijzen, je wil wel degelijk leren.

A: Ik heb geleerd. Ik heb hoe dan ook bijgeleerd. Ik heb geluisterd en ik heb geleerd. En ik had vrienden die me onderwezen.

D: Wel, in de groep die hem volgt, zijn daar geen vrouwen aanwezig?

A: Ik zie vrouwen. Maar ik weet niet of ze de hele tijd bij de groep zijn, misschien zijn ze daar omdat ze echtgenotes zijn, of zussen. Maar het lijkt wel alsof hij met de mannen op reis gaat.

D: Ik dacht, misschien, als er andere vrouwen aanwezig waren in de groep... dat je zou mogen meegaan op een later tijdstip.

A: Misschien. Er is een zekere Jeremia aanwezig, die gedachte komt boven. Ik ben niet zeker waarom. Ik denk dat hij een van de mannen is die meegaan met hem.

D: Heeft Jeremia dezelfde leeftijd als de rest van de groep?

A: Nee. Hij lijkt iets jonger te zijn.

D: Dit land waar je woont, heeft het een heerser? Je sprak over een overheid een poos terug?

A: *Ze noemen hem koning. Koning? Ik vermoed dat ze hem koning noemen, en hij heeft een regering, denk ik.*

D: Heb je ze ooit horen praten over de koning?

A: *Mijn vader wel. Ze vinden hem een onrechtvaardige koning. Ze... Het is zoals ik je zei, ze hebben kamer en kamers, opslagplaatsen met rijkdom, en er zijn zoveel arme mensen...*

D: Heb je iets gehoord over iets wat deze koning deed? Sprak je vader ooit over specifieks?

A: *Hij... hij sprak over mensen die ze 'slaven' noemen. Ze spreken over wrede straffen. Ze spreken over mensen die worden meegenomen en waar niemand nog iets van hoort. En er is geen reden voor.*

D: Denken ze dat de koning verantwoordelijk is voor deze verdwijningen?

A: *Ja. En ik begrijp het nog niet helemaal. Ik weet nog niet alles dat er te weten valt. Ze vertellen me deze dingen niet. Mijn moeder is een erg goede, stille vrouw, snap je. Ze is gewoon wat ze wordt verondersteld te zijn. Dus ze bespreekt zulke dingen niet, ze uit haar mening niet.*

D: Misschien is dat wat van haar wordt verwacht. Heb je een groot huis, waar je leeft?

A: *Nee, het is klein. Mijn vader heeft er zijn werkruimte, en eraan verbonden is onze leefruimte. Buiten is er een kookoven. Het is dus klein, maar het is aangenaam. Het is comfortabel.*

D: Hoe ziet het eruit vanbinnen? De leefruimte?

A: *Het is een grote ruimte. Dit is waar we eten. We hebben een tafel en meubels. Dan is er een andere kleine kamer waar mijn ouders slapen. En dan is er een kleine kelderdeur. En een soort van uitholling, een alkoof voor mij.*

D: Hoe ziet jouw plekje eruit? Waar slaap je op?

A: *Het is stro dat werd samengebonden om het een vorm en bepaalde dikte te geven. Dat stro ligt op een klein houten platform. En dan liggen er doeken en huiden over.*

D: Is het comfortabel?

A: *Ja. Het is enorm comfortabel.*

D: Is dat alles in jouw ruimte?

A: *Ik heb dat, en een kaars. En dan nog wat kleine persoonlijk prullen. Maar dat is alles. En mijn gewaden liggen opgevouwen in een hoek.*

D: Wat soort voedsel eet je?

A: *We eten granen en fruit. En er is vis. Er zijn wat ze 'dadels' noemen en andere zachte vruchten.*

D: Eet je ooit vlees, of altijd vis?

A: *Zelden. Af en toe eten we lam. Ik weet niet, soms ook...rund? Rund? (Alsof het een onbekend woord was)*

D: Wat is dat?

A: *Rund is zeldzaam. We hebben dat weinig.*

D: Zijn er groenten, als je weet wat ik hiermee bedoel?

A: *Ja. Groenten noemen we... puree en... er zijn groene types groenten.*

D: Het klinkt alsof je verschillende dingen hebt om te eten. Wat drink je dan doorgaans?

A: *Ik drink geitenmelk en water. En er is een andere soort drank voor mijn vader.*

D: Wat drinkt die dan?

A: *Ik denk dat het een soort brouwsel is. Ik weet niet precies wat het is. En er is ook wijn. We maken ook brood in onze oven buiten.*

D: Dus je lijdt geen honger. Dat is goed! Wel, zou het een probleem zijn als ik later nog eens terugkwam om verder met je te praten?

A: *Geen probleem, ik zou dat leuk vinden. Je deed me beter voelen (opgeluchte zucht).*

D: Goed zo. En je kan altijd bij me terecht als ik er ben en me alles vertellen dat je dwarszit, omdat ik het niet zal doorvertellen. Het is altijd goed om een vriend te hebben.

Ik vroeg me af hoe Anna zou reageren op wat ik haar te vertellen had. Toen ik haar terug bij bewustzijn bracht, had ze slechts een vage herinnering aan de sessie. Ik liet de bandopnemer verder opnemen...

D: Je zei dat ze verschillende namen hadden voor het voedsel? En je kon andere talen horen? Is dat wat je bedoelt?

A: *Ja. Het is moeilijk om uit te leggen. Als jij 'groenten' of 'fruit' zei, zag ik het beeld ervan maar kon ik het geen naam geven. Er waren ook een paar dingen die ik nog nooit had gezien. Ik denk dat soms, als je me de vragen stel, ik met zoveel tegelijk bezig ben, dat het lastig wordt om de antwoorden eruit te filteren.*

D: Kon je de andere talen horen? Waren die in de achtergrond?

A: Soms. Maar ik begreep de woorden niet.

D: Is dat alles wat je je herinnert?

A: Ik herinner me het huis. En ik denk dat ik me ook iets herinner over... (lacht) ik herinner me dat ik de woorden "de Nazarener" zei.

D: Blijkbaar was dat een referentie naar Jezus. Weet je iets over hem?

A: Aangezien ik Joods ben, heb ik niet zoveel nagedacht over Jezus in het verleden. Nooit, eigenlijk. In mijn achtergrond werd hij zelfs niet erkend. Als ik in het huishouden waarin ik opgroeide vroeg naar Jezus, werd dat weggewuifd. De Joden waarmee ik opgroeide deden alsof hij niet bestond. Ik was al voorbij de dertig toen ik daar dieper op inging. Ik dacht altijd dat er een conflict gaande was. Ik begreep niet waarom ze het niet over hem wilden hebben. Vooral niet omdat hij, door het weinige dat ik over hem wist, een goeie leraar leek. Dat is dus waarom ik geen referentiekader heb als het op hem aankomt.

D: Dus je hebt geen reden om bijvoorbeeld zoals een Christelijke persoon zou doen...te zeggen, 'Oh, ik wou dat ik leefde toen Jezus leefde'. Je hebt geen reden voor dat motief.

A: Nee, we spraken zelfs niet over hem. Hij bestond niet, voor zover het mijn familie en mijn omgeving betrof.

D: Als ik je zei dat je Christus kende, terwijl hij leefde, wat zou je dan

A: Ik zou zeggen... (lacht) dat ik niet denk dat ik daarop kan antwoorden (lacht).

D: Wat zou je zeggen als hij je oom was?

A: (Een stomverbaasde uitdrukking), Ik wist niet dat Jezus... ik... Ik vind het erg verwarrend. Bijna komisch. Dit is absurd. Ik ben Joods. Om zo'n verhaal uit mij te halen, van alle mensen, ik moet wel de slechtste keuze zijn.

D: Het is moeilijk te geloven, met andere woorden.

A: Momenteel voel ik me er niet comfortabel bij. Al vanaf ik een kind was, omwille van mijn ouders... niemand vertelde me ooit over Jezus.

D: Maar ze stopten het ook niet weg?

A: *Nee, mijn ouders wisten gewoon niet hoe ze hierover zouden moeten spreken. Ze hadden altijd pasklare antwoorden. Er was niet zoveel communicatie. Ik leerde als kind wat ik wel en niet kon vragen. Ik leerde vooral op jonge leeftijd dat er dingen zijn die je niet mocht vragen. En zij zeiden dan gewoon, 'Er zijn Joodse mensen en er zijn niet-Joodse mensen. We geloven in God'. Ze vertelden me ook dingen zoals, 'Zij hebben Jezus. En voor ons is Mozes, die ons de Tien Geboden gaf, onze Jezus'. Dit was het soort informatie dat ik van mijn ouders kreeg. Ik probeer me mijn jeugd te herinneren. Toen ik nog erg jong was, kon ik het amper uitstaan om naar de Tempel te gaan of Zondagschool. Ik vond het allemaal maar geouwehoer. Toen ik als jong kind leerde over de geschiedenis van de Joden, werd ik verafschuwd door hoe wreed de Joden waren. Het was me duidelijk hoeveel controle ze hadden over het leven, en hoe wreed de Tempel is. Ik heb deze indruk van het Jodendom al sinds ik jonger was. Maar ik hoorde van alle andere kleine kinderen verhalen over Jezus. Die verhalen ontstemden me. Het hele idee dat deze religie bestond rond deze ene man, verafschuwde me. Ik had nooit een goede indruk van Jezus. Ik vond hem altijd erg beledigend. Toen ik ouder werd en me er vragen bij stelde, verergerde het. Ik begreep zelfs niet wie hij was, of wat hij was, ik vond hem gewoon te vreemd om te begrijpen. Ik vond het een absurd idee dat mensen zich zodanig rond één man hadden geschaard, dat er een religie uit voort was gekomen. Religie wordt verondersteld over God te gaan. Het was pas, toen we hierheen verhuisden, dat ik begon te luisteren naar wat sommige mensen erover te vertellen hadden. En toen werden me plots heel wat zaken duidelijk. Dit is allemaal de voorbije vijf jaren gebeurd. Misschien was het de bedoeling dat ik hierheen kwam, naar dit soort omgeving, om de ruimte te maken. Om dingen duidelijk te laten worden op de juiste manier. Zo'n beetje als 'Dit de waarheid, dit is wat je moet weten'. Misschien is dat waarom ik nooit echt overeenstemming vond met wat ik hoorde. Omdat hij een menselijk wezen was. Maar ook omdat... misschien wil een deel van me het wel geloven. Ook omdat ik de voorbije zes maanden zulke sterke gevoelens had en ik weet niet waar die vandaan komen. Ik wist dat er iets betekenisvol aan vasthing, iets dat ik verder moet onderzoeken. En dat dat in dat gebied van de*

*wereld te vinden was. En dat regressie de manier was, voor mij,
om antwoorden te vinden.*
D: Dit zou je echter niet fantaseren als vorig leven...
A: Dit zou wel het laatste zijn dat ik als onderwerp zou kiezen.

Dit leek een belangrijke doorbraak. Ik wou hier zeker nog een
vervolg op en het verhaal van het leven Christus bemachtigen, zoals
zij hem had gekend. Dat ze Joods is, maakt haar verhaal
geloofwaardiger. Ik vroeg haar of ze ooit had gelezen over Jezus in de
Bijbel. Ze zei dat ze enkel het deel van Oude Testament in haar bezit
had, maar er niet bekend mee was. Het was binnen haar religie geen
verplichting om dit te lezen. Toen ze het op haar eentje probeerde, zei
ze dat het te moeilijk was, te zwaar. Dus ik vroeg haar om het Nieuwe
Testament niet te lezen. Ze antwoordde dat daar weinig kans toe was,
omdat ze er zelfs geen versie van in haar bezit. Volgens haar wist ze
absoluut niks over zijn leven, en nagenoeg niks over alle
gebeurtenissen die voor Christelijke gelovigen algemene kennis zijn.
Ze wist ook niks over de verhalen die ons worden verteld vanaf we
kind zijn. Dit was allemaal onbekend terrein voor haar, ze had niks in
haar onderbewustzijn dat hiervoor als database kon dienen. Ze had
verder ook geen motief om er bewust, of onbewust, over te willen
fantaseren. Het hele idee leek haar absurd. Dit was mijn kans om een
verhaal te verkrijgen dat de opmerkingen van critici kon weerstaan.

Het idee dat Jozef een oudere zoon had, zat me dwars. Ik vroeg
me af hoe mensen hierop zouden reageren. Ik wist echter wel dat Jozef
een pak ouder was dan Maria. Dit wordt verder uitgelegd in Jezus en
de Essenen. Wat gebeurde er toen Jozef jonger was? Misschien was
hij ook meer menselijk dan de Kerk ons wil laten geloven. Misschien
had hij ook zijn zwakheden, zoals wij allemaal. Welke lijken ook in
de kast verstopt zitten als het aankomt op de stamboom van Jezus, hij
zag er klaarblijkelijk zelf geen graat in. Hij stond al jaren op goede
voet met zijn halfbroer. Mijmerend over welke andere details we nog
zouden kunnen veroveren, sloot ik deze sessie af.

HOOFDSTUK 6

Het vertrek

Ik wou het leven in Jeruzalem verder verkennen, om te weten te komen hoe nauw Naomi in verband stond met Jezus. Ik was benieuwd naar hoeveel informatie ze me nog zou kunnen geven. Ik gebruikte haar sleutelwoord en telde Anna terug naar de tijd waarin Naomi in Jeruzalem leefde.

D: Ik had graag dat je naar een belangrijke dag in je leven ging, toen Naomi in Jeruzalem leefde, en me vertelt wat er gebeurt. Ik zal tot drie tellen en dan zijn we er. 1... 2... 3... het is een belangrijke dag in je leven. Wat is er gaande? Wat zie je?

A: *Ik zie hetzelfde als ik al zag. En ik weet nu wat ik moet doen met mijn leven; Ik wil niet dat mijn ouders de indruk krijgen dat ik ongehoorzaam was, ik weet gewoon dat het mijn lot is om mee te lopen met hem en te onderwijzen. En ik ben bereid om mannenkleren te dragen en mezelf te vermommen. Ik moet de dingen niet doen zoals mijn moeder, ik hoef niet gehoorzaam te zijn zoals zij is. Het enige dat ik voor mezelf kan zien in dit leven, is zijn woord verspreiden en daarmee zijn manier van leven.*

D: Hoe oud ben je nu?

A: *Ik ben dertien, geloof ik. Ik ben ongeveer een jaar ouder geworden, omdat ik het voorbije jaar echt heb geprobeerd om een goede dochter te zijn, en te doen wat mijn ouders willen. Maar het zit niet in mijn hart. Ik hou van hun, maar mijn leven is het leven niet waard, als ik hier moet blijven. Als ik moet trouwen en hun levensstijl volgen.*

D: Zoals alle andere meisjes moeten doen? Heb je hierover gesproken met je moeder en vader?

A: *Mijn vader heeft niet zoveel geduld, hij zegt dat het dwazenpraat is. Ik ben gestopt met erover te praten. En mijn moeder begrijpt het wel, maar het is niet het leven dat zij ziet voor een vrouw, zei ze. Dus ben ik stil geworden, en heb ik gewoon gebeden. Ik heb gepraat met de Nazarener toen hij hierheen kwam, maar er zijn geen andere keuzes.*

D: Vindt je vader wat zijn broer dan ook dwaas?

A: *Helemaal niet. Hij gelooft in zijn woorden en in wat hij probeert te doen. Hij vindt het gewoon erg vreemd dat een vrouw of een meisje die weg zou volgen. Als ik een man-kind was, denk ik niet dat er een probleem zou zijn. Ze zouden misschien vrezen voor mijn veiligheid, maar ze zouden me wel laten gaan met hun zegen.*

D: Ze proberen je gewoon te beschermen. Ze doen het voor je eigen goed, ook als het niet echt is wat jij zelf zou willen. Ze hebben het beste met je voor.

A: *Ik weet het. Ik probeer, ik probeerde het nu bijna een jaar. En ik deed de dingen die ze wilden. Ik hielp mijn moeder met de kinderen. En ik kan het niet langer volhouden. Ik voel me ouder dan mijn jaren. Ik voel aan dat, voor mij, trouwen een domme actie is. Er is geen reden voor mij om te trouwen. De enige dingen waar ik van hou zijn de waarheden die ik wil helpen verspreiden. En ik hou van... als ik dan van iemand zou moeten houden, zou het de Nazarener zijn. Maar ik weet dat dit onmogelijk is. Dus dat deel van me zal moeten leren om op een andere manier lief te hebben dan een vrouw normaal gesproken zou doen.*

D: Gaat het niet in tegen de traditie aangaande wat er van een vrouw wordt verwacht? Misschien vinden je ouders het daarom een ongemakkelijke gedachte.

A: *Maar ik weet dat ik voorbestemd ben om een onderwijzer en een raadgever te zijn. Dit is alles dat in mijn hart zit. Ik weet dat dit het enige juiste is voor mij om te doen. Ik hoop gewoon dat ze willen begrijpen dat er geen keuze was, het is mijn enige pad.*

D: Heb je er al over nagedacht dat het misschien lastiger zal zijn dan je denkt, eens je er echt middenin zit?

A: *Ik ben daar niet bang van. Ik heb geen angst voor de dood of voor afzien. Ik zie de dingen erg simpel. Er zijn maar enkele redenen voor mij om te bestaan. En er is niks binnenin me dat in staat is om te zijn wat mijn ouders aanvaardbaar zouden vinden. Ook al is het voor mijn eigen goed.*

D: Je zei dat je hierover had gesproken met de Nazarener. Wat zijn mening hierover?

A: *Een jaar geleden, toen ik met hem sprak, legde hij zijn handen op mijn gezicht, en vertelde hij me dat ik een vrouw-kind was, en dat ik op dat moment niet met hem kon meegaan. Maar dat ik op een gegeven moment bij hem zou zijn.*

D: Ja, ik herinner me dat.

A: *En ik weet ook dat hij het zei omdat mijn ouders het konden horen. Maar ik keek in zijn ogen en wist wel beter. Hij deed het uit liefde, uit een beschermingsinstinct. En ik vertelde hem dat ik mannenkleren kon aandoen, mijn haar afknippen en dat niemand erachter zou komen. Ik weet dat hij me niet zal afwijzen. Hij weet dat ik gestopt ben met over dingen te praten en dat ik stiller ben geworden. En hij weet ook waarom, ook al heb ik hem dat niet verteld. Hij weet dat ik met hem zal mee lopen en dat hij me zal accepteren, omdat hij weet dat mijn verlangen puur is, het komt uit mijn hart en van God.*

D: Hij dacht misschien dat je nog van idee zou veranderen, je bent nog jong...

A: *Maar hij zag dit voorbije jaar dat ik probeerde om een gehoorzame dochter te zijn en te doen zoals mijn ouders wensen. Hij weet dat ik mijn best heb gedaan, dat ik heb geprobeerd. Het zou verkeerd zijn voor mij om te trouwen, om kinderen te krijgen. Ik zou moeten leven zonder de pure liefde in mijn hart. Ik kan geen gelukkige thuis voorzien met wat er in mijn hart aanwezig is.*

D: Je zou het meer uit een plichtsbesef doen, dan wat anders. Maar hij dacht waarschijnlijk dat je nog van mening zou veranderen. Op jouw leeftijd weten mensen doorgaan niet zo zeker wat ze willen doen met hun leven. Dus, wat ga je doen?

A: *Ik ben aan het wachten om te vernemen wanneer ze weer gaan vertrekken. (Vastberaden:) En ik zal dan ook gaan.*

D: Hij is nu in Jeruzalem?

A: *Hij wordt hier verwacht binnen een paar dagen.*

D: Weet je waar hij heen is gegaan?

A: Ik denk dat hij naar zijn ouderlijk huis is gegaan. En er waren daar dingen aan de hand, problemen. Maar hij zet zijn leer verder en zijn bijeenkomsten, zowel als het reizen naar andere dorpen.

D: Met die groep van mensen, bedoel je?

A: Een kleine groep.

D: Waar is zijn ouderlijk huis? Weet je in welk dorp het zich bevindt?

A: Het is een eind weg... Het is in het gebied van Nazareth, maar van hieruit is het een paar dagen lopen, geloof ik. Ik ben er nooit geweest.

D: Maar zijn huis is dus niet in Nazareth zelf. Weet je welke familieleden er vertoeven?

A: Hun broer... Ik denk dat hun broer in het huis leeft. En er waren wat moeilijkheden. Ik ben het niet helemaal zeker. Ze spreken er niet zo vaak over waar ik bij ben, als ze weten dat ik in de buurt ben.

D: Omdat je sprak over familie, vroeg ik me af of hij getrouwd was... (Dit was een strikvraag).

A: Oh, nee, hij zou nooit trouwen. Hij is getrouwd met God en zijn filosofie. En hij voelt aan, dat dit zijn reden is om te leven. Hij zou niet zo trouw of loyaal kunnen zijn naar een vrouw toe, of met een gezin.

D: Dan zijn het de vooral de broers die in het ouderlijk huis wonen?

A: Ja, zijn ouderlijk huis. Hij heeft broers in dat gebied.

D: Het verraste me te horen dat hij familiale problemen heeft. Ik dacht dat zijn leven in dat gebied vlot zou verlopen.

Ik probeerde uit te vinden wat er aan de hand was, zonder indringend te wezen.

A: Ik denk dat zijn broers een of ander probleem hebben.

D: Je zei al dat je vader zijn ouders ook niet zoveel zag. Was dat ook omwille van een familiaal probleem?

A: Ik denk, van wat ik me herinner gehoord te hebben, dat zijn vader problemen had om hem te erkennen. Omdat de vrouw die hij moeder noemt... niet bij zijn vader bleef.

D: Je zei eerder dat hij en de Nazarener halfbroers waren.

93

A: Ik weet niet of ik het kan uitleggen. Ik denk dat zijn moeder niet in staat was om met zijn vader te trouwen. En er was een probleem. En ik weet dat ze ziek was. Ik denk niet dat ik alle informatie heb.

D: In andere woorden, je denkt dat de Nazarener en je vader niet dezelfde moeder delen? Weet je welke ouder is? Je vader of de Nazarener?

A: Mijn vader is ouder dan de Nazarener.

D: En dit is waarom hij geen contact heeft met zijn familie?

A: Ja. Ik denk dat er veel oud zeer is. Een grote hoeveelheid pijn en verwarring en schaamte. Maar het gebeurde lang geleden.

D: Blijkbaar heeft de Nazarener er zelf absoluut geen probleem mee, hé?

A: Ik denk dat hij de hele waarheid weet. Mijn vader en hij hebben samengewerkt, hun manier van denken stemt overeen.

D: Ik was nieuwsgierig, omdat het klonk alsof ze geheimen hadden. Denk je dat er een probleem is met de andere broers? Je zei dat ze ook familiale problemen hadden, of denk je dat er iets anders aan de hand is?

A: Ja. Ik denk dat er iets van jaloezie gaande is, een zeker probleem.

D: Misschien weet je ooit het hele verhaal, en kan je het me vertellen. Ik kan begrijpen waarom ze er niet over zouden willen spreken waar je bij bent. Ik vermoed dat ze niet willen dat kinderen op de hoogte zijn van familiale problemen. Is het in jouw land de gewoonte om de oudste zoon te vernoemen naar de vader?

A: Ik denk dat het gebruikelijk is om de kinderen te noemen naar iemand die je wil eren, ter herinnering van iemand. Zo leeft die persoon verder.

D: Je zei dat je vader de naam kreeg van zijn vader.

A: Dat klopt. En ik denk dat mijn grootmoeder hem Jozef noemde om de herinnering van de vader levende te houden, omdat ze wist dat ze niet bij hem kon zijn.

D: Maar trouwde hij met de moeder van Jezus en de andere kinderen?

A: Ja. Ik weet niet precies of de ziekte die ze had, er iets mee te maken had.

D: Je zei dat je je grootouders niet zag. Is dat omdat ze zo ver weg wonen? Of is het omdat er een probleem is rond zijn geboorte?

A: Men verteld mij dat het te ver weg is, maar ik ben er zeker van dat mijn vader deel uitmaakt van het probleem.

D: Ik stel gewoon vragen omdat ik nieuwsgierig ben. Als je meegaat met de Nazarener, wat denk je dan dat je zal doen? Ken je je taken?

A: *Ik zal blijven bijleren. Ik hoop in staat te zijn hem bij te staan op welke manier hij ook mag wensen. Ik ben niet bang om rond de zieken te zijn, of de armen, of mensen die wanhopig zijn. Ik wil in staat zijn om te geven, en te leren wat hij doet, om mensen te helpen en te genezen. En volgens de ware wetten van God te leven.*

D: Denk je dat hij je deze dingen kan leren?

A: *Ik denk dat hij dat kan.*

D: Weet hij hoe hij mensen moet genezen? Heb je hem zoiets zien doen?

A: *Ja. Ik zag eens – ik mocht daar eigenlijk niet zijn. Hij had een bijeenkomst in ons dorp, 's nachts. Ik herinner me dat ik naar buiten ging, en ik verstopte me. En er was een kind... een moeder bracht haar kind naar hem, het kind was ziek. Ik ben niet zeker wat er aan de hand was met dit kind, maar ik zag dat hij het vastnam. Hij legde het kind op zijn schoot, en legde zijn handen erop. En het kind stopte met huilen. De koorts brak, en het kind was gezond (dit werd bijna in verwondering geuit).*

D: Hoe was hij in staat om dit te doen?

A: *Ik weet het niet. Ik denk... hij weet hoe hij de Wetten van God moet naleven. En door middel van liefde en liefhebben kan hij een verschil maken, alsof het zo moet zijn.*

D: Dit is toch niet de normale manier waarop mensen in jouw tijd ziektes genezen, of wel?

A: *Nee. We hebben dokters en zij verzorgen gewoonlijk de zieken. Maar ik weet dat wat ik die nacht zag, een mirakel was. Ik weet niet wat er mis was met dit kind. Maar het was aan het huilen en het zag er enorm rood en zweterig uit. Het had veel pijn. En het ging van die staat, naar kalm, en kreeg weer een normale kleur. Ik hoop ook te leren om op deze manier te helpen.*

D: Het zou een wonderbaarlijk iets zijn, als je zoiets zou kunnen leren. Heb je ooit iets gehoord over andere genezingen die hij zou hebben uitgevoerd, zoals deze?

A: *Ik hoorde hoe hij een kreupele man genas. En ik hoor geruchten, maar ik weet het niet zeker. Ik moet wachten tot ik het hem zelf kan vragen.*

D: Wat hoor je dan als geruchten?

A: *Oh... hoe hij mensen hun zicht teruggeeft, of ledematen geneest, zodat mensen opnieuw kunnen stappen of bepaalde ledematen ten volle gebruiken.*

D: Maar je weet dus niet of dat waar is?

A: *Ik hoop dat het waar is. Ik weet wat ik zelf zag. Maar sommige dingen zijn moeilijk te geloven, hoezeer je ook gelooft in God. Het is heel moeilijk te geloven dat een "gewone mens" dit kan.*

D: Ja, een sterfelijke man. Hij moet wel een erg wonderlijke persoon zijn, als hij deze dingen kan doen voor mensen.

A: *Hij is... anders. Weet je, als je hem ziet, of als je met hem spreekt, of als hij je aanraakt, dan is het anders dan bij anderen. Hij is anders. En dat is waarom hij nooit... met iemand anders zou kunnen samen zijn. Omdat dit is hoe leven hoort te zijn, en enkel dit. En ik weet dat dit de weg is. Ik weet het vanuit mijn eigen liefde, vanuit wat ik hoorde in mijn gebeden en stemmen en vanuit God. Ik word verondersteld alleen te leven, en mezelf toe te wijden aan de dingen waar ik in geloof.*

D: Als dat echt is waar je in gelooft, neem ik aan dat dit voor jou het juiste is.

A: *Ik voel me absoluut geen kind.*

D: Heb je nog anderen verhalen gehoord over dingen die hij deed die buiten het normale liggen?

A: *Oh... Ik hoorde dat hij weg ging en anders werd onderwezen dan de mensen in onze scholen, iets anders leerde dan wat je leert in onze tempels. En hij leerde dingen, van wijze mannen, in landen die ver weg zijn. Ik denk dat ze hem veel over het genezen hebben geleerd. En over hoe, als je hart op één lijn staat met God, je in staat bent om fysieke zaken te veranderen, zowel buiten jezelf als binnenin jezelf. Ik denk dat dit onderdeel uitmaakt van het probleem thuis. Ik denk dat er misschien een vraag rijst binnenin zijn familie. Maar...*

D: Wat voor een vraag?

A: *Over de dingen die hij kan doen. Dingen die hem geleerd zijn.*

D: Denk je dat dit hem anders maakt? Is dat wat je bedoelt?

A: *Ja. En ik weet niet of ze het geloven.*

D: Wel, je weet dat er vele andere manieren zijn van onderwijzen. Ze kunnen hem vele wonderbaarlijke zaken hebben geleerd in andere landen. Maar dit werd niet toegestaan aan de broers?

A: *Nee, ik denk niet dat zij dit verlangen hadden. Ik denk dat de meesten van hen een normaal leven wilden, een leven zoals de rest van de inwoners.*

D: Dan zouden ze niet jaloers moeten zijn, als ze toch dat soort leven niet wilden.

A: *Nee. Maar ik denk dat er twijfel heerst in het dorp, en het maakt hun levens moeilijker. Of misschien schamen ze zich.*

D: Ja, dat zou kunnen. Misschien is dat het probleem. Ze kenden hem dan ook al vanaf hij kind was, veronderstel ik.

A: *Ja... En wie buiten hem, was nog in staat om die dingen te doen?*

D: Denken ze dat hij het verzint, volgens jou? Of dat het een vorm van magie is?

A: *Ik denk dat sommigen die mening erop nahouden.*

D: Ze denken dat hij misschien mensen wil beetnemen. Ik zie zeker in hoe dit een probleem kan vormen, als het gaat om iets is dat moeilijk te geloven is.

A: *(Zucht) Wel, ik zie hem nu.*

D: Komt hij eraan?

A: *Ik zie hem... een beeld in mijn gedachten momenteel, en hij loopt op de weg. En ik zie deze... energie rond zijn hoofd, een glanzende kroon rond zijn hoofd.*

D: Zag je dat ooit ook als hij in levenden lijve bij je was? Of ziet je het gewoon nu in je gedachten?

A: *Ik zag het nog nooit, voor dit moment.*

D: Wat denk je dat het betekent?

A: *Ik denk dat het 'waarheid' betekent. Ik denk dat het betekent dat men moet volhouden, vertrouwen hebben. En dat het goed is dat ik met hem zou meelopen.*

D: Hij klinkt als een wonderbaarlijk persoon. Maar heb je ooit verhalen gehoord van iets anders buitengewoons dat hij heeft gedaan? Behalve de genezing?

A: *Ik hoorde... ja, mijn ouders waren aan het praten. Er was iemand in het huis. Ik vermoed dat ze dachten dat ik sliep. En ze zeiden, in een gebied dat had geleden, omdat er geen regen was, en de mensen twijfelden aan hem... hij creëerde er regen. Ik hoorde dat*

ze daarover spraken. (Stil, met verwondering:) Ik was dat
vergeten. Het gebeurt hier soms, er zijn jaren waarin er erg
weinig water is.

D: Wel, dan zou dat ook een soort mirakel zijn, of niet?

A: *Ja. Maar het belangrijkste was dat hij de Wetten van God wou*
doorgeven, zodat we die konden volgen en ernaar leven. Hij wou
ons leren hoe we echt een ander lief kunnen hebben. Dat je in
vrede kan leven, zonder angst of jaloezie. En dat in die staat leven,
de natuur is van de mens.

D: Maar soms zijn die dingen moeilijk over te brengen aan andere
mensen. Het lijkt erg simpel, maar sommige mensen willen niet
luisteren.

A: *Dat weet ik. Dat is waarom hij zoveel discussies had in de Tempel.*
Volgens hem zijn veel van hun werkwijzen gruwelijk en zonder
liefde. Dat is waarom hij zijn pad heeft gekozen, het pad van lopen
en zo de wetten van God verspreiden, en de manier waarop
mannen en vrouwen zouden moeten leven.

D: Die problemen die hij had met de Tempel, was dat voor hij begon
met zijn woorden en kennis te verspreiden?

A: *Ja. Dit zorgde ervoor dat hij weg ging.*

D: Weet je wat er gebeurde?

A: *Het was meer dan een ding. Het was ok het feit dat ze niet echt die*
in nood wilden helpen, de armen en de zieken. Het was omwille
van het feit dat ze weinig begrip hadden, weinig genade als het
aankwam op de problemen van mensen, en het oordelen erover.
Het waren een aantal zaken.

D: Je bedoelt dat ze veroordelend waren?

A: *Heel veroordelend, en strikt. En zonder oorzaak.*

D: Waren dit de priesters of de rabbi's?

A: *Ja, de rabbi's. Er was slechts één antwoord op alles. En dat*
antwoord was oneerlijk en onrechtvaardig in veel gevallen. De
rabbi's lieten hun machtspositie toe om invloed te hebben op hun
beslissingsproces. Ze zijn degenen waar je naartoe gaat met
vragen of problemen die je zelf niet kan oplossen. Ze hadden de
indruk God te zijn, in plaats van te luisteren naar God en
rechtvaardig te proberen zijn.

D: Macht doet dat met mensen...

A: Dat klopt. In plaats van tot dienst te zijn, en te helpen om problemen op te lossen... Ze neigen ernaar meer problemen te creëren, soms.

D: Ze proberen dus strikt de letter van de Wet te volgen, zonder daarbij genade te tonen of een persoonlijkere toepassing te laten meespelen? Werd Jezus hier dan kwaad om, of hoe zat dat dan?

A: Het stelde hem erg teleur. Hij realiseerde zich dat wat hij hoorde in de Tempel, van de Rabbi's, niet was wat God wenste. Hij had niet de indruk dat ze de Geboden naleefden. Hij stelde in vraag wat ze hem meedeelden, hij vroeg waarom het niet op een andere manier kon. Ze waren het niet gewoon om in vraag gesteld te worden.

D: Ze waren het gewoon dat mensen hun woorden volgden alsof het een wet was.

A: Juist. En hij kwam dan aandraven met een oplossing, die zou kunnen werken voor alle partijen. Dit was omdat hij gerechtigheid en genade en gelijkheid als concept erg goed kon toepassen. En er waren manieren waarop degenen die iets verkeerd deden het goed konden maken. Hij bedacht dus andere oplossingen en daagde zo de gevestigde manier uit. Ik denk dat dit de rabbi's kwaad maakte. De Nazarener had meer helderheid en meer eerlijkheid in zijn oplossingen; Maar Jezus kon niet omgaan met de hypocrisie, en de wreedheid, omdat dat niet God is, die geen liefde heeft of geen genade. Het is de mens. Het was duidelijk voor hem dat zijn Tempel het gewone land was, de aarde was de vloer, en de hemel het plafond. Hij ging Gods wegen proberen te verspreiden en een onderwijzer proberen zijn.

D: Het klinkt erg fantastisch. Ik kan inzien waarom ze hem als rebel zouden beschouwen. Hij ging in tegen de leer van die tijd. Hoe vond hij zijn volgers? Of vonden zij hem?

A: Er waren er altijd die er dezelfde mening op nahielden, maar ze waren te bang. Daarom begonnen de bijeenkomsten in een aantal verschillende huizen, en via mond-op-mond. De mensen volgden het woord naar waar het vandaan kwam en zo groeiden ze.

D: En na een tijd wilden ze bij hem blijven? Is dat wat je bedoelt?

A: Ja, dat klopt. Als je hem hoort spreken weet je dat er waarheid in zit. Hij spreekt vanuit zijn hart, vanuit God.

D: Hij klinkt echt als een fantastisch persoon. Ik kan begrijpen waarom je hem zou willen volgen. Je sprak eerder over je dorp, maar ik dacht dat je in Jeruzalem woonde.

A: *Het is Jeruzalem, maar er zijn onderverdelingen.*

D: Ik probeer te begrijpen wat je hiermee wil zeggen.

A: *Er zijn delen van de stad. Dit deel? Ze noemen dit het Oosten, en het werd ooit De Oostelijke Poort genoemd. Ik vermoed dat de verschillende delen hun naam kregen naargelang welke poort van de Tempel dichtbij lag. Waarschijnlijk werden deze dorpen gevormd door mensen die hetzelfde geloofden. Een deel ervan zal ook op rijkdom gebaseerd zijn.*

D: Is er een muur rondom te Tempel? Met poorten? Ik bedenk me dat een poort doorgaans in een muur te vinden is…

A: *Ja. Dit was vroeger de Grote Tempel, en er was een muur rondom met verschillende ingangen. Dit was de Oostelijke zijde. Ze hebben verschillende namen, maar het is allemaal Jeruzalem.*

Josephus stelde in zijn geschiedkundige verslagen dat de Tyropoeon Vallei Jeruzalem verdeelde in Oostelijk en Westelijke delen. Die stonden respectievelijk bekend als "Opper"- Stad en "Neder"- Stad. Het klonk alsof Naomi zei dat ze in Lage Stad woonde, in het Oostelijke deel.

D: Zijn er nog andere grote gebouwen, behalve de Tempel?

A: *De Tempel is het grootste, meest opmerkelijke gebouw. Maar er zijn nog andere grote gebouwen. Het overheidsgebouw, officiële kantoren, opslaghuizen, scholen.*

D: Het is dus een grote stad. Ik hoorde dat er misschien nog andere tempels waren, niet enkel de Joodse tempels. Klopt dat?

A: *Ik hoor over andere geloven, of andere scholen die ze tempels noemen.*

D: Heb je die tempels ooit bezocht?

A: *Nee, nee.*

D: Weet je wat ik bedoel als ik 'Romeinen' zeg?

A: *Ja. Die hebben hun eigen gebouwen, hun eigen scholen en hun eigen plekken om te bidden. We proberen zover mogelijk bij hun vandaan te blijven.*

D: Ik kan dat wel begrijpen. Zie je soms soldaten?

A: Niet erg vaak. Niet in ons gebied, tenzij ze iemand aan het zoeken zijn.

D: Is er een markt in Jeruzalem?

A: Ja. Er is een hoofdplaats, van de stad. En er is een marktplaats. Je kan er alles vinden dat je ooit nodig zou hebben. Het is een bepaald gebied van de stad. En er zijn kleine... ze zijn opgesteld. Met waren en voedsel en... het zijn kleine rijen kriskras door dit gebied dat ze de marktplaats noemen. Het is buiten.

D: Is het dichtbij waar je woont?

A: Ja, ik wandel naar de marktplaats. Er is meer dan één marktplaats in de stad, maar er is er eentje die niet ver van hier is.

D: Die poorten in de muur, hoe zien die eruit?

A: Wel, men vertelde me dat ze al eens veranderd zijn. Maar momenteel zijn ze gemaakt van hout. Er zijn deuren die opengaan. Ze zijn hoog, erg hoog en zwaar.

D: Als ze al een veranderd zijn, hoe zagen ze er voordien dan uit?

A: Men heeft me verteld dat ze werden heropgebouwd. Groter en sterker dan ervoor.

D: Waarom werden ze heropgebouwd?

A: Ik denk dat er op een bepaald moment een probleem was met soldaten. En ze wilden de mensen van de Tempel een lesje leren. Er was een opstand omdat de Romeinen meer graan van ons wilden. We hadden een droogte gehad. Dus was er een opstand, en ze vernietigden dat deel van de muur en een deel van de Tempel. Ik denk dat een deel van de Tempel opnieuw is gebouwd. De Romeinen hebben al veel problemen veroorzaakt met hun wetten, met hun gebrek aan begrip.

D: Zijn de Romeinen heersers, of hoe zit dat dan?

A: Ja, zij hebben de controle. Maar voor ons, voor de mensen die bij de Joodse Tempel horen, is de rabbi de heerser. Maar de Romeinen hebben andere wetten, andere macht en controle.

D: Ik herinner me dat je ook al eens vernoemde dat er een koning was?

A: De Romein. De koning controleert en beheerst iedereen. De Romeinse koning.

D: Ik veronderstel dat, omdat je een meisje bent, je je hiermee niet echt hoeft bezig te houden.

A: Nee, ik kies daar ook voor. Ik kies ervoor om de meesten niet te erkennen. Van het kleine beetje dat ik hoorde of weet. Ik geef niet

echt om hun, om te weten over hun, hun wetten. Ze hebben ons al
genoeg lijden gekost. Ik wil mijn energie steken in een leven van
onderwijzen en leren, voor het welzijn van iedereen. Zodat
mensen kunnen samenleven, of ze nu Romeins, Joods of iets
anders zijn.

D: Maar je moet wel luisteren naar wat de Romeinen zeggen, als inwoner van een door hun bezet land?

A: Ja, we leven al een tijd vredig intussen.

D: Dat is goed. Dank je om me die informatie te vertellen. Ik vroeg me af wat de situatie was in je land. Je zei dat je wachtte op de Nazarener? Wat doe je intussen?

A: Ik doe mijn dagelijkse routine, maar ik heb het gevoel dat hij hier
snel zal zijn. En ik ben er klaar voor. Ik heb kledij om te dragen,
en ik ben klaar om te vertrekken. En het land is niet zo veilig. Eens
je uit de stad gaat, verder weg, kunnen er – Romeinen of anderen
– bendes zijn, die stelen en moorden.

D: Dus het is echt niet zo veilig, hé?

A: Niet altijd. We weten het gewoonweg niet op voorhand.

D: Is dat waarom je jezelf wil vermommen als jongen?

A: Ik doe dat, zodat ik zal geaccepteerd worden.

D: Niet noodzakelijkerwijs omdat je dan veiliger zou zijn?

A: Dat klopt.

D: denk je dat ze de dingen die je wil doen, niet gaan accepteren van een vrouw?

A: Ze zouden het er moeilijk mee hebben. Vrouwen krijgen niet het
onderwijs dat mannen krijgen. Het wordt verondersteld dat zij
instaan voor de zorg van het huis, en de jongere kinderen, dat is
wat ik dus eerst heb geprobeerd. Ik heb mijn moeder geholpen met
de kinderen, met de alledaagse taken.

D: Dit is alles wat van een vrouw wordt verwacht, dus ze vermoeden niet dat je veel kennis hebt. Laat ons nu vooruit gaan in de tijd, tot hij er is, bij zijn aankomst. Dan zullen we weten wat er gaat gebeuren. Moet ik aftellen, of ben je er al?

A: Nee, ik zie hem. (Pauze) Hij is samen met drie ander mannen. En
hij komt binnen en hij praat met zijn vader in zijn winkel. En... hij
komt nu binnen. Hij begroet me. En ik laat hem weten dat ik mijn
beslissing heb genomen. En dat er slechts één ding voor me is in
dit leven, en dat het met hem meelopen is. Onderwijzen en van

dienst zijn, aan eender wie. Helpen waar hij mijn hulp kan gebruiken. Of ze nu ziek, arm of op een andere manier in nood zijn.

D: Wat zegt hij?

A: *(Pauze) Hij keek me aan, en nam mijn gezicht in zijn handen, en met die ogen die buitenaards lijken te zijn, hij weet het... hij weet, dat niks dat hij zegt me zal kunnen tegenhouden. En hij zegt, zo zal het zijn. En m'n moeder komt nu net binnen. Ik moet het nu aan moeder en vader vertellen. Ik vertel hun dat ik mijn best deed, maar dat, in de voorbije tijd, waarin ik zo stil was, ik heb gebeden. Ik weet wat God wil dat ik doe. Ik heb geluisterd naar de stemmen. En ik weet, dat niemand geluk zal vinden bij mij. Dat het mijn hart zou breken hier te blijven, te trouwen en een gezin te stichten. Dat is niet mijn roeping. Dus hoop ik dat ze het zullen begrijpen, en liefde vinden in hun hart voor mij. Maar ik moet op deze reis vertrekken.*

D: Hoe reageren ze?

A: *Moeder is aan het huilen. Vader is stil geworden. Maar de Nazarener zegt, 'Dit vrouw-kind spreekt vanuit haar hart, en weet enkel de waarheid die daar huist. Zo zal het zijn. Ze mag bij mijn zijde lopen, in vrede, wetende dat ze mijn bescherming en liefde heeft. En ze zal me bijstaan en leren leven met de Wetten van God, en zo van dienst zijn als dat wordt gevraagd'.*

D: Als hij wil dat je meegaat, is er niet veel meer dat ze ertegen kunnen inbrengen, of wel?

A *Nee. Ik vermoed dat ze weten dat ik het hoe dan ook zal doen, dat ik daarom zo stil was en zo volgzaam, de voorbije tijd.*

D: Ze weten dat het niet gewoon een kinderlijke impuls is.

A: *Juist. En hij weet dat ik met hem mee zal wandelen.*

D: Wanneer vertrekt hij?

A: *Morgenochtend gaat hij naar het platteland, naar een gebied waar mensen erg ziek zijn, en waar ze zijn leer nodig hebben. Zo kunnen ze hoop en vertrouwen vinden, een reden om door te gaan. En deze mensen, zegt hij, worden 'melaatsen' genoemd. Ze hebben een erg trieste ziekte.*

D: Denk je dat je mee gaat gaan naar dat gebied, met zoveel zieke mensen?

A: *Ja. Dit is waarom ik hier ben.*

103

D: Gaan er nog andere mensen met hem mee?

A: *Hij heeft een groep die doorgaans bij hem is. De groep varieert in hoeveelheid, maar de meeste volgelingen zijn mannen. Af en toe zie ik een vrouw, maar dat zijn oudere vrouwen.*

D: Niemand van jouw leeftijd.

A: *Juist. Dus ik ben er klaar voor.*

D: Dan zal je morgenochtend vertrekken. Heb je je haren al afgeknipt? Je zei dat je je haar ging afknippen om jezelf te vermommen?

A: *Ik ga dat doen als iedereen slaapt. Ik wil ze niet verder kwetsen. Ik zal de kinderen waar ik voor zorgde met moeder, missen. Ze gaven me veel vreugde. Maar ik weet dat mijn ouders hun eigen taken te vervullen hebben, en waar ze worden verondersteld te zijn.*

D: Je kan natuurlijk altijd terugkeren als je dat wil.

A: *Ja. We komen nog terug deze kant op.*

D: Ok, laten we vooruitgaan tot de ochtend van vertrek. Vertel me eens wat er gebeurt.

A: *(Zucht) Wel... Ik loop over van vreugde en liefde. Maar... het is een beetje triest. Omdat ik afscheid neem van een leven dat ik kende, en ik een nieuw leven ga beginnen. (Triest) Maar ik knuffel mijn moeder en geef haar een kus. Ik laat haar weten dat het wel goed komt met mij. Ik moet dit doen, en ik hou van haar. En mijn vader heeft tranen in zijn ogen. We knuffelen. En... Ik kijk nog een laatste keer. (Dit alles werd gezegd met een diepe emotie. Dan gelaten, met vastberadenheid:) Dus ik ben nu klaar om te vertrekken.*

D: (Het was zo emotioneel geladen dat ik me een indringer voelde). Het zal een nieuw avontuur, nieuw leven worden?

A: *(Een diepe zucht:) Ja.*

D: Je bent nooit echt buiten Jeruzalem gegaan, dus het zal wel een avontuurtje worden, of niet?

A: *(Zachtjes:) Ja.*

D: Een kans die jonge vrouwen, of meisjes, normaal gesproken niet krijgen. (Ik wou haar gedachten verzetten, weg krijgen van het verdriet). Hoeveel zijn er in de groep die vandaag vertrekken?

A: Oh, even kijken. Er lijken er... twaalf te zijn, als je iedereen meetelt.

D: Jezus en jezelf incluis?

A: *Ja, ja.*

D: Ken je de andere mensen?

A: Ze zien er bekend uit. Vooral omdat ik ze al eerder bij hem zag, toen ik naar buiten sloop om te gaan luisteren. Maar anders, nee.

D: Ik vermoed dat zal weten wie ze zijn voor het gedaan is. Dat je hun namen zal weten. Je zal ze erg goed leren kennen waarschijnlijk. Ik vraag me af wat ze over jou denken, en dat je erbij komt.

A: Ik vermoed dat ze een soortgelijke weg bewandelen. Ze zullen me accepteren.

D: Je zal voedsel en onderdak en zo'n dingen moeten hebben, niet?

A: Gedurende deze tijd van het jaar volstaat het om een kleine tent of dergelijke op te zetten, en daaronder te slapen. En ik zie dat er veel kruiken water zijn, en voedsel. Ik denk dat ze zich hebben voorbereid op de lange reis. Dat ze plekken weten waar ze kunnen stoppen.

D: Zijn er dieren die meereizen? Ik vroeg me af hoe de spullen gedragen werden.

A: Sommige dingen worden met de hand gedragen. En ik zie een pakezel, een muilezel is beladen met dingen. En er is ook een geit, maar ik weet niet of die geit met ons meegaat. Ik denk dat ze plekken hebben onderweg waar ze kunnen bevoorraden.

D: Nam jij iets mee?

A: Ja. Ik heb een stoffen zak met verschillende spullen. Ik heb een deken en persoonlijke spullen. En verder gewoon benodigdheden.

D: Ik vroeg me af of er persoonlijke objecten waren die je niet zou willen achterlaten.

A: Wel... Ik... (ze leek beschaamd) Ik heb enkel de hoogstnoodzakelijke dingen mee. Maar wat je bedoelt met... je bedoelt een persoonlijk object, een favoriet iets?

D: Ja. Iets dat je niet zou willen achterlaten.

A: Er is een amulet. Om vast te houden of rond mijn nek te dragen. Ik heb die al van toen ik een kind was.

D: Hoe ziet het eruit?

A: Het werd gesmolten door mijn vader toen ik een kind was. En het heeft een symbool... oh, ik denk dat het een ster is, een ster met zes punten. Maar het is voor mij een symbool van liefde en God. En ik denk dat hij het maakte toen ik vijf was.

D: Heeft het nog een andere betekenis, behalve dat je vader het je gaf?

A: Oh, hij schreef er een letter op, en die letter staat voor leven. Het is in het midden van de ster. Het is (fonetisch) Ah-hi.

De Joodse man de al met enkele van deze Hebreeuwse details had geholpen, zei dat het woord 'leven' fonetisch wordt gespeld als: Chai, en dat dit waarschijnlijk het woord is waarnaar wordt verwezen. Ook al wordt het weergegeven aan de hand van twee symbolen in de Hebreeuwse taal. Het midden van de ster van David is leeg, en het was zeker en vast mogelijk om de twee symbolen te combineren om in het midden van de ster te plaatsen.

D: Dat is de naam van de letter?
A: En het betekent 'leven'.
D: Heeft de ster met zes punten een specifieke betekenis?
A: Het is de ster van David. Dit heeft betekenis in het Jodendom.
D: Maar de meeste amuletten hebben zo geen letter?
A: Nee. Hij deed dat voor mij.
D: Dan is het een erg persoonlijk object om mee te nemen.
A: Ja, ik vertel niet veel mensen hierover. (Verontschuldigend lachje).
D: Het is dan ook iets persoonlijks. En ik kan wel vatten wat het voor je betekent. Het is alsof je een stukje van thuis met je meeneemt. Hoeveel dagen gaat het duren vooraleer je op je bestemming aankomt?
A: Er werd me verteld dat het een dag en een half lopen is. Het hangt wat af van de energie en de gezondheid van iedereen. De hitte en al die dingen. Maar dat is ongeveer hoelang het zou duren.
D: Weet je welke richting je uit gaat vanaf Jeruzalem?
A: Even denken. We lijken de richting... Oost en Zuid uit te gaan.
D: Hoe ziet het land eruit in die richting?
A: Momenteel zie ik enkele heuvels, en zand. Ik zie groen in de verte. Een paar bomen hier en daar. Maar het merendeel zijn open plekken van de woestijn.
D: Dan zal het wel heet worden. Is dat hoe het land rondom Jeruzalem eruitziet?
A: Jeruzalem heeft wat groene gebieden en bomen, omdat er bronnen zijn en water. Er zijn ook heuvels, het is niet allemaal woestijn.

D: Het lijkt erop alsof je een zware reis voor de boeg hebt. Maar als je vastberaden bent om te gaan, is dat alleen maar bewonderenswaardig. Ok, ik zal je laten vertrekken op je reis.

Ik bracht Anna terug naar haar volle bewustzijn. Naomi trok zich terug, wachtend op de volgende keer dat we haar ten tonele zouden roepen om haar verhaal verder te zetten.

Het belang van wat Naomi wou doen met haar leven, en de moed die ze vertoonde door haar ouderlijk huis te verlaten drong niet tot me door, tot ik onderzoek deed naar de gewoontes van die tijd. Toen Jezus leefde, volgden de Joden strikt de Wet, de Thora, of de Wetten van Mozes. Die vindt men terug in het Oude Testament. Deze regels beheersten alles in hun leven, het was het discussiepunt tussen Jezus en de priesters. Hij had geleerd de Wet op een andere, meer rechtvaardige manier, te interpreteren. Dit was tijdens zijn verblijf bij de Essenen. Hij vond dat de priesters in al hun striktheid vergeten waren dat er een individu bij betrokken was. Dat omstandigheden de toepassing van deze regels kunnen beïnvloeden. Een mooi voorbeeld hiervan is hoe vrouwen toen werden behandeld. In Qumran, thuisbasis van de Essenen, werden vrouwen op dezelfde manier behandeld als mannen. Ze kregen onderwijs in eender welk gebied, als ze dat zelf wensten. Velen ervan werden zelf onderwijzer. In Jezus en de Essenen ontdekten we dat Jezus veel vrouwelijke volgelingen had. Dit feit is verdwenen uit de Bijbel na vele herschrijvingen.

Jezus sprak in de vorm van verhalen. Hij presenteerde zijn leer in de vorm van analogieën, gevormd naar dingen uit het dagdagelijkse leven. Dingen waarmee de gewone mens zich zou identificeren. De volgelingen van Jezus kregen les in de metafysische wetten van het universum, methodes om te genezen en de zogeheten "mirakelen". Ze hebben training gekregen om te begrijpen hoe het in zijn werk ging. Het is open voor discussie of hij daadwerkelijk iemand vond waar hij al zijn kennis aan kon doorgeven. De Bijbel geeft geen aanwijzing hieromtrent. Hij had de indruk dat vrouwen beter in staat waren om zijn leer te begrijpen, omwille van hun natuurlijk talenten. Toen de tijd kwam, voor zijn vrouwelijke volgelingen, om naar buiten te treden en zijn leer te verspreiden, wist hij dat zij een groter gevaar liepen dan de mannen. Dus zorgde hij voor paren, van een man en een vrouw, voor hun veiligheid. Jezus zijn respect voor vrouwen als gelijke, verklaart ook zijn verdediging van een prostituee, die het gevaar liep gestenigd te worden. Al deze dingen veroorzaakten wrijving, ze stonden haaks op de leer van de Wet. Dit kan begrepen worden, eens we weten hoe vrouwen gedurende die periode in Palestina werden behandeld.

Als men de Thora erop naslaat, is een vrouw minder waard dan een man. Vrouwen werden niet geacht deel te nemen aan het publieke leven. Het werd als gepast gezien voor vrouwen (zeker ongetrouwde jonge vrouwen), om binnenshuis te blijven. Ze begaven zich normaal gesproken niet buiten zonder begeleiding, en als ze dan buitengingen werd er verwacht dat ze zich stilhielden. Op plaatsen waar een groot aantal mensen te vinden was, zoals marktplaatsen, stadshallen, gerechtshoven en dergelijke, vond je wel mannen, maar amper vrouwen. Waar het publieke leven plaatsvond, werden vrouwen niet toegelaten. Tijdens de grote volksfeesten, in het Hof Der Vrouwen in de Tempel, was de menigte zo groot dat het nodig werd galerijen te bouwen voor de vrouwen, zodanig dat ze gescheiden konden blijven van de mannen. Ze konden deelnemen aan de lokale dienst in de synagoge, maar er was lattice gespannen rond de sectie waar vrouwen toegang hadden, en ze hadden hun eigen ingang. Tijdens de dienst mocht de vrouwen enkel luisteren. Een vrouw had geen recht om zich te moeien met legale zaken, omdat de Wet concludeerde dat ze een leugenaar was.

Sommige van deze regels waren zeer lastig toe te passen, omwille van economische redenen. Vele vrouwen moesten hun man helpen bij hen professionele bezigheden, zoals het verkopen van goederen of het bewerken van land. Het was een vrouw echter niet toegestaan alleen te zijn in de velden, en het was niet gebruikelijk voor een man om met een onbekende vrouw te praten. Dit gebruik werd vaak verbroken door Jezus, tot de grote verbazing van zijn volgelingen. Hij praatte openlijk met vrouwen, ongeacht waar hij ze tegenkwam. De regels van omgang en kuisheid verbaden een man, om alleen te zijn met een vrouw, om te kijken naar een getrouwde vrouw, of haar zelfs maar te begroeten. Het was ongepast voor een geleerde, om met een vrouw op straat te praten.

Dit begrip van de gebruiken toont ook aan dat vrouwen een risico op vergelding en grove censuur liepen als ze zelfs maar zover gingen als naar hem komen luisteren. Dit kan een deel van de aantrekking die hij had op vrouwen verklaren. Hier was een man, die hun anders behandelde dan welke man dan ook tot nu toe had gedaan. Niet moeilijk te geloven dat ze hem adoreerden.

Het onderwijs van vrouwen was beperkt tot huishoudelijke taken, men name koken, naaiwerk en weven. Dan was er ook nog het zorgen voor de jongere kinderen; De vrouw en dochters stonden onder de controle van de man in het huis, ze hadden geen eigen rechten. De vrouw haar plicht was volledige gehoorzaamheid aan haar man, en de kinderen moesten hun vader respecteren vooraleer ze hun moeder respect betoonden. Tot de leeftijd van twaalf jaar was bereikt, had de vader ook de volledige controle over een meisje. Ze kon zelfs als slaaf verkocht worden, indien nodig. Als ze twaalf werd, werd ze een jonge vrouw van volle leeftijd, en de vader zorgt dan voor een geschikte huwelijkspartner. Het eigendomsrecht wordt dan als het ware overgedragen van haar vader op haar nieuwe echtgenoot.

Dit gebruik verklaart, waarom Naomi zoveel kopzorgen had rond haar lot, als ze in haar ouderlijk huis bleef. De normale leeftijd voor een vrouw om te verloven, was rond de twaalfjarige leeftijd. Het huwelijk vond een jaar later plaats. Naomi bleef zeggen dat ze nog geen dertien was, en dat ze geen verlangen had om te trouwen of om een normaal leven te leiden. Dit was de enige toekomst die ze zich kon inbeelden, kon verwachten. Ze wist, dat, als ze haar verlangens niet uitte, wat ongehoord was voor een vrouw, ze zou vastzitten in een leven dat ze niet kon tolereren. Het legt ook uit waarom haar verzoek, om het ouderlijk huis te verlaten, zo buitengewoon was. Er zou, in doorsnee huishoudens, geen sprake van zijn. Door het openlijk uitdagen van de regels, toonde Naomi dat ze geen doordeweeks jong meisje was. Het verklaart ook waarom ze erop stond zich te kleden als een jongen en haar haren af te knippen. Een jong meisje werd het strikt verboden om alleen in publiek te worden waargenomen. Alleen reizen met een groep mannen was helemaal uit den boze. Ze vermomde zichzelf ook als ze naar buiten slaap om de geheime bijeenkomsten bij te wonen. Deze dingen zouden worden geaccepteerd van een jongen, maar niet van een meisje.

Zoals ik al eerder uitlegde waren scholen religieuze scholen gericht op de studie en het begrijpen van de Wet. Behalve lezen en schrijven, werd er niks anders geleerd. Educatie was uitsluitend voor Joodse jongens, en niet voor meisjes. Een vrouw zou het dus nooit worden toegestaan te onderwijzen. Dit kan haaks staan op wat we vernamen over het leven van Abigail in het eerste deel van dit boek, toen ze werd verbonden aan de Tempel als leerkracht. Maar Abigail gaf al aan dat ze niet Joods was, dus ze was niet gebonden aan de regel van de Thora. Dit kan ook een verklaring bieden voor de priesters, die haar en haar wijsheid verachtten. En waarom ze haar de mond wilden snoeren.

Gezien tegen deze sociale en culturele achtergrond, kunnen we ten volle de houding van jezus naar vrouwen toe begrijpen. De Gospels spreken over vrouwen die hem volgen. Dat was een ongekend iets in die tijd. Jezus brak met de regel der gewoonte, toen hij dit toestond. Hij preekte voor vrouwen, en stond hen toe om openlijk deel te nemen, om vragen te stellen. Johannes de Doper doopte hen. Jezus was niet tevreden met enkel het gelijkstellen van vrouwen boven de gebruiken, hij wou ze voor God brengen, op gelijke voet met mannen. Alles waarover Jezus predikte, was tegenstrijdig, en week radicaal af van, het standpunt van de gemiddelde persoon uit die tijdsperiode. Het vergde een hoge dosis moed, van zowel mannen als vrouwen, om naar zijn bijeenkomsten te komen. Om deze nieuwe religie te volgen.

HOOFDSTUK 7

Het dorp van de melaatsen

Melaatsheid is een oude ziekte die dateert uit Bijbelse tijden, misschien wel nog ouder. In de ergste vorm is het waarlijk verschrikkelijk, en zelfs vandaag de dag worden slachtoffers geïsoleerd in ziekenhuis, koloniën en eilanden. Veel van dit isolerende gedrag komt voort uit angst die wordt geassocieerd met de ziekte, omdat deze besmettelijk is. De symptomen kunnen onaangename fysieke gevolgen hebben, die verscheidene jaren aanhouden vooraleer de patiënt uiteindelijk overlijdt.

Het wordt vandaag de ziekte van Hansen genoemd, men begrijpt echter nog steeds niet helemaal hoe de bacterie exact het lichaam binnendringt, of hoe het wordt overgebracht. Het is een infectie, maar de incubatieperiode wordt geschat op twee tot twintig jaren. Het is een erg 'trage' ziekte. Hoewel melaatsheid wordt gezien als besmettelijk, hebben leden van hetzelfde gezin zelden samen de ziekte. Melaatsheid blijft dus een mysterieuze ziekte, ook al bestaat het al sinds het begin van de geschiedenis.

Het is moeilijk voor iemand die vandaag de dag leeft, om te begrijpen wat voor een angst en terreur die ziekte veroorzaakte gedurende de tijd dat Jezus leefde. Het was zo verschrikkelijk, dat de enige oplossing isolatie was. Ze scheiden in een plek, apart van de rest van de bevolking. Daar konden ze leven maar niet gezien worden door anderen. Als mensen ze niet konden zien, konden ze vergeten worden. Tijden het leven van Jezus, gedurende die tijdsperiode, werd een gebrek gezien als een teken van ontevredenheid van God. De mensen gaven dus niet veel om wat er gebeurde met deze arme schepsels.

111

Zolang ze maar niet in contact hoefden te komen met... De Bijbel noemt hen "onrein", en mensen leefden in angst voor besmetting. De ongelukkige slachtoffers konden niet worden genezen, en ze werden buitengesloten, maatschappelijk dood. Hun dorpen werden net zoveel geschuwd als het individu.

De Bijbel beschrijft de symptomen van deze ziekten, alsook welke maatregelen moeten worden getroffen. De beschrijvingen zijn echter vaag. Vandaag de dag zijn Bijbelse geschiedkundigen het erover eens dat melaatsheid de aanduiding was voor enigerlei blemsih. Dit duidde het slachtoffer dan aan als "onrein" volgens de Hebreeuwse Wet. Geneeskundige experten beweren dat sommige van deze symptomen niet enkel melaatsheid beschrijven. Ook andere bekende huidziektes kunnen hierdoor beschreven worden, en deze zijn niet besmettelijk noch levensbedreigend. Zo was er bijvoorbeeld een variant van psoriasis, een oude en welbekende huidziekte. Het is de meest universele huidziekte, het wordt aangetroffen in elk klimaat en beperkt zich niet tot één ras. In sommige gevallen werd psoriasis geassocieerd met de armen en mensen die in onzuivere omstandigheden leefden. Het werd omwille hiervan in verband gebracht met andere infectionele ziektes, zoals scabies of itch. Psoriasis kan al snel een zwerende vorm aannemen en ulceration bevorderen. Dit imiteert de symptomen die gepaard gaan met melaatsheid.

Er zijn nog tal van andere huidziekten die hun oorsprong vinden in het consumeren van parasieten die je vindt in en bij groenten. De algemeen bekende ringworm, is een goed voorbeeld van zo'n ziekte. Geen enkele hiervan bedreigen de algemene gezondheid. Er bestaan ook verschillende soorten schimmel. Zos is er ook degene, die algemene schimmelvorm, en droog rot veroorzaken. Deze zijn te vinden in huizen en kledij. Dit is waarschijnlijk wat in de Bijbel werd bedoeld, met melaatsheid van het huis of de omgeving. Ze hebben hetzelfde voorkomen als verscheidene vormen van psoriasis, en zijn besmettelijk.

In Bijbelse tijden kunnen er ook ziektes hebben bestaan, waar wij geen weet van hebben. Veel mensen met verschillende huidaandoeningen werden foutief beschouwd als melaatsen. Ze werden dan ook op die manier behandeld, en ondergebracht in melaatse ziekenhuizen. Dit werd zo vakkundig toegepast, dat er, in het begin van de zestiende eeuw, een inspectie nodig werd geacht. Er was een overbevolking gaande in de ziekenhuizen van Frankrij en Italië. Het overgrote deel van deze patiënten, kreeg slechts de milde diagnose van een huidaandoening, enkel een minderheid hiervan leed effectief aan melaatsheid.

Op die manier was het mogelijk dat mensen, die niet aan deze levensbedreigende ziekte leden, toch in dezelfde categorie terechtkwamen. Ze werden verbannen tot een bestaan in isolatie, samen met de melaatsen. De Joden namen geen enkel risico, en iemand met een aanhoudend huidprobleem, werd "onrein" verklaard. Angst vierde hoogtij, en niemand dacht er zelfs maar aan om een melaatse te benaderen. Laat staan om ze aan te raken. De uitzondering hierop was Jezus, omdat hij iedereen als gelijke accepteerde. Hij kon voorbij het misvormde uiterlijk zien, hij wist dat er een onverwoestbare menselijke ziel huisde, in dat misvormde lichaam.

Melaatsheid is normaal een trage en insidious ziekte. In het begin manifesteren er zich twee opmerkbare symptomen: een verlies van gevoeligheid in de zenuwuiteinden van de vingers en een congested state van de minuscule vaten onder de huid. Dit is waar te nemen in de vorm van donkere vlekken of verkleuringen in een onregelmatige vorm and varyin extent. Deze zijn te vinden op het voorhoofd, de ledematen, en het lichaam. Het gelaat en de nek vertonen misschien enkel wat roodheid. Deze vlekken kunnen van kleur veranderen, ze kunnen dus op verschillende momenten rood, paars of met witte vlekken waar te nemen zijn. In het begin is er amper pijn, een zekere graad van verdoving of gevoelloosheid laat zich geleden in de toegetakelde gebieden. Vooral de vingers worden gevoelloos, ze vergaan en worden bruin. Er zijn tal van zweren die pus uitscheiden.

In andere gevallen raken de gewrichten uit de kom, en vallen vingers en tenen af. Uiteindelijk raken hele ledematen verloren, en is er een erge misvorming van het gelaat zowel als het lichaam. Botstructuur en kraakbeen worden aangetast en vernietigd. Er gaat een hoge fysieke verwoesting gepaard met deze ziekte. Het vreet langzaam en gradueel een pad doorheen het lichaam. In vele gevallen wordt het overgrote deel van de menselijke vorm vernietigd door deze ziekte. Terwijl er een externe gevoelloosheid plaatsvindt, zijn er tegelijk hevige brandende pijnen binnenin in het lichaam. Dit veroorzaakt een onuitspreekbaar lijden. De ongelukkige slachtoffers kunnen nog zo'n tien tot vijftien jaren leven met deze ziekte, en er is geen bekend medicijn. Symptomen kunnen worden behandeld, maar de ziekte zelf is ongeneeslijk. Chaulmoogra olie is eeuwenlang een gevestigd medicijn dat wordt gebruikt bij de behandeling van melaatsheid. Vandaag de dag wordt het nog steeds gebruikt, hetzij de olie zelf of een extract ervan dat ethyl esters wordt genoemd. Deze olie wordt gewonnen uit de zaden van vruchten van een grote boom in India. Het is zeer goed mogelijk dat deze olie werd gebruikt in Palestina, er bestond actieve handel met de omliggende landen, ook met India.

In het Nieuwe Testament worden twaalf gevallen van melaatsheid vernoemd en tien ervan worden beschouwd onder één sectie. In Lucas 17:12 – 19, genas Christus tien melaatsen, en een ervan keerde terug om hem te bedanken. Nergens in het Nieuwe Testament wordt melding gemaakt van zijn reizen naar de geïsoleerde dorpen die bestemd waren voor melaatsen. Er worden slechts enkele toevallige ontmoetingen vermeld. Misschien is dit een verklaring waarom hij geen weerzin voelde naar hun toe. Hij had blijkbaar al wat tijd met hun doorgebracht, volgens mijn onderzoek met Naomi.

Ik ben hier zo diep op ingegaan omdat ik vind dat een nauwkeurige beschrijving van deze ziekte een heldere context biedt voor de omstandigheden waarin Jezus en zijn volgers werkten.

Toen Naomi stelde dat de eerste plek waar ze heen gingen het dorp van de melaatsen was, begon ik de logica te zien in de Jezus zijn denkwijze. Hij had zich gerealiseerd dat zijn nicht vastberaden was om met hem mee te gaan. Hij zou niet in staat zijn haar van mening te doen veranderen. Maar het zou een heuse vuurdoop wezen als hij haar meenam naar een kolonie van melaatsen. Hier zou ze worden blootgesteld aan mensen in hun meest meelijwekkende, ziekelijke vorm. Het zou haar vormen, of breken. Ze zou zich realiseren dat dit soort werk niet makkelijk was, dat het haar blootstelde aan het lijden van de mens vrijwillige isolatie. Het was geen toeval dat Jezus had besloten Naomi mee te nemen naar het ergste eerst... Hij vermoedde dat, als ze het niet aankon, ze zou smeken terug naar huis te mogen keren. Ik geloof dat hij haar naar huis zou laten brengen, en dat het dan haar beslissing zou zijn om mee te leven. Ze had haar hart gevolgd, en ze zou snel genoeg ontdekken of het pad van de Nazarener ook haar pad was.

Toen we verder gingen met het verhaal in de volgende sessie, de week erna, veronderstelde ik dat niks interessants kon gebeuren op de reis van een dag en een half. Daarom spoelde ik wat vooruit in de tijd naar het einde van de reis.

D: De eerste reis na het verlaten van je ouderlijk huis, is bijna voorbij. Wat ben je aan het doen? Wat zie je?

A: *We lopen binnen in het dorp van de melaatsen. En ik zie een grote vijver, water, en ik zie heuvels. Het dorp wordt beschermd door de kalkstenen heuvels. We lopen nu het dorp binnen.*

D: Was het een moeilijke reis?

A: *Nee, ze denken dat ik een jonge jongen ben. Ik heb de kleren aan van een jonge jongen. E, hoewel mijn gelaat er ietwat vrouwelijk uitziet, is het op deze leeftijd moeilijk te zeggen of ik een jongen of een meisje ben. Ik ben nogal dun, en slungelig, dus het is een goeie vermomming.*

D: Gebruik je een andere naam?

A: *Ik heb nog niet... even kijken. (Giechelt) ik herinner het me nu. Ik had er niet over nagedacht, maar natuurlijk... er waren te veel dingen gaande, toen. Ik werd geïntroduceer,d en de Nazarener aarzelde. Maar dan introduceerde hij me als Nathaniel, Nathan.*

D: Nathan. Vertelde hij dat je familie van hem was?

A: *Nee, hij noemde me de zoon van een goede vriend. En dat ik aan het uitzoeken was voor mezelf, of dit het juiste pad was voor me.*

D: Dat was erg diplomatisch. Ik vraag me af wat de rest van de groep over je weet? Voorlopig stelt hij je dus voor als Nathan of Nathaniel. Je zei dat dit dorp beschermd werd door heuvels?

A: *Ja. Even denken hoe ik dit kan uitleggen. Er is een kleine hoeveelheid kalkstenen heuvels, ze zijn niet erg hoog. Aan de basis van deze heuvels ligt het dorp. De vijver vindt zijn oorsprong wellicht in een grote bron. Dat is aan de andere kant van het dorp. Dit is een kleine kolonie. Er lijkt niet veel flora te zijn, het gebied is vrij droog en verlaten.*

D: Is het ver weg van de andere dorpen of gehuchten?

A: *Ja, dat wel. Ze kozen deze locatie omwille van de afstand. Deze mensen worden niet goed behandeld, en ze hadden een plek nodig waar ze in relatieve vrede konden leven.*

D: Hoezo worden ze niet goed behandeld?

115

A: *Deze ziekte zorgt voor misvormingen en veel angst bij andere mensen. De gemiddeld persoon reageert niet vriendelijk, en kan amper naar deze mensen kijken... Dit is nog meer zo wanneer de ziekte een kritieke fase bereikt. Ze leven in angst voor het krijgen van deze ziekte.*

D: Heb je ooit al mensen met deze ziekte gezien?

A: *Nee. Ik voel niet echt angst omdat ik voel dat ik ben waar ik hoor te zijn. En de stemmen zowel als mijn gebeden gaven me de kracht om van dienst te kunnen zijn. Wetende dat ik help, genees... of dat nu emotioneel of fysiek is, dat weten geeft me kracht.*

D: Ik veronderstel inderdaad dat zoiets je kracht zou geven, als je het niet erg vindt om daarheen te gaan.

A: *Ja. Zijn gebrek aan angst maakt korte metten met mijn angst, mocht die bestaan.*

D: En je zei dat er verschillende anderen waren in de groep, of niet?

A: *Ja. Even kijken of ik ze kan tellen. Er ijken er ongeveer twaalf te zijn.*

D: Zijn het allemaal mannen?

A: *Er zijn twee oudere vrouwen. Ik denk dat het vrouwen zijn met een achtergrond in genezing. Ze zijn voorheen al meegegaan met hem. Misschien komen ze specifiek mee als hij naar dit dorp gaat.*

D: Denk je dat hij al eerder naar dit dorp is gegaan?

A: *Ja, hij is er al geweest. Hij keert regelmatig terug naar verschillende locaties. Ze leven met hoop op zijn terugkomst.*

D: Heb je enig idee hoe lang je daar zal blijven?

A: *Ik vermoed dat het zeven dagen zullen zijn.*

D: Ga je zelf tussen die mensen daar leven terwijl je er bent, denk je?

A: *We hebben ons eigen kamp, maar het is in het dorp. Ik ben aan zijn zijde, ik zal onderwijs krijgen van de geneesheren. Ik ga enkel observeren, of assisteren.*

D: Dan zijn er dokters in de groep?

A: *Ja. De vrouwen zijn al aanwezig geweest om te helpen bij geboortes en dergelijke meer. Zij stonden de geneesheren al eerder bij, dus ze hebben wat kennis.*

D: Zijn er ook mannen die geneesheer zijn?

A: *Niet echt onderwezen. Niet op dit moment. Hij kan niet altijd dokters vinden die kunnen meekomen als hij moet vertrekken. Deze mensen weten hoe ze met melaatsen moeten omgaan, en*

waren misschien ook al eens assistent bij een dokter. Ze weten wat
ze moeten doen.

D: Dus hij neemt normaal gesproken dokters met zich mee op deze reizen.

A: *Ja, als die beschikbaar zijn, en zelf willen.*

D: Ja, ik kan begrijpen dat zelfs een dokter bang zou zijn. Wil je een beetje vooruitgaan in de tijd en me vertellen wat er gebeurt?

A: *(Zucht) Ja. Er zijn er drie die in een huis gaan. Het huis bevat een familie: een oudere man en een vrouw, en er zijn nog twee andere mensen. De oudere man... (scherpe ademteug en geluid van weerzin). Oh... man, man, man!*

Het was duidelijk dat Naomi haar eerste blootstelling had aan iemand die getroffen was in de ergere stadia van de ziekte.

A: *Ik probeer sterk te zijn maar... (stil) Het is moeilijk. Hij is bevindt zich in een kritisch stadium. Het enige dat kan worden gedaan is het verlichten van zijn pijn. Hopelijk zal hij snel de overgang uit dit lichaam maken.*

D: Je zei dat er drie onder jullie waren die binnengingen. Was Jezus erbij?

A: *Ja, en een van de vrouwen. Ze had een pakket mee met windselen en verschillende poeders die hij kan nemen om iets van zijn pijn te verlichten. Het is verzachtend maar niks schijnt de ziekte echt te kunnen overwinnen. Sinds dat ik hier aankwam zag ik het in al de verschillende stadia. En af en toe krijg je hoop, omdat het niet echt erger lijkt te worden. Deze mensen doen hun best om te blijven leven, met geloof en vertrouwen. Ze blijven elkaar helpen.*

D: Je zei dat deze man er zo slecht aan toe is, dat je enkel nog zijn pijn kan verlichten. Gaat de vrouw daarvoor instaan?

A: *Ja, maar ze is hier vooral om mensen een verband aan te brengen en de ergste pijn te verlichten, de ergste aftakeling. Jezus is aan het bidden en legt zijn handen op de man. En... Het is bijna alsof er een licht schijnt vanuit het gezicht van de man. De Nazarener plaatste zijn handen op de kruin van zijn hoofd, en ik zie het licht. En dan plaatste hij zijn handen op de man, bij zijn hartstreek. Hij blijft zo bidden over de man. En ik zie een gouden licht vanuit zijn hartstreek.* (Geëmotioneerd:) *Oooh! Het is zo moeilijk te beschrijven.*

D: Hoe bedoel je?

A: Het is wonderlijk mooi, meer dan dat zelfs. Het vult je, het vult de leegheid binnenin me. En het doet alles warm en liefdevol aanvoelen, er is geen leegte meer binnenin. Het is moeilijk te omschrijven.

D: Je bedoelt dat je je zo voelt door hem te zien?

A: Ja, ja. En je merkt vanzelf dat deze man... zijn gezicht vertoont een kalmte... de pijn lijkt veel minder te zijn. En de Nazarener, de vorige dag... hij hief mijn hand omhoog, en met een vinger tekende hij cirkels in de palm van mijn hand (ze vertoonde de beweging). En hij zei, 'Dit, ook, is het hart. Het midden van je handpalmen. In het midden is er een andere hart-chakra. En dat is waarom er zoveel kracht zit in deze handen, kracht om te genezen. De energie komt rechtstreeks door.

D: Gebruikte hij het woord 'chakra'?

A: Hart...midden. Hart...chakra? Ik ben niet zeker.

D: Bedoelde hij jouw handen, of zijn eigen handen?

A: Ik denk dat hij iedereen zijn handen bedoelde. Hij nam mijn hand... en hij nam de anderen, en hij zei, 'Deze, ook, zijn hartcentra'. (Ze vertoonde opnieuw de beweging van het tekenen van cirkels in haar handpalm).

D: Hij tekende een cirkel in jouw handpalmen?

A: Ja. Misschien is dat gewoon een onderdeel van zijn onderwijs. Ik heb altijd de energie en kracht gevoeld in mijn handen. En elke keer als hij me aanraakte was het...zo sterk. Dus, misschien, als je de connectie weet, als je je bewust bent van de connectie. En als het wordt gedaan vanuit het hart en vanuit zuiverheid, dan is de energie een rechtstreekse verbinding. En die energie vanuit het hart is de sterkte energie die er is.

D: Velen zouden dat niet begrijpen, of wel?

A: Ik veronderstel van niet, maar het lijkt voor mij gewoon zo vanzelfsprekend.

D: Dus hij bedoelt dat er, behalve het hart in je lichaam, er nog andere hartpunten in het lichaam zijn?

A: Dat is hoe hij het uitlegde. Dat is wat ik ervan begrepen heb, en ik hoorde nog niemand anders zoiets zeggen.

D: Misschien legt dit op een manier uit hoe hij in staat is om mensen te genezen.

A: *Toen hij het me vertelde, klopte het gewoon... Het hield steek. En toen ik hem daarna bezig zag, werd het me allemaal duidelijk. En als je de mensen observeert, snap je dat dit het een gave is. Die arme man was in een zee van pijn, en zijn gezicht ziet er zo vredig uit nu.*

D: Denk je dat de andere aanwezigen kunnen voelen wat jij voelt?

A: *Dat weet ik niet. Ik weet dat ze wel iets moeten voelen. Omdat... de stilte is zo anders nu. Ze moeten de energie wel voelen, of de liefde zien en de zorg die uit hem vloeit.*

D: Ik denk dat het niemand die hem bezig zag, hem zou aanduiden als een "doodgewone man".

A: *Nee, hij is zich zo bewust van alles. Zo nauw verbonden met zijn... (ze had moeilijkheden met het vinden van het juiste woord). Verbinding, of innerlijke God, of God-doel. Ik weet het correcte woord niet. Maar ik vermoede dat de meeste mensen zich niet eens bewust zijn van zaken die voor hem zo klaar en duidelijk zijn.*

D: Denk je dat hij verschilt van andere mannen?

A: *Hij is anders, omwille van zijn gevoeligheid en begrip. Zijn totale gebrek aan angst. Hij is zo zeker van zijn plaats en zijn plicht.*

D: Hoorde je iemand ooit zeggen dat hij misschien anders is dan andere mannen?

A: *Ja. Er zijn mensen die hem willen veranderen in iets dat meer op een god lijkt. Hij heeft gaven en mogelijkheden die ik nog nooit heb gezien. Ik weet dat hij van vlees en bloed is gemaakt, maar zijn energie en spirit zijn...anders.*

D: Heb je mensen horen zeggen dat ze vinden dat hij meer op een god lijkt dan een mens?

A: *Ja, als je hem sommigen dingen ziet doen, die hij doet, is er geen andere uitleg mogelijk voor velen. En toch probeert hij ons te leren dat we allemaal in staat zijn om te zijn wat hij is. Te doen wat hij doet. Ik vermoed echter dat de meesten onder ons niet de nodige zuiverheid van hart noch het nodige verlangen zullen kunnen manifesteren. Heet is erg moeilijk, een weg zoals deze te volgen, en niet afgeleid te worden door andere zaken. De dingen waar de meeste mensen door worden afgeleid.*

D: Ja. Het menselijke onderdeel van leven en bestaan zorgt ervoor dat het erg moeilijk is om puur en zuiver te blijven. In dat opzicht is hij anders.

A: *Op die manier is hij zoals niemand anders.*

D: Ik vraag me af wat hij zelf denkt als hij mensen hoort die hem een god noemen...?

A: *(lacht) Hij accepteert het niet. Oh, ik kan me herinneren dat hij zoiets zei als, 'Mijn broer, ik ben niet meer dan jou. Ik erken gewoon wat ik kan zijn en hoe ik kan dienen. En ik voel ware liefde en vertrouwen voor mijn God'. Hij probeert zo te verduidelijken wat hij denkt dat zijn doel is.*

D: Wat denkt hij dan dat zijn doel is?

A: *Hij denkt dat hij hierheen is gezonden om een leraar des levens te zijn. Een straal puur leven, zo je wil. Om een voorbeeld te zijn, om te tonen wat de mensheid kan zijn. Om te tonen welke gaven de mensheid heeft. En dat alle andere mensen ook kunnen wat hij hun probeert te leren;*

D: Daar ga ik mee akkoord, maar je weet hoe mensen zijn. Het is erg lastig om door te dringen tot sommigen.

A: *Ja, en de meesten zijn zo bang van iets, of van vele dingen. Tot ze dit patroon van angst kunnen doorbreken, en niet bang zijn om zichzelf te kennen...tot ze durven luisteren naar hun hart, kunnen ze niet worden bereikt. Het is de bedoelilng dat iedereen dit voor zichzelf uitzoekt.*

D: Dat lijkt inderdaad te kloppen. (Ik keerde terug naar de situatie waarin ze zich bevond: Maar hij werkt met deze man in deze kamer, en erna heeft deze man geen pijn meer. Doet hij nog iets anders in dat huis?

A: *Nee, hij bleef een tijdje bij de man, dan ging hij naar de vrouw, en hield gewoon haar handen vast. Ik kon niet horen wat er gezegd werd, maar hij zei dat hij ging terugkeren. En dat hij nu verder moest gaan naar de volgende plek.*

D: Ga je ook mee met hem, naar het volgende bezoek?

A: *Ja, we gingen... Oh, dit is erg triest. Het volgende gebouw waar we naartoe gingen, had kinderen die geen familie of ouders hadden. Niet alle kinderen zien er ziek uit. Je kan niet in een oogopslag vaststellen dat ze de ziekte hebben. Ik vermoed dat deze ziekte zich op verschillende leeftijden en in verschillende stadia kan ontwikkelen. Sommigen zien er dus nog uit alsof ze niet geraakt zijn door de ziekte. En anderen zijn dan weer... weggevreten (een diepe zucht). Maar dit is het huis van de kinderen.*

D: Ze wonen allemaal samen in dat huis, degenen zonder ouders of familie?

A: Ja. Er is een verpleegster, verzorgster, die bij hun blijft. En er zijn anderen, die komen helpen doorheen de dag.

D: Wat doet hij daar?

A: Hij gaat langs bij elk kind en... ze praten met hem of... Hij raakt ze altijd aan. Ik zie hem gezichten aanraken, liefhebbend glimlachen, zijn handen op hun plaatsen. Hij neemt de tijd voor elk van hun.

D: Kan je horen wat hij zegt?

A: Oh. Er zit een klein meisje in de hoek en... hij vraagt haar naam en... (breed glimlachend) ze kroop op zijn schoot. En ze vraagt hem of ze zal genezen, of sterven. En hij vertelt haar dat ze zal genezen, dat ze zal opgroeien en helpen bij het verzorgen van de kinderen. En dat ze wel een zuiver hart moet hebben, een liefdevol hart, niet wanhopen, omdat ze is waar God haar nodig heeft. En ze zal liefde kennen en... dat is wat hij haar vertelt. (Dit werd allemaal geuit met een onschatbare, liefdevolle, emotie).

D: Dat is wondermooi. Wat deed het kleine meisje?

A: Ze zit gewoon naar hem te staren. En hij omhelsde haar, tilde haar op en zette haar weer neer. Hij gaat nu naar een jongetje, die slechts een been heeft. En oh, die jongen is er erg aan toe (diepe zucht). Maar Jezus gaat erheen en knielt naast de jongen. Zijn gezichtje kijkt naar hem op, en de tranen rollen over zijn wangen (ze was bijna zelf in tranen terwijl ze dit vertelde). Maar het kind herkent iets speciaals in Jezus, ik kan het zien.

Het was moeilijk voor me om objectief te blijven. Het verhaal was zo ontroerend, ik voelde waarlijk dat ik het moment aan het meebeleven was, deze diepgaande emotie.

D: Kan je iets zien, iets speciaals? (Ik dacht aan het licht dat ze eerder had vernoemd).

A: Oh, Ik zag... Ik lijk altijd het licht te kunnen zien. Misschien niet zo krachtig als het voorheen was. Er was iets krachtigs bij die

situatie met die oude man. Maar ik zie altijd een lichte gloed
schijnen vanaf de handen van de Nazarener als hij zijn handen
ergens plaatst. De gloed komt ook uit zijn hart, en zijn benen. Ik
zie die gouden gloed ook rond zijn hoofd, als een cirkel.

D: Zie je die gloed altijd?

A: Nee, niet altijd. Het is er soms als hij bij iemand is, of soms zie ik
het als hij naar mij kijkt. Maar het is er niet altijd.

D: Gebeurde er iets toen hij zijn handen op die kleine jongen plaatste?

A: Het bracht de jongen minder lijden. Het lijkt mensen altijd
verzachting te brengen. Maar dat is wat ik zag.

D: Dan vindt er niet telkens als hij dit doet een mirakel plaats? Of hoe
zou jij een mirakel omschrijven?

A: Hun pijn verlichten en hun meer gemak te bezorgen, is volgens mij
een mirakel. Maar het is niet zo dat deze zieke mensen, nog
opstaan en dat hun lichaam terug aan elkaar groeit. Het mirakel
zit in de liefde, en hoe hij hun pijn veracht. Als het de bedoeling is
dat ze genezen, gebeurt dat ook. Ik heb verhalen gehoord over
mensen die deze ziekte nooit krijgen. Andere malen stopte de
ziekte, niemand weet waarom. Maar doorgaans vreet het zich
stelselmatig verder, en alles wat je dan kan doen is de pijn
verzachten.

D: Dus het neemt een verschillende vorm aan bij verschillende
mensen.

A: Ja. En soms, als de energie wordt geaccepteerd... misschien hangt
het af van het geloof en vertrouwen dat de mensen hebben, of meer
kracht die ze van hem uit voelen komen. Misschien maakt dat het
makkelijker voor deze mensen. Hij vertelde me nochtans dat
iedereen op een gegeven moment terugkeert naar de Bron. Het
kan zijn dat ze slechts een korte tijd in dit lichaam moesten
verblijven, het is moeilijk te weten.

D: Dat lijt me logisch. Weet hij ook waarom mensen op zo'n
gruwelijke manier zouden hoeven te lijden?

A: Hij gelooft dat het deel uitmaakt van de vooruitgang van het
individu. Het is erg moeilijk om uit te leggen als je mensen zo ziets
lijden. Maar hij weet dat er voor alles een reden is, en dat er
overal uit geleerd kan worden. Niets gebeurt zomaar. Misschien
hebben ze deze lessen vooraf ingepland, toen ze hier in andere
vorm vertoefden. Daarom wordt het sommige mensen, die extreem

lijden ondervinden, soms sneller toegestaan om hier te vertrekken
dan anderen. Omdat de les sneller geleerd is.

D: Denkt hij dat mensen eerder al bestond in een andere vorm?

A: Hij zegt het niet exact op die manier maar hij zegt, 'Toen ze
voorheen hier waren. Toen ze voorgaande lessen leerden'. Hij
zegt het op verschillende manieren. Maar je begrijpt eruit dat hij
vermoedt dat we dit land meer dan eens bezoeken, omwille van
het leren en van dienst zijn. En dat we Gods missie volgen, elke
keer we hier terugkomen. Het is om ons te helpen leren. Om ons
als mensen, dichter bij ons doel te brengen. Er is dus geen
scheiding.

D: Volgt jouw religie ook deze lijn van denken?

A: Nee. Ik hoorde deze dingen nooit voor ik ze van hem hoorde. En
toch, als ik ze uit zijn klinken ze zo logisch, zo juist, zo bekend. Ik
weet dat hij op vele plekken studeerde, bij vele wijze mensen. Hij
heeft een veel verfijnder bewustzijn.

D: Ja, veel verfijnder dan de gemiddelde rabbi.

A: Ja, ze hebben geen zin om iets nieuws te horen. Dus volgt hij zijn
eigen weg, en onderwijst zijn eigen leer of geloofsovertuigingen.

D: Misschien is dat een van de redenen waarom hij het niet altijd eens
is met de Tempel.

A: Ja. En het bezorgt de rabbi's veel onrust, veel angst omdat ze
vrezen dat de fundering van hun geloof wordt getest. Dat hun
macht en autoriteit ondermijnd wordt. Hij is in staat dit te doen
op een manier die geen macht of geweld vereist. Ik leerde zo dat
er verschillende vormen van angst bestaan, en dat je niet zuiver
en rechtstreeks de waarheid of het licht kan zien. Je moet elke laag
angst eraf pellen. Ik vermoed dat dat vele levens kan duren.

D: Dan snap ik wel dat de rabbi's bang zijn van hem. De gemiddelde
persoon zou hun autoriteit niet in vraag stellen, of wel?

A: Nee, je wordt opgevoed met het idee dat 'Dit is de waarheid. Dit is
de Wet, en je stelt dit niet in vraag, je daagt dit niet uit'.

D: Ze moeten wel denken dat hij er ongewoon is, alleen al omdat hij
hun durft uit te dagen.

A: Ja, de meesten wel. Niet iedereen. Er zijn erbij die wijzer zijn,
vriendelijker, rechtvaardiger. Ze zeggen niks in zijn voordeel,
maar ze gaan ook niet tegen hem in.

Ik keerde terug naar de situatie die ze toen waarnam.

D: Doet hij nog iets anders in het huis met de kinderen?

A: Oh, hij bezoekt ze gewoon, later gaan ze naar buiten gaan om bij de bron te zitten. Tenminste, degenen die nog met hem kunnen meelopen.

D: Dat is goed. Wat heb je die dag nog gedaan?

A: Ik giing mee met de oudere vrouw om …(onzeker over het woord) klusjes te doen, ik assisteeerde met verbanden en het mengen van poeders. Ik hielp met de opruim en kleine dingen voor de patiënten.

D: Dus je bleef niet de hele tijd bij Jezus. Er zullen inderdaad wel genoeg dingen te doen zijn. Het klinkt alsof je aan het doen bent wat je al die tijd wou doen. Ben je blij dat je erheen bent gegaan? Of heb je er intussen spijt van?

A: Oh, ik ben erg blij! Dit is wat ik verondersteld wordt te doen. Ik ben hier rotsvast van overtuigd. Ik heb geen verlangen om iets anders te doen. Zoals ik zei, in mijn ouderlijk huis blijven, trouwen en een familie stichten zou mezelf en vele anderen hebben teleurgesteld. Als je tegen je hart en je intuïtie ingaat, haalt het je uiteindelijk in. Dan moet je het confronteren, en gewoonlijk leidt dat tot veel lijden. Dus het is beter om waarheidsgetrouw te zijn. Misschien veroorzaakt dat wat pijn, in het begin. Maar weten wat je waarheid is, wat je zou moeten doen, is wel het beste.

D: Ik dacht dat, aangezien je een jong meisje was dat nog niet zoveel had gezien van de buitenwereld, het moeilijk voor je zou zijn om mensen te zien die zo verschrikkelijk lijden.

A: Het is moeilijk, omdat zelfs mijn fantasie dit niet kon voorspellen. Maar er is dit overweldigend gevoel van nodig zijn, van nuttig zijn. In het geven, zowel als het ontvangen, het vult me helemaal op. Ik heb niks anders nodig.

D: Dat is goed, vele jonge vrouwen zouden terug naar huis willen na zoiets te zien.

A: Nee. Ik wil er enkel meer door uitreiken. Ik wil hun lijden verlichten op elke manier die ik kan bedenken.

D: Dat is erg bewonderenswaardig.

A: Nee, dat is niet zo. Ik weet niet hoe dit uit te leggen. Ik zou niets anders kunnen doen in dit leven. Ik heb dit nodig. Ik heb het net zo hard nodig als iemand anders hulp nodig heeft, omdat er niks anders is dat me zo opvult vanbinnen.

D: Ok dan. Laten we enkele dagen vooruit bewegen in de tijd, om te kijken of er nog iets gebeurt in de tijd dat je in het dorp bent. Een gebeurtenis of iets waarvan Jezus wil dat je het erover spreekt. Vind je iets dergelijks?

A: Ik zie een meer aangename tijd, we hebben ons verzameld rond een bron. Het is een erg aangename dag, en er zijn vele mensen uit het dorp bij hem. Ik zie hem staan met zijn handen omhoog geheven, en hij is aan het praten. En nu gaat hij ... een kleine kop water halen. En hij geeft het aan een van de vrouwen die erbij zit. Ze drinkt het water. En hij legt zijn handen op haar hoofd. Hij zegt tegen haar, 'Mijn zuster, het licht van God schijnt op jou. Deze energie vloeit door je heen. Je zal kracht vinden. Je zal deze ziekte loslaten. Je bent nodig op een andere manier'. En ik zie de vrouw daar zitten, in een soort trance... Ik voel een koele bries... En er gaat tijd voorbij. Hij ging tegenover haar zitten. Ik zie zijn handen, opgeheven zoals dit (ze hief haar handen op tot de handpalmen naar buiten wezen). Ik zie de gloed van zijn hart en rond zijn hoofd, in zijn handen. In het midden van zijn handpalmen. Ze opent haar ogen. En er is een ander, kalmer, voorkomen. Ze huilt. Ze neemt zijn hand en geeft er een kus op, ze bedankt hem, ze weet dat er een verandering plaatsvond. Ze vertelt dat ze een stem hoorde. Ze weet nu dat haar bestemming in het dorp ligt. Dat ze zal worden onderwezen als dokter en zo helpen waar ze kan.

D: Denk je dat ze nu vrij is van de ziekte? Genezen?

A: Ik merk op dat ze anders lijkt. Er is iets zichtbaar veranderd, hoe ze is. Er is kalmte, een verschillende soort gloed. Er is een verandering maar ik kan er mijn vinger niet opleggen. Ik weet dat haar benen toegetakeld waren, maar ik weet niet of het dat is, haar binnenste, hoe er ze het had. Dus we zullen zien. Maar dit is niet dezelfde rusteloze persoon als een tijd geleden.

D: Heeft ze dezelfde waarneembare tekenen van de ziekte als voor de behandeling?

A: Het was vooral op haar benen zichtbaar, herinner ik me. Ze had moeite met lopen. Ik heb haar nog niet zien rechtstaan, of bewegen. Ze zit gewoon op dezelfde plek, na zijn handen te hebben

gekust. Ik zie haar tranen lopen, tranen van liefde en vreugde.
Maar haar gezicht, het is anders. Iets is zeker en vast veranderd
binnenin haar. Ik denk dat fysieke verandering soms trager is in
totstandkoming. Je ziet het niet altijd meteen. Het meest duidelijke
ding dat ik meteen kan waarnemen is hoe ze anders lijkt. De
vredige blik, de gloed.

D: Misschien gebeurt de fysieke verandering trager en neemt die meer tijd in beslag.

A: Dit gebeurt wel, hoorde ik. Ik hoop dat dit voor haar het geval zal zijn.

D: Soms neemt hij dus niet enkel de pijn weg. Hij werkt op verschillende manieren.

A: Dat klopt. Hij zegt dat iedereen zijn eigen doel heeft. Iedere persoon heeft zijn eigen, unieke plan. En deze mensen hebben alle kracht van elkaar nodig om door te kunnen gaan. Als ze kunnen zien hoe mensen in het dorp zichzelf terug bij elkaar zien te rapen, en anderen dan ook nog eens van dienst zijn...dat is een vorm van genezen, voor de anderen, als ze dit zien.

D: Ja, dat is wel zo. Denk je dat hij in staat is om hun levenspad te zien?

A: Soms wel, denk ik. Ik denk dat hij soms bij het aanraken van mensen...beelden krijgt, of heldere gedachtes. Dan weet hij onmiddellijk wat hun doel is. De helderheid komt vanzelf.

D: Blijkbaar was hij in staat, om vast te stellen, dat deze vrouw eigenlijk een ander pad hoorde te bewandelen.

A: Ja, ik zie het niet altijd op die manier. Soms gebeuren er dingen waar wij zelfs geen weet van hebben. Er is geen vastgesteld plan. Het gebeurt op verschillende momenten, zonder patroon.

D: Er kan na je vertrek iets gebeuren, en je zou het zelfs niet weten. Dat bedoel je. Ok, laten we wat vooruitgaan naar een ander voorval tijdens je verblijf in het dorp. Gebeurde er nog iets?

A: (Pauze) Wel, er was nog iets bijzonders. Maar ik... Oh, ja! Ik zag *hem de verbanden en poeders nemen, hij plaatste ze op het gezicht van een man...zijn gezicht werd weggevreten. Hij deed dit, en dan hield hij zijn handen daar en deed een gebed. Toen we later terugkwamen om te kijken hoe het met deze man ging, de volgende dag... de verandering was... (zucht). Het is moeilijk in woorden uit te drukken. Het lijkt niet 'echt'. (Verwonderd:) Het was... alsof*

de wangen waren terug gegroeid. De ziekte was nog aanwezig,
maar ik had nog nooit de werking van de poeders op zo'n manier
gezien bij de vrouwen die ze gebruikten. Het helpt altijd, het
verzacht de pijn – en zeker bij een zware infectie, kan het een
groot verschil maken. Maar deze man bewoog zijn mond, en
dronk, zonder enige pijn. Er was een verandering waar te nemen.
Zoals met die vrouw. Ik vermoed, dat de Nazarener dit soms kan
inschatten op voorhand. Misschien krijgt hij zo'n heldere
gedachte of beeld door. Misschien weet hij dat, hoewel dit de weg
is voor de man, de man spiritueel al gevorderd is. Misschien
verbindt zijn hart-energie zich met die van de Nazarener, het is zo
sterk dat het fysieke lichaam erdoor kan worden veranderd. Deze
man zijn gelaat was... terug gegroeid, alhoewel de ziekte er nog
steeds in aanwezig was. Maar hij leek wel een andere man, een
andere persoon, met een andere manier van zijn. Hij was in staat
om te bewegen, zijn mond te gebruiken. Hij kon dat allemaal doen
zonder pijn. Dit was een waar mirakel. Ze zijn allemaal op zichzelf
staande mirakels. Ik vermoed dat eigenlijk alles een mirakel kan
zijn.

D: Het gebeurt niet altijd op dezelfde manier.

A: *Nee, zeker niet. En je bent bang, dat het misschien niet de juiste*
manier is, de juiste woorden zijn. Maar, zoiets als wat ik heb
gezien, bespreken, maakt het bijna minder 'echt'. Soms, als je iets
voor jezelf houdt, weet je dat het veilig is, en dat het zal blijven
hoe je het waarnam.

D: Omdat het zo moeilijk te geloven is.

A: *Het was zo... zo bijzonder.*

D: Wordt iedereen die met hem in contact komt, geholpen? Zijn er
mensen die hij helemaal niet kan helpen?

A: *Ik denk dat iedereens lijden wordt verzacht. Oh, het blijft niet altijd*
duren. Maar je kan zien dat de pijn verzacht is, als hij een bezoek
heeft gedaan, als hij ze aanraakt. Dat de ziekte effectief wordt
veranderd, is een zeldzaam voorkomen. Maar ze zijn altijd meer
op hun gemak wanneer hij is geweest, zelfs al is dat maar een
poosje.

D: Ik vroeg me af, of er ook mensen waren die helemaal niks positiefs
ondervonden aan zijn aanwezigheid.

A: Ik vermoed van wel, maar ik heb die nog niet gezien. Ik heb hem zijn handen op mensen zien leggen, en praten met mensen. Het lijkt te hebben geholpen, al was het soms maar voor een korte periode.

D: Dan worden ze allemaal geholpen in een verschillende mate. Ben je zeven dagen in het dorp gebleven, zoals gepland was?

A: Ja, we waren er gedurende zeven dagen.

D: Wat deed je erna?

A: We zijn op weg naar een ander dorp.

D: Ga je niet terug naar huis?

A: Nee, ik denk dat de reis nog doorgaat voor een periode van ongeveer drie maal zeven dagen. Hij wil nog bepaalde plekken bezoeken.

D: Weet je iets over de volgende plek?

A: Het is een dorp waar hij veel volgelingen heeft. Ze vragen hem om er te komen spreken, zijn leer vertellen.

D: Is het ver?

A: Even denken... het zal ongeveer twee dagen duren.

D: Hoorde je de naam van een van de mannen uit de groep waar je mee reist?

A: Ja. Er is... Johannes, Ezekiël en Jeremia... en David (Denkend). Ik weet het niet zeker.

D: Nu je bij de groep hoort, dacht ik dat je misschien enkele van de namen zou weten. Je vertelde me wat de vrouwen doen. Wat doen de mannen dan?

A: Hmm... Zie je, ik heb niet zoveel contact met deze mensen. Ik vermoed dat sommigen helpen met het herstellen en bouwen van structuren. Sommigen zijn schrijvers en leraren. Met anderen bracht ik nog geen tijd door, of zag ik zelfs niet. Dus... Ik denk dat ze specifieke taken hebben, verschillende manieren om te helpen. Sommigen gaan hun eigen weg, om te studeren of om te bidden, ik zie ze niet de hele tijd door.

D: Dat lijkt me logisch, er moeten vele manieren zijn waarop je zo'n ziek dorp kan helpen. Herstellingen zullen wel nodig geweest zijn. En de leraren werkten misschien in een ander deel van het dorp.

Dit klonk me erg praktisch in de oren. De interpretatie van de Bijbelse verhalen over Jezus en zijn volgelingen geven de indruk dat ze hem volgden, van plek naar plek. Enkel luisterend naar zijn preken, en ondertussen lerend van hem. Deze versie klinkt me meer als iets dat werkelijk plaats heeft genomen. Het zou niet meer dan logisch zijn, als je Jezus was, om jezelf te omringen met mensen die beschikten over verscheidene talenten. Deze mensen konden dan werken met de mensen waarmee ze in contact kwamen, ook op praktische manieren. Ze leefden dan ook in een echte wereld, met lijden en moeilijkheden. Het toont ook aan dat Jezus niet op frequente basis mirakels aan het uitdelen was. Hij nam dokters mee, zowel vrouwen als mannen. Hij gebruikte helende poeders en dranken. Onze Bijbelse versie schildert hem af als een goddelijk iets, iemand die niemand anders nodig had. Ik ben van mening, dat hij menselijker was dan we hem ooit hebben willen nageven. Als hij niemand nodig had gehad, kon hij de gebouwen ook op miraculeuze wijze hebben hersteld. De discipelen en volgelingen deden alles wat ze konden om te helpen, ze keken niet enkel toe.

D: Het klinkt alsof Jezus zichzelf omringt met verschillende soorten mensen op zijn reizen.

A: *Dat klopt. Ze komen vaak ook naar hem toe. Velen voelen een nood om van dienst te zijn, om te geven. Op de manier die ze zelf best kunnen. Dus ze zijn er vaak gewoon op het juiste moment, en hij vindt zo de mensen de hij nodig heeft.*

D: Heeft Johannes speciale taken?

A: *Hij lijkt erg dicht bij Jezus te staan. Hij probeert een extra paar ogen en oren te zijn voor hem. Hij houdt zaken zodanig in het gareel, dat de mensen die hem echt moeten zien, hem te zien krijgen. Hij zorgt ervoor dat Jezus naar de vergaderingen raakt en dergelijke meer. Johannes organiseert veel van de activiteiten en bijeenkomsten.*

D: Je bedoelt dat hij vooraf aan de groep, dingen gaat voorbereiden, ter plaatse?

A: *Soms doet hij dat, het hangt af van welke soort reis we maken. Eens we op een locatie belanden, is hij degene die het schema aanhoudt, degene die ervoor zorgt dat dingen gedaan raken. Hij geeft ook aan de Nazarener door, wat van belang is.*

D: Dan wordt hij ook verwittigd als iemand een onderhoud wil.

Dit was een ander praktisch gegeven dat niet werd vernoemd in de Bijbel. Johannes leek wel op wat huidig een pr-manager/secretaris zou genoemd worden. Jezus kon niet gewoon in het wilde weg van dorp naar dorp trekken, hij had iemand nodig om te dingen op voorhand uit te pluizen. Om ervoor te zorgen dat alles klaar was, en vooral veilig was...

D: Het dorp waar je heen gaat, je zei dat er daar een groep volgelingen was, heeft dit dorp een naam? Heb je ooit een naam gehoord?

A: *Het klinkt als... Bar-el (ze herhaalde het, en ik herhaalde het na haar).*

D: En daar zal je dan twee dagen reizen voor nodig hebben. Dit zal misschien anders zijn, er zijn misschien minder zieke mensen aanwezig. Hij begon, met je het ergste te tonen, denk je niet?

A: *Ja. Dat is wel goed, weet je.*

D: Misschien zat er een wijsheid achter. Als je het niet aankon, zou het meteen duidelijk geworden zijn (we lachten allebei). Vind je het een goed idee als ik nog eens terugkom om verder met je te spreken? Ik vind het erg leuk om naar je verslagen te luisteren, om je verhalen te horen. Ik wil ook graag bijleren.

A: *Ik ook.*

D: En ik wil zoveel mogelijk leren, als maar mogelijk is, over deze man, dus je helpt me ook.

Ik bracht Anna toen terug naar haar volle bewustzijn. Ik lied de bandopnemer uit gewoonte verder opnemen, terwijl ik haar vage herinneringen van het gebeurde aanhoorde.

A: *Ik herinner me dat de mensen die niet gezond worden, geen boosheid voelen naar degenen die wel genezen. Momenteel, met de herinnering nog zo duidelijk, heb ik daar een zeer sterk gevoel over.*

D: Er was geen verwijtend gevoel?

A: *Nee, ik weet niet waarom die gedachte in mijn hoofd opkwam. Ik vind het zelf ongewoon.*

D: Het geheel is vrij ongebruikelijk! (Lacht).

A: *Misschien was het voldoende voor de mensen die met hem in contact kwamen. Dat gemak te voelen, het verzachten van lijden.*

Het gevoel gevuld te worden... zelfs als het maar voor eventjes was. En misschien gaf hun dat genoeg vreugde om te delen met hun medemens. Misschien vernietigt zo'n moment enige vorm van afgunst en verwijt dat er zou zijn.

D: Dit toont wel aan dat wat hij deed, indruist tegen de aard van de mens.

A: *Ik probeer deze regressie te vergelijken met andere sessies die we al hebben gedaan. Het is hetzelfde, maar zoveel meer... verwikkeld, en emotioneel geladen, als ik het zo moet stellen. Misschien blijft iets ervan me bij. Ik vermoed, dat elke regressie me wel iets anders leerde. Ik voel me bij deze erg goed, erg helder. Ik bedoel, de man was 'echt' voor mij. En ik zal je vertellen, toen ik in die ogen keek – Dat voel ik nog steeds – was ik helemaal vervuld. Ik wist niet dat dat gevoel bestond, zo vol zijn van tevredenheid en liefde. Er was altijd een kleine leegte in mij, en die was verdwenen.*

D: Is het nu weg?

A: *Wel, het is er niet als we bezig zijn met de sessie. Het is niet weg uit mijn leven. Maar... er is altijd die knagende leegheid geweest. Toen ik bij hem was, en in zijn ogen keek, dat was het meest opvullende gevoel dat ik al heb gehad.*

Hoewel Anna het hier anders uitdrukt, komt het erop neer dat ze in essentie hetzelfde gevoel als Mary beschreef. Blijkbaar was dit het wonderlijke effect dat Jezus had op mensen.

A: *Toen ik terugkeerde naar die tijd...het voelde zo natuurlijk aan. Nu ik wakker ben is, is dit wel het laatste waar ik bewust aan zou denken. Ik voel me erg emotioneel, maar het is louterend. Ik bedoel, ik voel me helemaal ontspannen.*

D: Wel, er is geen beter gevoel dan dat.

Dat Jezus niet elke persoon genas die hij ontmoette, was een interessant punt dat tijdens deze sessie naar boven kwam. Dit wordt nog verder uitgelegd in Jezus en de Essenen. Hij was in staat om veel van het lijden te verlichten bij de mensen met wie hij in contact kwam. Een complete genezing van de ziekte was echter zeldzaam. Er waren talloze gevallen waarbij er geen genezing plaatsvond, Naomi maakte

131

het duidelijk dat dit buiten de controle van Jezus lag. De factoren waren eerder karma en het lot van de persoon in kwestie. Zelfs hij kon niet ingaan tegen de hogere krachten die zulke dingen bepalen.

HOOFDSTUK 8

Het dorp bij de Gallische Zee

De week erna, bij het begin van de sessie, bracht ik Anna (als Naomi) terug naar de momenten waarop ze meereisde met Jezus.

D: Laten we terugkeren naar het moment waarop je het melaatsendorp verlaat met de rest van de groep en de Nazarener. Je ging naar een ander dorp waar je zei dat hij volgelingen zou ontmoeten. Ik zal tot drie tellen en dan zijn we er. 1... 2... 3... We lopen binnen in het tweede dorp, op je reis met de Nazarener. Wat ben je aan het doen?

A: We komen een dorp binnen, dat gelegen is op een meer. Het meer van Kennaret (fonetisch), en we hebben een bijeenkomst met de volgelingen, degenen die geloven in onze manier van leven. Hoe ik het begrepen heb, is ons verblijf hier vooral bedoeld, om het woord te verspreiden, en ons aantal te versterken.

Ik pende de naam van het meer fonetisch neer. Later, toen ik de kans kreeg, keek ik naar een kaart die achteraan in mijn Bijbel te vinden was. Ik vond het meer van Kinnereth, ook de Zee van Gennesaret, of Chinnereth, genoemd. Dit sloot nauw aan, bij mijn voorheen genoteerde spelling van het woord. Ik vond het opmerkzaam. Het is de Joodse naam voor de Gallische Zee. Ik wist niet, dat er ooit een andere naam aan gegeven werd. Mijn onderzoek wees uit dat "yam", in het Hebreeuws, en Aramees, zowel 'zee' als 'meer' kan betekenen, en dat de Griekse vertaling van de Bijbel deze lijn van denken volgt.

Anna had haar twijfels rond de echtheid van het vreemde materiaal, dat vanuit haar onderbewustzijn naar boven kwam drijven tijdens onze sessies. Ik vertelde haar over de ontdekking die ik had gemaakt. Ze herkende de naam Kinnereth ook niet. Ik vertelde haar, dat het een oude naam was voor de Gallische Zee. Ze vroeg met een uitgestreken gezicht, "Wat is de Gallische Zee?". Die reactie had ik niet verwacht. Ik was met stomheid geslagen, omdat ik me het belang van haar vraag realiseerde. Elke Christelijke persoon weet iets over deze Bijbelse plaatsnaam, het wordt in verband gebracht met het leven van Jezus. Dat Anna zelfs geen basiskennis had over zijn leven, of over het Nieuwe Testament, stond hierdoor buiten kijf. Ze was minder ontstemd, nadat ik haar hierover vertelde, het leek voor haar ook het bewijs te leveren dat de informatie alvast niet van haar, in dit huidige leven, afkomstig was.

D: Zijn alle mensen in het dorp gelovigen? Of moet je daar ook in het geheim te werk gaan?

A: *Hier is een aannemelijke groep ter plaatse. We houden ons wel stil, maar we voelen ons veilig; Het is een kleiner dorp, en het lijkt alsof de mensen die hier wonen dezelfde gedachtegang volgen. Dus we kunnen ons hier veilig voelen.*

D: Er bestaat dus niet zoveel gevaar bij het houden van openlijke bijeenkomsten?

A: *Nee, er lijkt een algemeen begrip te heersen. Oppervlakkig gezien, is het gewoon een klein dorp, maar ze zijn erg voorzichtig als het aankomt op de leer.*

D: Vertelde iemand je de naam van dit dorp, heeft het een naam?

A: *Dit is het dorp bij Meer Kinnereth.*

D: Is dat alles wat je ervan weet? Is er een bepaalde plek in het dorp waar je heen gaat?

A: *Ja, er een gedeelte bij het meer. Eerst gaan we onszelf reinigen in het meer. Deze reiniging is nodig voor zowel het lichaam, als de geest. Op een bepaald gedeelte van de kustlijn zijn er bluffs. En binnenin deze bluffs zijn er vergaderzalen te vinden. Ze zijn niet algemeen bekend, omdat ze een dekmantel zijn. Dit is waar ze heen gaan voor onze bijeenkomst, maar we verblijven aan de rand van het meer.*

Later deed ik meer onderzoek naar dit gebied bij de Gallische Zee. Er zijn veel plaatsen waar de bergen en bluffs reiken tot de rand van het meer. Dit was bovenal het geval in 'Madala' (de geboorteplaats van Maria Magdalene), waar de kustweg zich een weg baant op een steile berghelling. In het gebied van Arbeel zijn er grotten, die een verleden kennen als schuilplaats voor criminelen, of vluchtelingen, tijdens de tijd van Christus. Sommigen hiervan waren natuurlijke grotten, die vergroot werden, om dan te dienen als toevluchtsoord. Anderen waren zo hoog op de bluffs, dat ze zo goed als ontoegankelijk waren voor soldaten.

Gedurende de tijd dat Jezus leefde, was Galilea een van de meest vruchtbare landbouwgebieden op Aarde. Tot zo recent als 68 v.Chr. waren er vele bossen te vinden rond het gebied van de Gallische Zee. Maar de fruitbomen die verheerlijkt werden door de geschiedkundige Josephus, zijn heden verwelkt, tot ze amper herkenbaar zijn. De bossen zijn voor het grootste deel verdwenen, die zijn op veel plekken vervangen door de woeste woestijnomgeving. Toen Jezus leefde was er een heet, beklemmend, klimaat te vinden in de vallei. De zeebries werd afgeknepen door de bergen. In het winterseizoen waren de heuvels en kustlijn bedekt met een groene oase, maar in de lange zomer trof een hevige droogte het gehele gebied.

Men heeft al bewezen, dat mensen de reis van Jeruzalem naar de Gallische Zee kunnen afleggen in een periode van drie dagen. De vallei vermeed men gedurende de zomer, omwille van de hevige hitte. De reizen werden gewoonlijk ondernomen in de winter, en in vroege lente, als het klimaat warm was, en buiten slapen geen probleem vormde. Mensen die niet gezien wilden worden in de dorpen, omwille van diverse redenen, zouden de Jordaanvallei waarschijnlijk wel in alle seizoenen betreden.

De Bijbel vertelt ons dat Cana, in Galilea, een van de favoriete plekken van Jezus was. Geschiedkundigen zijn van oordeel dat Cana een geschikte plek was voor eenieder die een opstand wenste te organiseren, mensen die kampten met machtige vijanden in grotere dorpen vonden er een geschikte uitvalsbasis. Dit kon een andere reden zijn, voor het dwalen van Jezus. Het was gevaarlijk om lang op een plek te blijven, tenzij hij er zeker van was, dat hij er veilig was.

Verhalen van zijn daden verspreiden zich al snel vanuit Galilea, en bereikten alle uithoeken van Palestina. Het werd als vanzelfsprekend genomen dat Galilea nauwe banden aanhield met alle andere delen van Palestina, en dat informatie over Jezus op die manier snel tot in alle uithoeken van het land raakte. Degenen die op dat moment aan de macht waren, werden geïnformeerd over zijn afwijkende activiteiten, ze voelden echter nog geen nood om zelf in te grijpen. Zolang hij afstand hield van de grotere steden, vormde hij geen groot gevaar. Natuurlijk zouden ze wel degelijk ingrijpen, als duidelijk werd dat hij een opstand aan het uitbroeien was.

Onderzoek onthulde, dat er letterlijk honderden kleinere dorpen en gehuchten waren in dit gebied. Deze werden niet opgenomen bij naam, in de geschiedenis – er is alvast weinig over bekend. Er waren vele grotere steden die bestonden tijdens het leven van Christus, die ook nooit worden vernoemd in de Bijbel, het zou ons dus niet hoeven te verbazen, dat de kleinere versies verdwenen zijn uit onze gekende herinnering. We kunnen opmerken dat deze geschiedkundige beschrijving van de Jordaanvallei en de Gallische Zee naadloos samenvalt met de beschrijving die ons werd meegedeeld door Naomi.

D: Ik dacht dat je weer naar een huis ging, bij iemand thuis.

A: Ik denk dat ze het beter vonden om het op deze manier te doen, uit veiligheid. Als je slechts een handvol mensen moet zien, is een persoonlijk huisbezoek mogelijk. Maar hier is een grote groep aanwezig.

D: Ik dacht, dat je zei, dat Johannes vooruit reisde om dit allemaal te bewerkstelligen?

A: Dat is zo. Ik vermoed dat, als ze aan hun reizen beginnen, ze een idee hebben waar elke reis heen leidt. Ze nemen hier en daar misschien een omweg, afhankelijk van de situatie. Maar Johannes heeft doorgaans dingen voorbereid, dus de zaken gaan zo vlot en veilig als mogelijk is.

D: Dus je gaat samenkomen in een van deze grote kamers op deze bluff. Wanneer zal dit gebeuren?

A: Het lijkt erop, dat de vergadering morgen in de vroege ochtend zal plaatsvinden. We gaan deze avond ontspannen, en tegen het ochtendgloren komen we samen.

D: Is er voldoende voedsel te verkrijgen?

A: Ja hoor, we krijgen voedsel en we hebben ook bepaalde provisies bij ons. We proberen niemand tot last te zijn. We accepteren de geschenken die ze ons willen geven, in vorm van voedsel en onderdak, maar we zijn zelfvoorzienend.

D: Laten we vooruitgaan in de tijd, naar de ochtend van de bijeenkomst, vertel me wat er gebeurt.

A: We worden naar een kamer geleid. Ze hebben de voorzijde van een van deze bluffs bedekt met stenen en bomen; Het ziet er erg goed uit. Ah, ik zie de bluff opengaan. Er zijn strooien matten op de vloer, en er zijn kaarsen ter verlichting. En... er zijn houten banken en tafels. De groep lijkt een behoorlijk aantal te zijn. Ongeveer veertig mensen voor zover ik kan zien. Het is een mengeling van vrouwen en mannen, wat goed is.

D: Kunnen ze allemaal in de ruimte plaatsnemen, zonder dat het overbevolkt wordt?

A: Ja, het is een grote ruimte, de opening is bedrieglijk... Je komt binnen en het lijkt klein maar het is een grote kamer. Ze hebben het veilig gemaakt, met verschillende materialen, zodat het veilig is. Er is een soort van kleine hal, en ook nog kleine kamers aan de zijkant.

D: Is het een soort natuurlijke grot, of...?

A: Ja, het lijkt alsof ze gewoon de aarde eruit hebben verwijderd. En er was al een natuurlijke... ruimte aanwezig. Er was een natuurlijke weg en... er zijn nog andere, kleinere kamers aanwezig.

D: Er zijn waarschijnlijk geen ramen, maar je hebt kaarsen als verlichting.

A: Dat klopt.

D: Dit zijn dus allemaal mensen die gekomen zijn om hem te horen spreken. Kan je me vertellen wat er gebeurt? Hebben ze een soort van ceremonie of procedure die ze toepassen?

A: De persoon die deze ontmoeting leidt, toont veel bezorgdheid voor het welzijn van de Nazarener. Het wordt stilaan duidelijk, van wat we horen van boodschappers en dergelijke, dat zijn woord verspreid aan het raken is, de overheid wordt stilaan onrustig.

D: Ze zijn misnoegd over zijn populariteit?

A: Ja, het idee dat mensen voor zichzelf kunnen denken, hun eigen pad kunnen kiezen. Er zijn mensen die hem niet erg mogen, zowel in de Tempel als binnen de regering. Deze groep hier, uit hun bezorgdheid, en vraagt zich af hoe het nu verder moet. Maar hij stelt zich recht en hij spreekt, en hij vertelt hun niet te vrezen, hij volgt een pad, dat wordt gedirigeerd door God, door zijn hart. Hij vreest zelf niks. De enige angst die hij misschien kan voelen is de angst om niet in staat te zijn te de kennis te delen en te verspreiden. Niet in staat te zijn alle mensen te raken die hij zou moeten raken in dit leven.

Dit werd langzaam uitgesproken, met pauzes. Alsof ze letterlijk weergaf aan mij, hoe ze het hem hoorde zeggen.

D: Dan is hij niet bang door de geruchten over eventuele tegenstanders?

A: Nee. Het zal geen verschil maken voor hem, hij doet met zijn leven wat hij doet omdat hij met God, vanuit zijn hart, loopt. God groeit van binnenuit. Dat eeuwige licht, is niet enkel in de Tempel te vinden, het is in het hart te vinden. En die eeuwige vlam dooft niet uit, ook al verlaat je het fysieke lichaam. Dus zal hij zijn pad verderzetten, zijn leer, wat hij gelooft dat rechtvaardig en juist is. Hij zal onderwijs geven in wat hij zijn reden van bestaan noemt.

Het eeuwige licht waarnaar wordt gerefereerd, was een vuur dat nooit werd uitgedoofd, te vinden in het midden van de Tempel.

D: Maar ze wilden hem toch waarschuwen.

A: Ja. De spanningen lijken te stijgen. We horen deze geruchten af en toe. Dan kalmeert het weer voor een tijdje. Weet je, de regering is erg wispelturig. Als ze zich te veel zorgen maken, bedenken ze een nieuwe belasting.

D: (Lacht) Dat is hun respons.

A: Ja, het is hun manier om te manipuleren en pijn te doen. Als er iets anders betekenisvol gebeurd, of als er een groot gevecht wordt gewonnen, worden ze weer beziggehouden. De situatie zal kalmeren, omdat de focus elders zal liggen.

D: En de priesters volgen wat de overheid dicteert?

A: De priesters? De priesters verschillen van de rabbi's. De Romeinse priesters, ja. De rabbi's doen wat ze moeten doen om te overleven, maar ze hebben hun eigen standpunt, los van de overheid of de Nazarener. Dus...

D (Lacht) Ze houden de kerk in het midden. Waarschijnlijk denken ze dat in het midden de veiligste plek is. Wel, zijn er nog andere voorbereidingen gaande, of gaat hij ze nu toespreken?

A: Hij is nu aan het spreken. En... hij spreekt gewoon vanuit zijn hart. Hij zal hier een korte poos blijven, dit dorp lijkt een contactplaats te zijn. Het lijkt wel alsof er vele ware volgelingen aanwezig zijn. Ze zullen hun taken ontvangen en hun eigen weg volgen. Dit is een toevluchtsoord, een klein beetje ontspanning, communicatie. En van hieruit trekken we weer verder. Deze groep lijkt in staat om zijn leer te verspreiden en zich tegelijkertijd ook zodanig te vermommen dat ze zullen worden geaccepteerd als Romeinen of wat ze dan ook moeten wezen om hun leraar te beschermen.

D: Deze mensen kennen zijn leer dus al, hij hoeft hun niet zoveel uit te leggen.

A: Dat klopt. Dit zijn echte, toegewijde, volgelingen.

D: Dan is hij hun voornamelijk aan het vertellen wat hij wil dat ze doen?

A: Ja. Maar ze nemen ook tijd voor gebed en gesprek. De lessen zijn nooit allemaal geleerd... Ze hebben op deze wijze interactie.

D: Ik vroeg me af of hij hun iets belangrijks vertelde, iets dat je nog niet wist?

A: Oh, nee, hij stelt hun voornamelijk gerust. Hij zegt dat ze geen angst moeten hebben. Wat er ook gebeurt, het maakt deel uit van hun lotsbestemming. En wat er met hem gebeurt in dit leven, zal een les zijn die ver onder de oppervlakte gaat. Hij herinnert hun eraan dat ze kracht moeten vinden binnenin, bij hun God. Dat ze het hart moeten gebruiken om te zien, en hun medemens van dienst moeten zijn.

D: Hoe is hij gekleed tijdens deze reis?

A: De gewoonlijke kledij.

D: Zijn er specifieke kleuren?

A: Oh, de kleuren zijn simpel. Voornamelijk de kleur van tan materiaal. Er is een streep die doorheen de rand van het gewaad loopt, de kap, de mouwen en de zoom. Maar los daarvan, is het erg eenvoudig.

D: Dan is hij min of meer gekleed zoals jullie?

A: Oh, ja.

D: Ze verzamelen daar dus allemaal vandaag, om te beslissen wat ze gaan doen en hun instructies te ontvangen?

A: Ja. En om hem om op de hoogte te houden van de vooruitgang die wordt geboekt. Gewone zaken.

D: Welke vooruitgang hebben ze geboekt? Was er iets speciaals?

A: Ze reizen in aparte kleinere groepen. Als ze over een plek horen, waar er interesse is naar de leer, gaan ze dat gebied onderzoeken. Of als er iemand is die hulp kan gebruiken, of iemand die te maken heeft met onrechtvaardigheid. Dan gaan ze daarheen. Ze vinden een ondergrondse manier om te helpen, of ze proberen te helpen op andere manieren, waar ze kunnen.

D: Dan doen ze meer dan louter het verspreiden van de lessen.

A: Ja. Omdat een van de algemene lessen net het liefhebben van je medemens is. Je medemens behandelen zoals je zelf zou willen behandeld worden. Er wordt veel misbruik gemaakt van deze toepassing.

Het werd duidelijk, dat Jezus zijn volgelingen leerde, om op een praktische manier van dienst te zijn bij mensen, samen met het verspreiden van zijn woord. Dit punt wordt ook duidelijk in Jezus en de Essenen – dat hij dus, in tegenstelling tot wat de Bijbel ons vertelt, zijn volgers aanmoedigde om hem te verlaten en hun eigen weg te gaan. Ze wachtten niet tot na zijn dood. Hij deed dit zodat ze niet van hem afhankelijk zouden worden.

D: Gaat hij een lange poos in dat dorp blijven?

A: Ik denk dat hij graag nog een nacht zou blijven, maar hij vindt dat we moeten vertrekken. We zullen dus weldra uit het dorp weggaan.

D: Er is verder niks van belang gebeurd in het dorp?

A: Nee, je moet gewoon wel begrijpen dat ze wel degelijk de leer verspreiden. Ze gaan altijd met dat doel vertrekken, er zijn gewoon ook andere zaken die ze doen. Ze kunnen het gebruiken als een vermomming voor wat er moet worden gedaan. Ze leven altijd volgens de leer.

D: Weet je waar hij nu heen gaat?

A: Er is nog een ander dorp. Ze vertelden me een naam... Giberon? (Fonetisch)

Het woordenboek van de Bijbel, vernoemt twee plaatsen. Dit zijn de twee, die, qua klank, hiermee overeenstemmen: Gibeah, een stad in het Juda, en Gibeon, een koninklijke stad van de Kanaänieten. Het lijkt erop, dat Gibeah meer op de beschrijving van toepassing is.

A: Het lijkt erop, dat daar meer volgelingen aanwezig zullen zijn. Verbazingwekkend, aangezien hij slechts recentelijk deze kant opging. Het lijkt wel, alsof hij, waar hij dan ook gaat, alles in het werk stelt om mensen in nood te helpen. Met het genezen, en door middel van de lessen.

D: En degenen in het dorp nabij het meer, waren dan eerder gevorderde volgelingen, klopt dat?

A: Ja. Maar zelfs daar is er veel dienstbaarheid nodig. De individuen helpen die hem komen opzoeken. Het lijkt er niet op, dat er iets naar bovenkomt in deze bijeenkomst. Ik denk dat het momenteel wel goed gaat. Ik denk niet dat er iets van onrust is.

D: Dan gaat alles in het dorp zoals het moet gaan. En het volgende dorp bevat dan meer volgelingen die nog wat extra leiderschap kunnen gebruiken, klopt dat?

A: Dat is correct. En het volgende dorp is wel een stuk groter. Ik vermoed dat je het dorp bij Kinnereth een kleine kolonie kan noemen. Waar we nu heen gaan, dat is een grotere plek.

D: Zal het lang duren vooraleer je daar bent?

A: We geraken er normaal tegen dat de avond valt, en als dat niet zou lukken komen we de volgende dag aan.

D: Dan is het niet erg ver. Heeft Johannes ook in dat dorp al dingen voorbereid?

A: Ik vermoed van wel.

D: Gaat Johannes eerder vertrekken? Of hoe gaat dat in zijn werk gaan?

A: Dat is hoe het vaak wordt geregeld. Ik zou zeggen, meestal. Maar, er zijn ook gevallen waarbij hij terugkeert, om ons langs een andere weg te leiden, of om veranderingen in de planning te melden.

D: Dus hij gaat er echt eerder heen om alles klaar te maken.

A: Ja, en we zien hem terug eens we daar toekomen.

D: Laten we vooruitgaan in de tijd, tot bij je aankomst in het volgende dorp, vertel me eens wat er gaande is. Het is een groter dorp, zei je?

A: *Ja. Ik zie een bron, in het midden van een groot plein. Er is een ruimte rond, waar mensen komen en gaan om water te halen. Dit dorp lijkt eerder op een kleine stad, met het grote plein hier, en al de gebouwen. (Pauze) Men vertelde me, dat we hier misschien wat langer zullen blijven. Ik kan hier van dienst zijn, en bijleren. Het lijkt erop, dat we met iemand zullen samenwerken, die hem al kent van vorige reizen. Momenteel is die persoon hier gestationeerd, als dat het juiste woord is. Ik vermoed dat dat is wat je het zou noemen. Het wordt verondersteld dat ik hier ga bijleren, de positie van stagiaire aanneem, als het ware. Meehelpen met de zorg voor de zieken, en een handje toesteken als er lezingen worden gegeven. Ik ben hier ter assistentie.*

D: En hijzelf gaat dan ergens anders heen, terwijl jij daar bent?

A: *Ja. Hij zal terugkomen om me op te halen. En dan gaan we terug naar Jeruzalem.*

D: Is er nog iemand uit de groep van plan om daar te blijven?

A: *Niet waar ik ga verblijven. Ik denk dat, zo nu en dan, afhankelijk van wat er nodig is, blijven volgelingen achter op een plek, om bepaalde functies te vervullen. Soms blijven ze er slechts een korte periode, en soms draait het erop uit dat ze er voorgoed blijven. Ik denk dat enkele van die "vorige" volgelingen aanwezig zijn in dit dorp. Misschien werken ze hier, vervullen ze verschillende functies. Onderwijzen of genezen, of er gewoon zijn, voor degenen die dat nodig hebben.*

D: Hoe voel je je bij het feit dat hij je daar achterlaat?

A: *Ik voel me, alsof ik er klaar voor ben om ergens een langere tijd te verblijven. Als hij zegt, dat dit is, wat ik verondersteld word te doen, met name leren en van dienst te zijn... Dan lijkt het me ideaal dat ik hier ben. Ik voel me zo levend, gevuld met wat hij me heeft helpen doen. Wat ik van hem al heb kunnen leren is fenomenaal, maar dat ik hier achterblijf, lijkt niet meer dan de natuurlijke gang van zaken.*

D: Is er nog iets gebeurd, voor hij vertrok?

A: *Hij praatte net met enkele mannen uit het dorp. Ze toonden hem het schema met de overnachtingen en waar hij zal verblijven. Ze helpen hem, met het vinden van de contacten die hem het meeste nodig hebben. Dan is er vanavond nog een vergadering. Zie je, veel van deze mensen zijn er samen in geslaagd om grote vergaderzalen te bouwen, onder hun huizen. Dit werd gedaan, zodat ze niet ontdekt zullen worden.*

D: Dan zal hij spreken met de volgers die niet zo ervaren zijn, neem ik aan?

A: Ja, vragen beantwoorden, daarbij komt dan doorgaans vanzelf zijn leer naar boven als gesprekonderwerp. Als hij zich ertoe geneigd voelt, zal hij spreken over een specifiek onderwerp.

D: Wil je dan alsjeblief vooruitgaan in de tijd, naar de avond van de bijeenkomst? Wat is er aan het gebeuren?

A: Ik heb kennisgemaakt met de persoon waar ik mee zal samenwerken. Zijn naam is Abram (veel nadruk op Ah-klank in de eerste lettergreep). Ik zal in zijn huis verblijven, en verder worden onderwezen. Daarnaast, zal ik hem ook bijstaan als hij me nodig heeft. Een verschillend aantal dingen. Het kan gaan van werken met de ouderen, zieken, of de wezen, tot onderwijzen.

D: Introduceerde hij je als Naomi of als Nathaniel?

A: (Een verontschuldigende glimlach) Abram... Oh, ik weet dat dit lastig is. Ik heb intussen zelf het punt bijna bereikt waarop het een beetje dwaas lijkt, dat we deze vermomming doorzetten. Ik denk, dat hij me Nathaniel blijft noemen om me te beschermen. Maar, ik weet dat hij verteld heeft aan Abram wie ik echt ben, namelijk Naomi. Dus, ik denk, dat het moment waarop ik deze vermomming niet langer hoef te gebruiken, dichtbij is. Het gaf me een goed gevoel, om die andere vrouwen te zien in de kleine kolonie. In dit dorp ben ik veilig om te zijn wie ik ben. En ik ben ook aan het groeien. Ik word ouder, ik zie er niet meer zo jongensachtig uit. Dus denk ik dat het zal veranderen.

Er was duidelijk meer tijd voorbijgegaan dan ik initieel had aangenomen. Ze had weken tot maanden kunnen samenvatten in hetgeen ze vertelde, zeker als alle dagen op elkaar leken. Naomi werd volwassen, ze kreeg vrouwelijke trekken.

D: Dan duurde deze reis langer dan enkele dagen, als ik correct ben?

A: *Ik dacht dat het een aantal weken zou duren. Dat veranderde. Onze reizen hangen af van de noden die er heersen en wat Johannes te weten komt. Dus we zijn al een tijd onderweg, daarom voel ik aan dat ik klaar ben om ergens langere tijd te verblijven en bepaalde verantwoordelijkheden te dragen. Ik ben nu tussen mijn dertiende en veertiende jaar, ik voel de veranderingen in mijn lichaam. Ik zal er binnenkort niet langer als een jongen uitzien.*

D: Je zal het niet langer kunnen verstoppen.

A: *Nee. Hij wist waarschijnlijk op voorhand dat ik opnieuw zou moeten naar buitenkomen als wat ik werkelijk was. Deze plek is niet enkel bedoeld als een plek om te leren, maar ook voor mij, om veilig te kunnen transformeren.*

D: Ja, als hij terugkomt en je reist verder met hem mee, zal dat als een jonge vrouw zijn.

A: *En het zal veilig zijn en ik zal me er goed bij voelen. Er zullen meerdere vrouwen zijn, het zal dus geaccepteerd worden.*

D: Was het verrassing voor je, om meerdere vrouwen aanwezig te zien op die andere plek?

A: *Ja. Ik denk dat iedereen, die oprecht is, van waarheid is, wordt toegelaten. Maar volgens de traditie worden de meeste vrouwen opgevoed zoals mijn moeder. Het lijkt erop, dat er enkelingen zijn, die hun pad zo sterk voelen binnenin, zo sterk als ik zelf het voel.*

D: De meerderheid van de vrouwen krijgt niet echt onderwijs, of wel?

A: *Nee, dat is een zeldzaam iets, zeer zeldzaam.*

D: Dat is waarom het een verrassing zal geweest zijn, om zoveel vrouwen aan te treffen. Ik veronderstel dat het Nazarener niet zoveel uitmaakt, of wel?

A: *Oh, hij verwelkomt iedereen. Hij ziet het anders. Hij ziet mensen als mensen. Als je doorheen je hart leeft ben je je zoveel meer bewust van andere dingen... je bent niet belangrijker omdat je een man bent. Je bent even belangrijk als de anderen. Het maakt niet uit in welk lichaam je je dan ook bevindt , het is de kern die erdoorheen schijnt, doorheen dat lichaam.*

D: Dat lijkt me wel te kloppen. Wel, is er een bijeenkomst gaande, in een van die ondergrondse ruimtes?

A: *Ja. Hij is iedereen aan het verwelkomen. Ik denk dat hij vanavond probeert over te brengen, dat hij, net zoals iedereen is. Dat hij deze aarde bewandelt in een lichaam van vlees en bloed. Dat alles*

144

wat hij is, alles wat hij kan, wij ook kunnen zijn. We moeten gewoon ons innerlijke zijn openstellen voor bewustzijn, en het erkennen. En hij gelooft ook dat, eens je doorheen je hart leeft, en je weet dat er Goddelijkheid is binnenin, eens je verbonden raakt met God, dat je dan meer begrip zal hebben. Je zal weten dat je jezelf en anderen kan helen, of het nu emotioneel helen is, of niet. Hij zegt dat hij wil dat we weten dat de mogelijkheid bestaat, voor iedereen.

D: Ik neem aan dat velen denken, dat hij de enige is die deze dingen kan doen?

A: Als men hem daarrond vragen stelt, doet hij zijn best om het mensen te laten begrijpen. Nee, hij is hetzelfde als zij zijn. Het enige verschil is, dat hij zich bewust werd van de menselijke mogelijkheden, en dat hij snapt dat er geen verschillen bestaan. Hij kleedt zich zoals de gemiddelde man. Hij wil niks speciaals. Hij wil dat de mensen weten, dat er echt géén verschil bestaat, en dat de wetten van God iedereen één maken. Het enige belangrijke hierbij is, dat je doorheen je hart leeft, dat je van dienst bent, en geeft om anderen.

D: Maar hij heeft natuurlijk wel training gehad, men heeft hem geleerd hoe hij meer bewust kon zijn, of niet?

A: Ja, dankzij die training realiseerde hij zich dat alles niet zo geheim zou moeten worden gehouden. Zo blijft het onbereikbaar voor de gemiddelde mens. Hij gelooft dat dit niet rechtvaardig is. Hij gelooft dat Gods liefde en wetten voor iedereen zijn. Dit is wat hij probeert te verspreiden. Ik geloof dat het de interpretatie is van wat hij heeft geleerd. Zo kan hij het zelf bijbrengen aan de gemiddelde persoon.

D: Ja, velen denken dat deze kennis voorbehouden is voor een selecte groep, niet voor iedereen.

A: Dit heeft veel conflict veroorzaakt in andere lagen van de maatschappij. Ze voelen aan dat hun macht, hun grip op de dingen, wordt afgezwakt. Als de gemiddelde persoon ontdekt, dat ze voor zichzelf kunnen denken, en dat ze hun eigen weg kunnen kiezen... en goed en rechtvaardig kunnen zijn... Dan zal dat hun grip op de mensen wegnemen.

D: Vermoed je, dat sommige priesters hiervan af weten? Dat ze het behandelen als geheime kennis?

A: Ik vermoed dat dit het geval is. Ik weet niet hoe zij dit interpreteren. Iedereen heeft in principe toegang tot deze kennis, maar er is begeleiding nodig bij de interpretatie.

D: Dan is dat de reden voor hun afkeur. Het is alsof hij de geheimen aan iedereen prijsgeeft. Ze denken waarschijnlijk, dat de gemiddelde mens het niet waard is. Dat die niet bevoorrecht is, om zulke dingen te weten.

A: Dat is waarom hij iedereen zo vervult met liefde en tevredenheid, omdat hij zo hard probeert de boodschap over te brengen, dat we allemaal hetzelfde zijn. We zijn hier allemaal om van dienst te zijn. We zouden elkaar moeten behandelen zoals we zouden willen behandeld worden. We moeten er zijn voor elkaar in tijden van nood;

D: Zijn er mensen daar, die vragen stellen?

A: Iemand vroeg, hoe ze zich konden beschermen, als ze zijn leer willen verspreiden met het idee dat het voor iedereen is? Hoe ze dit waarachtig kunnen doen? Het is moeilijk om tot een punt te komen waar de angst niet langer bestaat.

D: Ja, een zeer menselijke emotie. Wat antwoordde hij?

A: Hij sprak over geduld en weten dat, als je niet in angst bent, dat het eeuwige licht binnenin zal groeien, helderder worden. Dat alle binding met angst zal wegvallen. Maar we moeten allemaal deze ontdekking maken, apart van elkaar. En de wijze persoon zal met behoedzaamheid verdergaan en niet bang zijn van de waarheid en uitreiken naar anderen.

D: Het is wel een reële angst, er schuilt gevaar in wat ze proberen te doen.

A: Dat klopt, maar als je behoedzaam tewerk gaat, en je weet dat er vraag is naar deze informatie, zullen de woorden gevonden worden. Eens je die gloed ziet in iemands ogen, heb je niet eens woorden nodig om te weten dat er een verandering plaatsvindt. Het lijkt wel alsof mensen vanzelf naar je toe komen en het vragen. En in het vragen ervan zal je weten of je van dienst kan zijn voor iemand. Dat, op zichzelf, is deel van de non-verbale communicatie, mensen aantonen dat je erom geeft. Erom geven, helpen en er niks voor in ruil te vragen.

D: Maar ik kan begrijpen waarom ze die angst zouden voelen. Vroeg er nog iemand anders iets?

A: *Er was een man, die zei dat hij moeilijk kan begrijpen, hoe hij zichzelf als gelijke van Jezus moet zien. En Jezus ging erheen, en liet hem zijn handen en zijn lichaam voelen, zodat hij snapte dat hij hetzelfde is. En zodat de man wist, dat, als het verlangen en de intentie aanwezig is (breed glimlachend) ... Oh, het is heerlijk om te aanschouwen, omdat je de liefde kan zien tussen de twee, van het ene gezicht naar het andere. Het alsof de persoon betoverd is, en er zelfs geen woorden nodig zijn. De Nazarener laat ons begrijpen dat je verleden niet uitmaakt, als je tot op dit punt van gevoel en revelatie raakte, op eender welk punt in je leven, komt het wel goed. Het is ok, want het moment, het nu, is van het grootste belang.*

D: De man bedoelde waarschijnlijk, dat hij zichzelf niet als gelijke kon zien aan Jezus, aangezien Jezus al die miraculeuze dingen kon doen?

A: *De dingen die de Nazarener kan doen, kan de man ook. Dat laat hij hem weten.*

D: Dat is wat zo moeilijk te geloven is. Heeft hij deze mensen, of anderen, al geleerd hoe ze deze genezingen kunnen uitvoeren?

A: *Er waren er enkele. Maar het is een erg traag en voorzichtig proces, omdat je eerst jezelf moet genezen. En als men teveel geeft, werkt het niet op de manier waarop men had gehoopt. Het zal achteruitgaan of worden afgeremd. Dus je moet erg voorzichtig zijn, en de mensen enkel geven waar ze klaar voor zijn.*

D: Ja, als je ze teveel geeft zullen ze het toch niet begrijpen.

A: *En zo kunnen ze heel erg gefrustreerd raken. Je moet ook leren geen verwachtingen te hebben. Je moet leren vertrouwen te hebben. Niet alles kan altijd in woorden worden uitgedrukt.*

D: Ja, dat is waar. Wat bedoelt hij, als hij zegt dat je eerst jezelf moet genezen?

A: *Hij bedoelt ermee, dat je het bewustzijn hebt van een perfect wezen. Je bent een liefhebbende kern van goddelijkheid. Dit is moeilijk om uit te leggen, maar het is een allesomvattend gevoel van warmte, van liefde en... van weten dat het ok is, ok om jezelf te zijn. Je bent perfect hoe je bent. En met het accepteren van dit soort begrip en liefde naar jezelf toe, kan het mettertijd worden doorgegeven aan anderen.*

D: Zonder dat soort zelfliefde, om het zo uit te drukken, zou je niet in staat zijn om anderen hierover iets bij te brengen, of zou je anderen niet kunnen genezen?

A: *Ja, omdat de deuren voor je zullen opengaan, naargelang je meer meester bent van je innerlijke eigen genezing. Het is doorgaans... geen snel proces.*

D: Heb je al een het woord "parabel" gehoord? Heb je hem ooit dat woord horen gebruiken?

A: *(Glimlachend) Die worden vaak aangetroffen in het geschreven woord, vertelde men me. Ze zijn verhalen met twee betekenissen, is dat wat je bedoelt?*

D: Ik denk van wel.

A: *Ze worden op een zodanige manier geschreven, dat er zowel een letterlijke betekenis, als een onderliggende betekenis is. Als je de kennis hebt, om de onderliggende boodschap te ontcijferen, natuurlijk. En die 'andere' betekenis houdt doorgaans een waarheid in, een waarheid die van God is.*

D: Je zei, dat ze in het geschreven woord werden gevonden. Bedoel je in de religieuze teksten?

A: *Dit is wat ik me herinner van wat mijn vader me vertelde, en het geschreven woord dat wordt voorgelezen in de Heilige Boeken in de Tempel. En dit was het eerste dat bij me opkwam toen je "parabel" zei.*

D: Hoorde je het ooit in verband met de Nazarener?

A: *Ik denk... Ik denk dat hij ze al gebruikte, vooral als hij met de priesters en de rabbi's praatte, en de overheidsfunctionarissen. Of als hij grotere groepen toespreekt. Op die momenten kan het zijn dat hij gebruikt maakt van deze "parabelen", zodat hij voorzichtig blijft en de kerk in het midden houdt. Maar hij gebruikt deze niet bij kleinere groepen, omdat hij aanvoelt wanneer hij echt gewild is. Als mensen echt willen leren, dan zorgt hij ervoor dat het zo simpel en verwant mogelijk blijft aan de ware betekenis.*

D: Hij probeert er niet mysterieus over te doen?

A: *Nee. Enkel... Oh, dit is lastig om te delen. Als hij een les moet bijbrengen, en iemand moet zijn eigen weg vinden... ik vermoed dat het ervan afhangt. Mmm, zie je, nu denk ik aan andere keren, waarop ik hem hoorde spreken. Als hij zich in een grotere groep bevindt, of als de groep vrij nieuw is, dan zal hij soms op deze wijze praten. Maar hij doet het enkel zodat de anderen zouden leren. Bij het volgende bezoek, wordt het dan uitvoerig besproken. Dan hebben ze vaak hun eigen antwoorden al bedacht. Ik denk, dat het dus soms een gebruiksvoorwerp is, om te onderwijzen wat geleerd moet worden.*

D: Dan vertelt hij hun de betekenis niet. Hij laat hun het uitzoeken, zodat ze er zelf achter komen.

A: Ja. Ik denk wel dat dat soms het geval is.

D: Ik dacht, dat hij het in sommige gevallen zou gebruiken bij iemand, die het niet op een andere manier kan begrijpen.

A: Ja. Ik denk dat dit is wat ik probeerde duidelijk te maken. Vaak zullen ze het horen, en door erover na te denken, zowel als met het verstrijken van de tijd, zal er een vernieuwing in manier van denken gebeuren, door het openen van deuren. Ze zullen het eerst op een bepaalde manier zien, tot er plots een licht aangaat, en ze zullen helderheid vinden in begrip. Het is dus een leerrijk iets.

D: Ik vroeg me af, of hij soms verhalen vertelde om iets uit te leggen, of om het makkelijker te maken voor de gewone mens om te begrijpen?

A: Soms wel, ja.

D: Praat hij met de mensen op straat, of beperkt hij zich meestal tot deze vooraf geselecteerde groepen?

A: Hij zal niemand afwijzen. Hij begroet de man op de straat. Als hij met iets wordt geconfronteerd, zal hij erop reageren. Maar hij heeft een goed instinct, hij weet wanneer het juiste moment zich voordoet, om iemand iets te leren. Wanneer het veilig is om te dit te doen...

Dit is waar ik me al vragen bij had gesteld. Ik wou weten, of er soms vreemden naar hem toe kwamen, om te weten te komen wat er nu precies aan de hand is.

A: Ja hoor, hij beantwoordt hun vragen. Hij wijst niemand af.

D: Maar de meerderheid van de mensen waar hij mee spreekt, zijn degenen die weten waar hij mee bezig is.

A: Ja, werken met deze mensen zorgt ervoor, dat ze de meest pure vorm van zijn leer ontvangen, en die zuiver kunnen doorgeven aan anderen. Je kan deze kennis niet afdwingen, zo werkt het niet. Dat is de reden voor al zijn reizen. Maar, zoals ik al stelde, hij is heel de tijd bezig met onderwijzen, omdat hij niemand zal afwijzen. Hij spreekt met iedereen op straat. Maar het is anders dan wanneer hij tijd doorbrengt met mensen, die weten waar hij mee bezig is. Met degenen die hongerig zijn, klaar voor wat hij wil delen. Diegenen, die dezelfde weg als hem willen volgen. Mensen nemen hun eigen route, tot om tot deze realisatie te komen.

D: Wel, de mensen die hij dan op een bepaalde reis weg zendt – zoals bij het eerste dorp nabij het meer – om het woord te verspreiden. Gaan die dan naar de man op de straat, of…?

A: Deze mensen... Hij zendt hun in de richting waar ze nodig zijn. Het is niet alsof hij een commandant is, of een generaal. De mensen maken hun eigen keuzes. Ze hebben een zekere nood, om van dienst te zijn. Dus trekken er erop uit, ze volgen hun eigen pad en zetten zo zijn werk verder. Hij kan niet overal tegelijk zijn. Ze komen plekken tegen op hun reizen waar ze nodig zijn. Mensen raken stilaan verbonden. Met de hulp van boodschappers vinden mensen hun weg naar plekken waar ze het meeste nodig zijn, waar ze het meeste nut hebben.

D: Dat probeerde ik te begrijpen. Ze trekken er niet op uit om nieuwe leden te ronselen?

A: Nee, dat is niet hoe het in zijn werk gaat. Hij gebruikt niet dat soort macht, of kracht. (Glimlachend) Hij zoekt nooit nieuwe leden, zijn woord raakt zonder problemen vanzelf verspreid. Het lijkt wel, alsof mensen elkaar vinden, en het op die manier organisch verspreid raakt.

D: Dat is hoe het wordt gedaan. Ze vertellen hun vrienden of wie dan ook erover, degenen die interesse lijken te hebben.

A: Of ze horen over iemand die in nood is. Ze gaan, waar niemand anders gaat. Dat is er onderdeel van.

D: Ok dan. Ik probeerde gewoon te begrijpen hoe dit alles werkt. Gebeurt er nog iets daar, op de bijeenkomst vanavond?

A: Nee. Hij beantwoordt vooral vragen, hij spreekt, hij zoekt uit wat er nodig is in het dorp. Morgen zal hij met verschillende mensen contact opnemen. Dat is er ongeveer aan het gebeuren, volgens mij. Als zijn werk in het dorp volbracht is zal hij verdergaan. Eerst zal hij doen wat er nodig is, om te zien wie hij moet zien in dit dorp. Dat zal waarschijnlijk niet langer dan de rest van de dag innemen.

D: Dan blijf je erna in het huis van Abram. Weet je hoelang het duurt voor hij terugkomt?

A: Ik ben niet zo zeker van de tijdsduur. Het kan een aantal maanden zijn. Ik heb het gevoel dat ik een tijd op één plek moet blijven om er mijn steentje bij te dragen en van dienst te zijn.

D: Laten we vooruitgaan in de tijd, tot hij je daar achterlaat. Gebeurde er iets buitengewoons in de tussentijd?

A: Hij genas mensen. Niks buitengewoons (lachend). Het waren doordeweekse mirakelen.

D: Waren er mensen in de groep, die ziek waren? Of brachten ze mensen bij hem?

A: Oh, ze zorgden ervoor dat hij verschillende huizen kon bezoeken, plekken waar hij zou geaccepteerd worden. Waar hij gewenst is. Die mensen waren niet allemaal aanwezig op de bijeenkomst.

D: Was er een specifieke ziekte die hij genas?

A: Er was een ziekte van de... Ik weet niet hoe ik dit moet zeggen... Het gebied van het hoofd. De vrouw leed verschrikkelijke pijn, alsof een vijs werd gedraaid in haar hoofd. En er was zwelling. Je kon een buil zien op haar hoofd. En hij verloste haar daarvan. En ze... het was hetzelfde verhaal. Dezelfde gouden gloed rond zijn hoofd, hart en handen. En er was een enorme zachtheid in zijn gelaat. Ze voelde het onmiddellijk. Er waren mensen aanwezig die dit zagen gebeuren. Het is moeilijk te geloven, het is een geschenk van God.

D: Het gezwel verdween, de pijn hield op?

A: Ja. Ervoor wilde ze gewoon sterven. Ze vroeg om te sterven. Maar het was nog niet haar tijd. En hij kon haar helpen.

D: Ja, dat is een mirakel. Maar, zoals je zei, je zag er al een aantal.

A: (Glimlachend) Maar die andere dingen... hij ging waar men hem dan ook nodig had. Hij heeft zelfs nog een bijeenkomst gedaan net voor hij moest vertrekken. En hij (glimlachend) kwam langs om nog een bezoek te brengen aan het huis van Abram. En ik... (diepe zucht) heb gewoon zoveel liefde voor hem! Hij legde zijn handen op mijn hoofd, op mijn gezicht, en vertelde dat ik vanaf nu Naomi was. Dat ik niets te vrezen had. Dat ik altijd aan zijn zijde zou staan. En dat ik vele belangrijke lessen zou leren. Dat ik met liefde

151

van dienst zou zijn op deze plek. Hij gaf me een intense knuffel, en hij kuste me op mijn voorhoofd. (Triest, bijna huilend:) Het is moeilijk om hem te zien vertrekken, maar ik weet dat dit is waar ik moet zijn.

D: En hij komt terug. Dat is belangrijk. Hij zal terugkomen en je komen halen. Hij gaat misschien naar een gebied dat lastig is om te betreden. Hij denkt aan jouw welzijn.

A: *(Snotterend) Ja, misschien wel.*

D: Je weet tenminste zeker, dat je daar wel goed zit, en je zal doen wat hij wenst. En hij komt terug. Je zei dat je denkt dat hij terug zal keren naar Jeruzalem, nadat hij je heeft opgehaald?

A: *Het lijkt wel, alsof hij altijd terug die richting uit moet, na elke reis. Hij keert uiteindelijk altijd terug naarr Jeruzalem, naar de mensen die hij daar moet zien. Hij zal er dan ook zijn familie bezoeken.*

D: In Nazareth? Ga je dan meegaan met hem?

A: *Ik weet niet of het dan het gepaste ogenblik zal zijn, misschien wel.*

D: Hoorde je ooit iemand spreken over een man die 'Johannes De Doper' heet?

A: *Johannes...? (Pauze)*

D: Ik doel op een andere Johannes. Hij kan misschien bekend staat onder een andere naam.

A: *Ik denk... Dat dat misschien deze man bij het meer was. Ik weet niet of hij er altijd bij is, maar zijn naam komt me bekend voor. Er was een man, met dezelfde naam als Johannes, toen we bij het meer waren, in het kleine dorpje van het meer van Kinnereth. Toen we de reiniging in het water deden...hij zei dat het voor zowel lichaam als geest was. Misschien is dit de man die je bedoelt.*

D: Hij was de man die de reinigingen deed?

A: *Ja. Hij voerde een ritueel uit... Een symbolisch ritueel, om te reinigen. Maar het was niet voor iedereen. Er waren slechts enkelen. Ik denk dat zijn naam... Ik weet het niet... Johannes van het Water? Het was een ritueel om de ziel te zuiveren, de spirit.*

D: Hoe verliep het ritueel?

A: *Dit ritueel was voorbehouden voor diegenen, die de leer van Jezus al een tijd volgden. Het ging erover dat je je onderdompelde in het water, en eens je weer omhoogkwam, sprak hij een bepaalde zegen uit. En aan de hand van deze symbolische reiniging met het water, het diende om je geest te reinigen... Het was een ritueel van toewijding, aan God, en de leefwijze volgens de leer.*

D: En dit ritueel is niet heel gebruikelijk?

A: Ik had er al over gehoord. Dit was de eerste maal dat ik het ook effectief zag.

D: Zijn er nog zulke rituelen, die de Nazarener doet met de groep?

A: (Pauze) Niet met de grote groep, niet met de nieuwe groep. Maar hij heeft een specifieke manier, hoe hij praat, en zijn handen gebruikt. Als we samen in gebed zitten, en ergens op focussen, kan je het verschil waarnemen. Ik weet niet of dit is wat je bedoelt. Ik kan verder niks bedenken.

D: Ik dacht aan iets zoals in de Tempel, daar hebben ze rituelen en ceremonieën.

A: Oh, zoals met de kaarsen, Heilige Boeken en de feestdagen? Nee, ik denk dat het waterritueel een van de eerste was. Maar als ik Nazarener zie spreken, merk ik op, dat hij het doorgaans op een niveau probeert te brengen, waar er geen onderscheid meer waarneembaar is. Zodanig dat, als hij iets doet, hij iedereen erbij betrekt die aanwezig is. Dus nee, hij gebruikt geen ritueel, enkel stil gebed en... de manier waarop hij raad vraagt aan God.

D: Ik neem aan, dat ceremonie en rituelen hem enkel zouden onderscheiden van de gewone mens. Ik was nieuwsgierig naar de manier waarop hij dingen deed, of het leek op wat de priesters deden. Maar het lijkt er in de verste verte niet op, lijkt mij.

A: Nee. Hij wil deze bijeenkomsten meer als een familiaal gebeuren laten aanvoelen. Een verbond, een kameraadschap. Niemand staat boven de ander. Hij bevindt zich op hetzelfde niveau, en hij probeert deze gelijkheid te behouden.

D: Aha, ok dan. Zou het aangenaam voor je zijn, als ik later nog eens terugkom, voor een vervolg op dit verhaal? Ik ben erg geïnteresseerd in wat er nog gaat gebeuren.

Naomi gaf me de toestemming, om op een later tijdstip verder te gaan met haar verhaal, daaropvolgend bracht ik Anna terug bij haar volle bewustzijn. Haar leven ging verder met de dagelijkse sleur. Haar bewuste brein had geen weet van het andere verhaal, dat zich jaren geleden had voltrokken.

Tijdens de sessie voelde ik me bevoorrecht, dat ik, doorheen deze unieke onderzoeksmethode, een kijkje ahter de schermen mocht nemen in een van de bijeenkomsten van Jezus. Het voelde aan alsof ik me tussen de toeschouwers bevond, rechtstreeks lerend van de meester. Het was duidelijk in hoeverre deze leer verschilde van de orthodoxe leer die toen heerste. Het benadrukte ook de moed, die nodig was voor de vroege gelovigen. Hem volgen ging gepaard met een hoge hoeveelheid gevaar. Ik zag ook, welke charismatische uitstraling hun angst wegnam. Ik kon de kwaliteit die hij bezat zelf voelen, hetgeen zoveel mensen inspireerde om hem te volgen, om meer te willen weten. Om mee te gaan in zijn, toen, ongewone visies. Ongewoon ja, maar ze leken wel een leegde te vullen in hun leven, een leegte die niet werd gevuld door de traditionele leer van de rabbi's.

Ik leerde stilaan de echte Jezus kennen.

HOOFDSTUK 9

Visioen: De dood van Jezus

Er gingen verschillende maanden voorbij (van Maart tot het einde van November), voor we verdergingen met het vervolg van Naomi's verhaal. Anna was de manager van een bed-and-breakfast in haar huis. Tijdens het toeristenseizoen, werd ze opgeslorpt door het reilen en zeilen van haar zaak. We hadden de sessies opgeschort, tot na deze drukke periode. Toen de gelegenheid zich eindelijk voordeed, en we een sessie hadden geregeld, gebruikte ik haar sleutelwoord. We keerden terug naar die tijdsperiode, alsof er geen onderbreking had plaatsgevonden.

Op het moment van ons afscheid met Naomi, bevond ze zich in een klein dorpje, wachtend op de terugkeer van Jezus. Ik wou vanaf dat punt met haar verhaal verdergaan. Ik ontdekte weliswaar dat, ook voor Naomi, de tijd was verstreken.

D: Je keert terug naar het moment waarop je bij een vriend verbleef, terwijl de rest van de groep verder ging reizen. Ik zal tot drie tellen en dan zijn we er. 1... 2... 3... We zijn teruggekeerd naar de tijd van Naomi. Wat ben je aan het doen? Wat zie je?
A: *Ik zie dat de Nazarener terugkomt naar het dorp. Ik ben vervuld met veel vreugde. Ik hoop dat hij blij zal zijn met mijn vooruitgang.*
D: Ben je er lange tijd gebleven?
A: *Het was... ongeveer drie maanden.*
D: Je verbleef bij een vriend van hem, correct?
A: *Ik werd bij een familie ondergebracht, die familie hielp bij mijn educatie, hielp me op mijn pad. Dit is het huis van Bendavid. En*

oh, er is zoveel gebeurd... (ze werd emotioneel, begon bijna te huilen) en... oh, ik ben zoveel veranderd.

D: Op welke manier? Kan je me daarover iets vertellen?

A: (Triest) Ik... Ik word overweldigd door zoveel emoties. Maar, ... Ik heb vele dingen geleerd, niet enkel hoe ik kan genezen in de praktijk, of om van dienst te zijn bij mijn medemens. Men heeft me de wijze van de Nazarener geleerd. Ik heb ook een revelatie gehad, ik kwam erg dicht bij het kennen van pure liefde. Ik dacht niet, dat dat iets was dat mij toebedeeld zou zijn. Het was absoluut niet iets dat ik verwachtte.

D: Dat is iets waar je niet op rekende.

A: (Snikkend) Nee. (Ze werd zo overmand door emoties, dat ze nog nauwelijks een woord kon uitbrengen). Ik zie ook zoveel dingen veel helderder nu. De emoties worden deels veroorzaakt door deze helderheid, en deels door pure pijn (Huilend). Dit komt doordat, als ik naar de Nazarener kijk, ik dezelfde schijn van gouden licht zie vanuit zijn hartcentrum en vanuit zijn hoofd. Maar ik weet... Ik kan de toekomst helder zien. En... (haar stem brak) het is erg lastig om over te praten.

D: Bedoel je jouw toekomst?

A: Ik zie meer van zijn toekomst.

D: Je bedoelt, dat het je pijn doet om hem aan te kijken?

A: Ja, ja.

D: Leerde hij je hoe je in de toekomst kan kijken, terwijl je in het heden blijft?

A: Nee, dit is iets waarover ik mensen heb horen vertellen, maar ik heb nog nooit de nood gevoeld om iemand over deze visioenen te vertellen. Ik krijg ze niet zo vaak, maar ik krijg ze wel degelijk. Ik denk, als ik eerlijk mag wezen, dat hem zien binnengaan in het dorp, met de lichtgloed die ik kan zien... Dat is hoe ik dingen zie gebeuren in mijn brein. En dit gebeurt niet vaak, ik heb hier nog met niemand over gesproken. Ik zou met de Nazarener moeten spreken, omdat ik weet, dat ik zijn ware vertrouwen heb. Hij zal naar me luisteren en me geloven. In tegenstelling tot in het huis van Bendavid, waar ik slechts word gezien als een familielid. Het is nog te vers, te nieuw. Ik heb nog niet genoeg zelfvertrouwen om over deze zaken te praten (snotterend).

D: Ja, daar kan ik wel inkomen. Wil je hem vertellen wat je ziet?

A: Ja, wanneer de tijd er rijp voor is.

D: Wil jet het eerst met mij delen?

A: Nee, ik wacht daar beter mee. Er is gewoon zoveel gebeurd. Tot ik hem terugzag, besefte ik niet eens hoezeer ik ben veranderd, en alle emoties die daarmee gepaard gaan. Alles emoties die me vervulden de voorbije maanden. Zolang ik bezig was, met mijn dagelijkse routine, het leren en groeien, alles doen wat van me werd verwacht... Het leek snel voorbij te gaan. Ik had niet echt de tijd, om even een stap terug te nemen en het te verwerken. Maar nu komt het allemaal naar de oppervlakte, bij het weerzien. Omdat ik wist dat we gingen samenzitten, en dat ik hem dan alles zou moeten vertellen.

D: Misschien was dit een van de redenen dat hij wou dat je daar bleef.

A: Ja. Hij moest weten of ik zeker was van mijn toezegging. Ik geloof, dat hij me een kans wou geven, om te veranderen van besluit. Als ik dat zou wensen, zou het geaccepteerd worden, met liefde en begrip, van hem uit.

D: Je zei, dat de mensen bij wie je verbleef, vrienden waren van de Nazarener?

A: Ja. Dit dorp is samengesteld uit mensen die zijn leer volgen en geloven. Ze geloven sterk in dienstbaarheid, en in elkaar behandelen zoals we zelf zouden willen behandeld worden. Leven en dit pad bewandelen in het licht van God, onze Bron.

D: En zij hebben je dan dingen geleerd, terwijl je daar verbleef?

A: Ja, ik kreeg onderwijs in filosofie, in het zorgen voor anderen. De noden van anderen, hoe van dienst te zijn op welke manier dan ook, alles dat binnen mijn capaciteiten ligt. Ik heb tijd doorgebracht met de ouderen in dit dorp, ik heb tijd gespendeerd aan het helpen met de kinderen die verder geen familie hebben. Ik ben onderwezen in alle facetten van dienstbaarheid voor de mensheid, aan de hand van liefde en broederschap.

D: En, was je gelukkig tijdens je verblijf daar?

A: Jazeker. Ik heb voldaanheid gevoeld. Het is moeilijk onder woorden te brengen, omdat de emoties zo overweldigend zijn. Ik ben getest op vele manieren. Maar ik weet dat mijn ware reden om hier te zijn, op dit moment, eruit bestaat dat ik zoveel als ik kan, wil leren. Daarna wil ik in staat zijn om deze kennis door te geven. Ik wil het doorgeven aan diegenen, waaraan ik dienst verleen. De liefde die ik heb ontdekt is een van wederzijds leren, wederzijds groeien. Dat is... Ik ben er zeker van, dat dit allemaal mogelijk is.

D: Je vermeldde eerder, dat je liefde had gevonden, en dat je dit niet verwachtte?

A: Nee. Ik verliet mijn ouderlijk huis om mee te gaan met de Nazarener. Toen ik jonger was, misschien herinner je je dat nog, werd dit me toegestaan, omdat ik me kon vermommen als een jonge jongen. Ik had geen interesse in een traditioneel huwelijk. Ik voelde te veel leegte bij de normale, geaccepteerde manier van leven. Zodanig veel, dat mijn ouders en de Nazarener mijn visie accepteerden. Ze vonden het waarschijnlijk erg verrassend dat ik ermee doorzette. Toen ik me niet langer kon vermommen als een jongen, werd ik hier gelaten, in een dorp waar ik veilig zou zijn. Hier kon ik groeien, leren en zeker worden van mijn besluit.

D: Je zei, dat er ook andere vrouwen bij hem waren.

A: Ja. En er zijn ook gezinnen die deze manier van leven met dienstbaarheid en waarheid volgen. Er waren verscheidene vrouwen die, als niemand anders wilde, zich vrijwillig aanboden om mee te gaan met hem om de zieken te verzorgen als niemand anders wilde. Daarom werd het hun ook toegestaan, ze hebben een zekere kennis van genezing, of van andere onderwerpen waarmee ze ten dienste kunnen staan.

D: Ik vroeg me af waarom hij niet met je zou willen praten, nadat het duidelijk werd dat je een vrouw aan het worden was.

A: Ik denk dat het te maken heeft met de connectie met mijn familie... En ik was nog zo jong. Ik was nog niet eens... dertien? Ik was zo zeker van het pad dat ik moest volgen, het verraste hun allemaal. Ik was zo koppig dat ik hoe dan ook zou weg gaan, omdat het voor mij zo juist aanvoelde. Na mijn onderhoud met mijn innerlijke God, bleven al mijn antwoorden hetzelfde, ik moest, en zou, dit doen. Ik denk dat het erg ongewoon was, om zo'n vastberaden houding aan te treffen, in iemand die zo jong was, en vrouwelijk. Dit druist helemaal in tegen de Joodse traditie. Daarom denk ik dat hij voorzichtiger was, en... Het was ook vooral mijn leeftijd, meer nog dan wat anders. Het was absoluut geen standaard gedrag voor een vrouwelijk kind met mijn opvoeding.

D: Hij is erg wijs als het op deze zaken aankomt. Maar je sprak ook over liefde. Bedoel je dat je je aangetrokken voelt tot een man?

A: Ja (diepe zucht). Het is moeilijk om de juiste woorden te vinden. (Opnieuw triest:). Ik was er zo zeker van, dat ik dit pad moest volgen. Daarom dacht ik dat soort liefde niet zou kennen, niet op die manier. Ik stond sterk in mijn schoenen als het over mijn doel in het leven ging. Ik wist niet dat er iemand bestond die spiritueel was, en zachtaardig. Dat hij me zou behandelen als een gelijke, en dat hij echt om me zou geven. Ik denk, dat ik zoveel om hem ben beginnen geven... Omdat hij deel uitmaakt van het huishouden waartoe ik behoor. Hij hielp bij mijn educatie, en hij respecteerde me, als zijn gelijke. Ik voelde liefde groeien voor hem... meer dan je zou voelen voor een broer. Ik wist niet eens dat ik in staat was tot het hebben van zulke gevoelens! En hij is van dezelfde mening als mij. (Ze begon bijna opnieuw te huilen). Maar ik kan niet inzien hoe het ooit echt zou kunnen bestaan, hoe we kunnen bestaan samen.

D: En hoe heet deze bijzondere jongeman?

A: Zijn naam is Abram (fonetisch, met nadruk op de eerste lettergreep).

D: Is Bendavid zijn vader?

Ik had, tijdens mijn onderzoek rond mijn vorige boek dat over hetzelfde onderwerp handelt, (Jezus en de Essenen), ontdekt dat, "ben" als prefix bij een naam, zoveel betekende als "zoon van".

A: Ja. Dit is Abram Bendavid.

D: En hij woont in hetzelfde huis. Wat doet hij als werk?

A: Hij helpt in het dorp, waar nodig. Herstellingen aan de gebouwen en dergelijke dingen. Hij weet ook veel over landbouw en watersystemen.

D: Hij lijkt erg intelligent.

A: Ja. Iedereen heeft fysieke verantwoordelijkheden, en dan is er nog de intellectuele en spirituele groei die ermee samenhangt. Iedereen wordt gestimuleerd, om zoveel te leren als maar mogelijk is. Op die manier kunnen ze fysiek onafhankelijk zijn, en zoveel mogelijk van dienst en voor elkaar.

D: Voelt Abram hetzelfde voor jou, als jij voor hem?

A: *(Stilletjes) Ja. Maar hij is bereid om te wachten, hij heeft geduld. Hij wil mijn beslissingen accepteren, omdat hij de mate van toewijding in mijn hart snapt en kent. En ook omdat hij weet, dat ik mettertijd nog meer helderheid zal verkrijgen, en dan pas mijn ware doel zal kennen.*

D: Heeft hij het al gehad over trouwen, met je?

A: *Hij sprak over trouwen, maar... (Ze raakte erg geëmotioneerd, tranen rolden over haar wangen) Ik heb gewoon het gevoel dat dat onmogelijk is. Omdat ik niet... Ik kan niet toegewijd zijn aan beide wegen die zich nu voordoen in mijn leven, en dat verscheurt me.*

D: Misschien was dit, waarom de Nazarener wou dat je daar een tijd verbleef. Hij wou dat je zeker was van je besluit. Maar er is misschien een manier om beide wegen te kunnen bewandelen. Je weet het nooit zeker. (Ik probeerde haar een beter gevoel te geven).

A: *(Diepe zucht) Ik weet het niet.*

Ik wilde het onderwerp veranderen, zodat het voor haar minder emotioneel geladen werd.

D: Je zei dat de Nazarener al teruggekeerd is naar het dorp? Zijn er anderen bij hem?

A: *Ja, er is een kleine groep bij hem.*

D: Wat zijn jouw plannen?

A: *Ik zal doen, wat hij wenst dat ik doe. Ik ben er niet van overtuigd dat mijn tijd van leren hier al volkomen voldaan is. Misschien blijf ik nog wel even. Ik weet dat ik hier zeker nut zou hebben, en dat ik nodig ben. Maar als ik mijn hart volg, denk ik dat ik eerder een trektocht moet maken, een bedevaart. Misschien reizen van plek naar plek, hulp verstrekken en de kennis verspreiden. Maar dat zal de Nazarener me vertellen.*

D: Hij weet vast meer van de algemene plannen. Ga je wat tijd met hem alleen spenderen?

A: *Ja, dat zal nodig zijn. (Ze begon opnieuw te huilen).*

D: Je zei, dat je met hem wou praten, over het visioen dat je hebt gehad. Ga je dit doen wanneer je met hem alleen bent? (Ze was aan het snotteren en huilen, en gaf geen antwoord). Ok, laten we

160

vooruitgaan naar het moment, waarop je de kans krijgt om onder vier ogen met hem te spreken, vertel me wat er gebeurt. Had je wat tijd met hem?

A: *Ja. (Ze was alweer aan het huilen, het was moeilijk voor haar, om samenhangend te praten).*

D: Wat is er aan de hand?

A: *Ik voel ... verschillende emoties. Ik voel veel vreugde, omdat ik weer in zijn nabijheid ben. En dit gevoel is zo overweldigend, er bestaat geen fysieke liefde die daaraan kan tippen. (Triest) Dus weet ik daardoor ook zeker, dat die vorm van liefde, de liefde van de geest, en de dienstbaarheid, de enige waarheid is voor mij.*

D: Dat zijn twee tegengestelde vormen van liefde... of toch heel verschillend.

A: *(ik merkte dat er een trieste ondertoon in haar woorden te vinden was:) Niet voor mij. Niet als het aankomt op wat ik voor mezelf zie. Ik vertelde hem, dat ik de kring van licht zag, toen hij binnenliep in het dorp. De gouden gloed, rond het hart en rond zijn hoofd. En ik vertelde hem, dat ik weet heb van ... (emotioneel) de pijn. Ik voel de pijn. Ik weet dat hij de gedachte van liefde en waarheid probeert te verspreiden, het licht, dat hij een voorbeeld probeert te zijn, om te tonen wat de mensheid echt kan zijn. Ik weet dat hij... gekwetst is. Zijn hart is erg verscheurd. Ik zie namelijk... (haar stem brak) zijn fysieke vertrek van deze wereld. Ik weet, dat hij naar hier kwam om van dienst te zijn. (Ze was aan het huilen, het was moeilijk voor haar om woorden te vormen) ... Maar ik zie ook, dat er zovelen zijn, die niet kunnen geloven. Ze worden zo gevuld met angst dat... ze gaan ervoor zorgen dat hij niet zolang leeft.*

D: De manier waarop hij zal sterven maakt deel uit van het visioen dat je zag? Bedoel je dat?

A: *(Triest) Ik zag het gewoon gebeuren. Ik weet niet wat er exact zal plaatsvinden, maar ik zag hoe hij zijn fysieke lichaam verliet. En ik weet dat dat betekent...dat het zijn tijd is, om verder te gaan.*

D: Je bedoelt, dat je niet zag hoe het gebeurde? Je zag enkel dat hij zal sterven?

A: *Ja, hij is gekomen en hij heeft zijn doel vervuld. Hij liep over het land en verspreidde de ware filosofie van de mensheid. Die van God en licht. Hij probeerde ons bij te brengen, dat we allemaal broers en zussen zijn. We zijn allemaal van dezelfde familie. Hij heeft zoveel gedaan als hij kon. Hij weet dat er een minderheid is die dit verder zal zetten. Maar zijn tijd om over te gaan komt dichterbij. Er zijn dove oren, en donkere harten. Zijn fysieke aanwezigheid is betekenisloos.*

D: Wat zei hij tegen je, toen je hem vertelde over je visioen? Geloofde hij je?

A: Toen ik het hem vertelde... (haar stem brak opnieuw) het kwam er niet makkelijk uit. (Snikkend) Ik voelde me erg verward, omdat niemand had gezegd dat zoiets zou gebeuren met mij. (Huilend) En ik wist het niet. Ik had er geen controle over. Ik ondervond grote moeilijkheden bij het ervaren van deze gevoelens. En ik moest het hem wel vertellen. Omdat ik wist, dat deze ongelooflijk lieve Nazarener me zou begrijpen. Me zou liefhebben, en zou weten dat ik vanuit mijn hart spreek, dat ik de waarheid spreek. (Zachtjes) En hij raakte mijn gezicht aan, en hij vertelde me dat ik niet bang hoef te zijn, dat we doorheen zijn liefde altijd verbonden zullen zijn. Hij zei, dat mijn visioen een helder visioen was. Dat ik visioenen niet hoef te vrezen. Maar ik moet ze wel respecteren, en ze heel traag en helder proberen zien. Dit om ervoor te zorgen dat ik de beelden niet vervorm. Want het zijn God zijn woorden, die zich doorheen mijn ogen manifesteren. Hij zei dat ik zijn ware overgang heb gezien, dat het zijn volgende stap was. En hoe die volgende stap zich ook voordeed, hij was sowieso klaar met zijn dienstbaarheid op dit fysieke niveau. Hij kon niet verder gaan, het handjevol mensen dat de waarheid van leven inzag, zou zich verder uitbreiden. Maar, ach, er was zoveel duisternis, hij werd geroepen om zijn werk verder te zetten op andere niveaus van bestaan.

D: Dus het was voor hem geen verrassing, dat je dit hebt gezien.

A: Nee. Hij luisterde, begreep, en accepteerde wat vanuit mijn hart kwam. Hij vertelde me, dat ik vanuit een standpunt van liefde moest verdergaan, het pad van het licht volgen. Dat ik me tegen angst moet verzetten. Er zou geen angst moeten zijn, want angst zorgt op zijn beurt weer voor duisternis. De enige waarheid is die van liefde en licht.

D: (Al deze geladen emotionele woorden waren voor mij, persoonlijk, ook niet makkelijk). Ik ben erg blij dat je het hem vertelde, dat hij nu weet hoe je je voelt. Vertelde je ook over je liefde voor Abram?

A: Ja. Maar toen ik hem weer zag, was ik vervuld door helderheid en doelbewustheid. Ik wist wat ik verondersteld werd te doen, zelfs voor ik er iets over zei tegen anderen. Maar hij begreep het, hij moest me ook toestaan deze gevoelens te ervaren. Mijn toewijding zal enkel groeien, zolang ik de taken accepteer en eerlijk ben. Hij zei dat het evenzeer aanvaardbaar zou, zijn als ik een andere weg wilde kiezen. Zolang ik de keuze maakte vanuit een standpunt dat zijn oorsprong vind in liefde, en met waarheid. Hij wou, dat ik elke emotie ervaarde, als ik ervoor koos om niet het andere, meer begane, pad te kiezen, hoorde dit bij mijn initiatie.

D: Maar hij laat de uiteindelijke beslissing wel aan jou over, of niet?

A: Ik heb de beslissing gemaakt. Die werd genomen vanuit mijn eigen hart en geest, voor het ooit in woorden is omgezet. Het is beslist, op het moment dat we elkaar ontmoetten en begonnen te praten. Dus ik heb mijn beslissing genomen, en ik zal met hem meegaan, of hier blijven. Ik vraag enkel om van dienst te zijn, zodat ik zelf ook kan overgaan, en mijn verbinding en groei op het volgende niveau kan manifesteren.

D: Vertelt hij je over de plannen die hij voor jou heeft?

A: Men vertelde me, dat ik in het dorp zou moeten blijven, en dat, als ik vertrouwen heb en gevoelig genoeg ben, dat snel duidelijk zal worden waar ik nodig ben.

D: Dus hij wil momenteel nog niet dat je met hem meegaat?

A: Nee. Ik voel me erg sterk. Ik voel me goed bij mijn beslissing. Ik had zijn raad nodig, omdat ik inzicht moest verkrijgen; En ik moest zeker weten dat mijn visioenen en mijn gevoel van liefde en licht waren. Niet van de duisternis. Hij verzekerde me ervan, dat, zolang ik naar de waarheid zoek en zelf eerlijk ben, de angst en de duisternis nooit de overhand zullen krijgen.

D: Dit zijn erg belangrijke gevoelens. Ik denk dat het goed is dat je al die zaken een plek hebt kunnen geven. Maar dit betekent ook dat je contact met Abram zal blijven bestaan.

A: Ja, maar het zal nu veel gemakkelijker gaan. Ik ken mijn missie. Ik weet dat een groot deel ervan bestaat uit blijven leren, mensen genezen en lijden verzachten. Ik zal opnieuw naar het melaatsendorp gaan. Ook bij de overledenen, en ik zal de kracht hebben, en ik zal gezond zijn. Het is de bedoeling dat ik deze mensen help met hun last en pijn van de overledenen. En ik moet ook met de wezen werken, die hebben een enorme nood aan mijn liefde. Dit zijn de doelen van waarheid en liefde en licht. En dit zijn ook mijn waarden.

D: Gaan de volgelingen van de Nazarener hun eigen reizen ondernemen, onafhankelijk van hem?

A: We reizen gewoonlijk in groepen. Het zou raar zijn, als iemand een verre reis alleen onderneemt.

D: Dus je bedoelt dat jij, samen met enkele anderen, terug zal keren naar het melaatsendorp? Zonder de Nazarener?

A: Ik vermoed dat er slechts enkele ... zullen zijn... (haar stem brak en ze begon te huilen) contactmomenten die ik nog heb met de Nazarener... In fysieke vorm. Maar hij beloofde me, dat er altijd een verbinding zou blijven bestaan.

D: Is dat een van de dingen die hij wil dat je doet? Terugkeren naar die plekken, zelfs zonder hem, en het werk verderzetten dat hij gestart heeft?

A: Hij zei dit niet. Het is iets waarvan ik het gevoel heb dat ik het zal doen. Ik heb de indruk, dat het een van de dingen is, die helderder zullen worden naarmate de tijd verstrijkt. En, zoals hij zei, ik zal mijn weg kennen en mijn doel, terwijl het zich voor me ontvouwt. Ik heb een sterk voorgevoel dat dit zal gebeuren.

D: Heb je angst voor de ziekte waarmee je in contact komt?

A: Nee. Ik ben er al geweest. Ik vermoed dat, als je niet in angst leeft, je je geest, lichaam en ziel gezond houdt. Angst is de bron van alle ziektes en kwalen, of men zich daar nu bewust van is, of niet.

D: Dat is een interessant idee, is dat wat hij je leerde? Dat angst de algemene bron is van ziekte?

A: Ja. Het gebeurde vaak dat, toen ik jonger was, in mijn thuisdorp, dat ik naar buiten sloop, en de geheime bijeenkomsten bijwoonde. En zo verkreeg ik deze kennis. Dit is zijn leer.

D: Natuurlijk. We denken altijd, dat sommige ziektes niet kunnen worden vermeden. Hij gelooft iets anders?

A: Nee, ik zeg... Dat men moet geloven in de Bron die binnenin huist; Dat is je God-centrum. Dat is je hartcentrum. Als men leeft zonder angst, plaatst men zo een grote helende vorm van bescherming

164

*doorheen het fysieke lichaam, het vormt ook andere lagen van
bescherming rondom de menselijke persoon. Als je angst of
duisternis binnenlaat, stel je jezelf open voor een ruimte die
kwalen laat groeien. Men is in staat eender welke ziekte van geest
en/of lichaam zelf onder controle te houden.*

D: Denk je dat dit een van de manieren is waarop hij mensen geneest?

*A: Ja. Want die mensen die bij hem komen om genezen te worden,
hebben voorafgaand eraan al een pad van genezing gevormd, in
hun eigen hart en geest. Het is enkel de connectie met zijn energie
die ze nodig hebben. Ze hebben hun eigen geloof en vertrouwen
er al in gestoken. Ze hebben de duisternis en angst al vaarwel
gezegd, dat stelt hun in staat om zijn genezing te ontvangen op de
puurste wijze. Dus, hoewel de Nazarener de kracht heeft om te
genezen, het is in de kern wel degelijk de persoon met de kwaal
die het doet. Dat is degene die binnenin de kracht moet hebben,
om zijn angst en daarmee dus ook de vleselijke ziekte, los te laten.
Het kan ook zijn, dat ze niet voorbestemd zijn om genezen te
worden, dat ze moeten verdergaan, op deze weg. In dat geval,
zullen ze de overgang naar vrede en liefde als erg vlot en
vanzelfsprekend ervaren. Ze gaan dan door naar het volgende
bestaan.*

D: Kan hij iemand genezen als die niet genezen wil worden? Of als ze
niet op de hoogte zijn van het feit dat er een genezing kan
plaatsvinden?

*A: Ik herinner me uit mijn verleden, dat hij (giechelend) ... Ik zag, dat
hij een gekwetste vogel genas. Hij is zich erg bewust van mensen
die niet van de waarheid zijn, degenen die hem testen. Hij zorgt
ervoor, dat ze zich niet kunnen verstoppen. Maar de mensen die
in waarheid naar hem toe komen, zal hij, mits hij kan, genezen.
Tenzij er een andere, losstaande, reden is om de genezing niet uit
te voeren. Hij zal hun dit dan ook laten weten.*

D: Is het al vaak gebeurd, dat mensen hem hebben proberen testen?

A: Oh, ja. Hij is al vaak getest. Op verschillende manieren, en op
verschillende momenten. Zelfs toen hij ondergronds ging, waren
er mensen die infiltreerden van tijd tot tijd. Maar hij is van zo een
gradatie aan zuiverheid en zo'n fijn afgestelde gevoeligheid... dat
die dingen voor hem erg duidelijk zijn. Je kan hem niet echt
beetnemen.

D: Kan je me een voorbeeld geven?

A: *Er was een soldaat, herinner ik me, in Jeruzalem. Hij betaalde een bedelaar, om te liegen over een genezing. Ik zag dat de Nazarener die fraudeur ontmaskerde, en zelfs de soldaat aanduidde.*

D: Wat had de soldaat te winnen bij het doen van zoiets?

A: *De soldaat wou de mensen tegen hem opzetten. De mensen die net begonnen waren met luisteren naar hem. Want de Romeinen voelen zich erg bedreigd door zijn... (ze kon het woord niet vinden).*

D: Gaven?

A: *Gaven, maar vooral door het volk, dat begon te luisteren.*

D: Dus de soldaat betaalde de bedelaar… om te liegen en zeggen dat hij genezen was, ofzo?

A: *Om te zeggen dat hij eerder genezen was, maar dat er nu een infectie zich had laten gelden. Hij had een zwerende wonde. Dat is wat ik me herinner. Hij stond op, voor de menigte, en toonde zijn zwerende wonde. Waarbij hij vertelde, dat hij genezen was door de man die ze 'Jezus' noemen. En dat dit was, wat er was gebeurd met de wonde. Maar het publiek verkreeg het hele verhaal van de Nazarener, en hij wees zelfs naar de soldaat. Het publiek keerde zich toen tegen de soldaat, en begon met het werpen van stenen, maar dit ontstemde de Nazarener enorm. Er was nog een ander voorval waarbij een blinde, een man, naar hem werd gebracht, en Jezus niet in staat was om hem te genezen. Hij kon de man aanwijzen, het publiek, en de mensen die herrie wilden veroorzaken. De redenen waarom deze man niet kon genezen worden.*

D: Wat waren de redenen?

A: *Er waren dingen die hij had gedaan in zijn leven, daar bovenop was de blindheid bedoeld als een leerschool. Hij was blind gemaakt, zodat hij meer naar binnen zou keren, zodat hij de duisternis en angst binnenin zou kunnen aanpakken. Het is de bedoeling, dat hij het licht laat binnenkomen zodat hij in waarheid kan leven. Want visueel zicht geeft ons geen inzicht. Deze man had verschrikkelijke dingen gedaan in zijn leven, en de blindheid was veroorzaakt in een ongeluk. Zijn leven werd dus gespaard. Maar deze man, die de Nazarener wou doen lijken op een charlatan, werd uiteindelijk gevuld met zo'n mate van begrip en liefde, dat hij zijn blindheid accepteerde. Er werd iets binnenin hem geheeld, hersteld, dit zorgde ervoor dat hij zijn leven, hoe het was, kon accepteren en van dienst kon zijn.*

D: Hoe reageerde het publiek op die momenten, als hij iemand niet kan genezen? Worden ze kwaad als hij niet altijd kan helpen?

A: *Als een er geen genezing kan plaatsvinden, wordt er een reden gegeven. En ik zou zeggen dat de reden zodanig wordt uitgelegd en verwoord, dat die niet in vraag wordt gesteld. Het is gevuld met waarheid. Maar, omdat de Romeinen en de Joden van de Tempel zoveel angst koesteren voor hem... heeft hij ervoor gekozen om van dienst te zijn in deze dorpen, waar hij wordt geaccepteerd, gewild is. Waar hij nodig is.*

D: Dan probeert hij uit de buurt van Jeruzalem te blijven? Is dat wat je bedoelt?

A: *Ja, het staat in de weg van zijn vooruitgang.*

D: Heb je hem, behalve de genezingen, nog iets anders buitengewoons zien doen?

Ik dacht aan de andere mirakels die worden vernoemd in de Bijbel. Ze pauzeerde, alsof ze aan het nadenken was.

D: Of, als je het zelf niet persoonlijk hebt gezien, heb je verhalen gehoord over dingen die hij heeft gedaan? Dingen die een gewone mens niet zou kunnen?

A: *Ik zag het licht schijnen vanuit zijn handen. Ik heb hem zielen, werkelijk de ziel, van mensen zien genezen, hun harten. Ik heb... ik heb hem dingen zien overleven die mensen normaal gezien niet overleven.*

D: Kan je daarvan een voorbeeld geven?

A: *(Diepe zucht) Ik weet dat hij ooit werd meegenomen door de Romeinen, en dat hij toen gemarteld werd. Ik weet, dat hij in een kar is geplaatst die niet groot genoeg is voor een man om in te overleven. En hij werd in het ravijn gegooid... en hij overleefde dit. Ik aarzel om hierover te praten, omdat hij sindsdien wordt beschermd in verscheidene dorpen. Ik heb hem zelf fysieke dingen zien overleven, maar de mirakels zitten in de genezingen, in het voedsel, in het genoeg vinden, elke keer opnieuw, om mensen in hun noden te voorzien.*

167

D: Waarom deden de soldaten hem dit aan?

A: *Ze probeerden verschillende manieren te vinden om hem te vernietigen. Hij was te veel macht aan het verzamelen. Hij kreeg stilaan veel volgelingen, mensen die de Romeinse wetten in vraag stelden. De kwaliteit en de rechtvaardigheid van een leven onder Romeins bewind werd stilaan met kritiek onthaald. Ze groeiden in aantal, in kracht, en er waren gesprekken over rebellie. Dit niet is hoe je je medemens zou moeten behandelen, dus mensen reageerden. De soldaten wilden de Nazarener om die reden vernietigen, en ze wilden het erop laten lijken dat anderen dit hadden gedaan.*

D: Hadden ze de autoriteit om dit te doen?

A: *Ze hadden autoriteit. Ze hadden de autoriteit van hun koning. (Triest) Maar ze zullen erin slagen. Ze gaan genoeg mensen vinden die duister genoeg zijn, en ze zullen erin slagen.*

D: Maar op dat moment, arresteerden ze hem? Je zei dat ze hem martelden, ik wil graag weten wat er precies gebeurde.

A: *(Alsof ik haar aandacht terug had gebracht naar een ander verhaal. Ze was bezig met een toekomstige gebeurtenis). Oh, ja. Ze namen hem mee zonder dat er tumult ontstond. Het leek een vriendelijke opzet, maar het was meer een geval van ontvoering. Er is een doolhof van gangen en cellen onder het gerechtsgebouw. Ze namen hem daar mee naartoe en martelden hem, ze bedreigden hem. Ze dachten dat dit zou volstaan. Toen ze doorhadden dat hij niet zou bezwijken, begonnen ze met het infiltreren van de straten. Ze gebruikten wie ze ook maar konden vinden, om hun wansmakelijke daden uit voeren. Er zijn er velen die kunnen omgekocht worden. Vele arme mensen, die Romeinse volgelingen zijn, wilden niet liever dan de bevelen van de soldaten uitvoeren...*

D: En nadat ze hem martelden, staken ze hem in een kleine kooi?

A: *Ja, een kist, een doos. En ze rolden hem naar beneden van een ravijn, ze waren er zeker van dat het zijn dood zou wezen. Dat was niet zo. Dus nu zijn ze bezig met het verder infiltreren van de straten en met het betalen van mensen om zijn reputatie te beschadigen. Om hem te doen lijken op wat hij absoluut niet is. Er zin er er namelijk genoeg die kunnen worden omgekocht, er zijn er zelfs die tegen hun eigen groep keren. Ze zullen natuurlijk de mensen van de Tempel aanduiden als schuldige. De Nazarener koos ervoor om zijn eigen weg te volgen, omdat hij degenen die bij de Tempel hoorden, even wreed en manipulatief vond als degenen die je vindt in een Romeins hof. Dus...*

D: Ik zou denken, dat hij na het overleven van zijn val in het ravijn, een andere reactie zou gekregen hebben van de Romeinen.

A: *De Romeinen werden gewoon nog meer door angst vervuld omdat ze weten dat deze geheime dorpen zich aan het vormen zijn. Zijn volgelingen groeien in aantal. Bij elke genezing, bij elke gebeurtenis, bij elke persoon wiens duistere kant wordt aangepakt – zoals bij de blinde man – verhoogt het aantal gelovigen. Als hij weet dat er een Romeinse volgeling het plan heeft, om hem slecht te behandelen, dan zal hij hun hiermee confronteren. Hij is zich van bewust wie zich tegen hem keert. Hij trapte bewust in de val met de Romeinen – alhoewel hij zich bewust was van de ontvoering die zou plaatsvinden – omdat hij dacht dat hij misschien de kans zou hebben, om dingen te helen binnen de heersende regering. Hij heeft ervoor gekozen om zijn fysieke lichaam te laten doorstaan wat het moet doorstaan, om lessen te leren op deze aarde.*

D: Hij deed het dus voor een reden, omdat hij wist dat hij ging gebeuren. Ik hoopte dat, eens de Romeinen zagen hoe hij dit overleefde, ze zich zouden realiseren dat hij geen gewone sterveling was.

A: *Dit was inderdaad meer dan duidelijk voor de Romeinen. Daarom versnelden ze hun werk op de straten. Ze wisten dat, tenzij ze het grote publiek tegen hem konden keren, ze geen kans hadden tot overleven. Ze zouden hun macht niet kunnen behouden. Ze leefden dus nog meer in angst nadat hij hun martelingen overleefde.*

D: Dat is dan ook waarom hij niet staat te springen om terug te keren naar Jeruzalem.

A: *Dat klopt. Hij zal echter wel terugkeren, omdat er daar mensen zijn die hem nodig hebben. Hij weet dat hij zijn plan moet uitvoeren en zijn missie. Dus hij zal teruggaan.*

D: Misschien is dat waarom hij je niet mee wou nemen naar Jeruzalem.

A: *Nadat ik hem over mijn visioen vertelde, en hij me over de waarheid en helderheid ervan inlichtte, zei hij me ook, dat het niet nodig was dat ik met hem meeging. Mijn missie momenteel, is om in het dorp te blijven, waar ik nodig ben, en waar ik van dienst kan zijn. Ik kan hier groeien, en dan zal mijn volgende pad duidelijk worden. Maar ik weet waarom hij niet wil dat ik mee ga. Hij wil niet dat ik daar ben. Er is geen reden voor. We weten allebei al wat er gaat gebeuren.*

D: Ik dacht dat hij misschien bang was, om je mee terug te nemen, naar het dorp, omdat ze naar hem op zoek zijn.

A: Ja, maar los daarvan... het is niet nodig dat ik ga.

Tot mijn verbazing gaf Anna mij, met deze sessie, ontbrekende puzzelstukjes van een verhaal waarvan ze zich niet eens bewust was. Toen Jezus besloot terug te keren naar Jeruzalem op Palmzondag, vreesden zijn apostelen voor zijn veiligheid, de Bijbel maakt duidelijk waarom. Nu was het des te meer duidelijk waarom ze niet wilden dat hij terugging. Hij was al blootgesteld aan marteling en bijna ter dood gebracht.

Hij was veilig in het gebied van Nazareth omdat dat behoorde tot Philip (De broer van Herodes Antipas). Dit lag buiten de macht en autoriteit van Jeruzalem. Vanuit Capernaum kon hij Herodes Antipas ook makkelijk vermijden. De Romeinen stuurden hun troepen gewoonlijk niet zover weg van hun hoofdkwartier in Jeruzalem. Hij kon ook rekenen op discretie in deze kleinere dorpen, als hij dat wenste voor zichzelf, of zijn volgelingen. Hij kon er meer open zijn over zijn filosofie, weg van de grotere steden. Maar in sommige gebieden, zoals bij de bijeenkomsten in de grotten rondom de Gallische Zee, wist hij dat hij voorzichtiger moest zijn. Er was het mogelijke gevaar van spionnen.

Johannes zal wel de taak hebben gekregen om vooraf met de organisatoren van de bijeenkomst te spreken. Zo kon hij weten welke gebieden een gevaar vormden. In dat geval zouden de bijeenkomsten in het geheim worden georganiseerd. Jezus ging niet blind te werk. Hij had informatie als het aankwam op de veiligheid van de groep, anders zou Johannes hem er niet heen laten gaan. Hij was veilig in het melaatsendorp, omdat die plek werd geschuwd. Enkel onzelfzuchtige toegewijde mensen, zoals deze groep, zou de moed hebben, en er genoeg om geven, om erheen te gaan. Op zulke plaatsen hoefde hij zich geen zorgen te maken, dat er iemand zou meeluisteren, die dan achteraf een spion bleek te zijn voor het Romeinse Rijk. Hij kon zich ontspannen en een ietwat normaal leven leiden. Dit was waarschijnlijk de reden voor zijn voorkeur voor deze verlaten dorpen.

In Jeruzalem trof je een smeltkroes aan van culturen, taal en religie, waardoor velen het moeilijk hadden om de leer, de filosofie van Jezus te begrijpen. Zelfs onder de Joden was er een allegaartje aan diverse spirituele zingevingen te vinden, waaronder heidenen. Je trof ook de nationalisten aan, vaak waren zij geboren en getogen in Galilea. Voor deze mensen waren God en de mensen, God en Jeruzalem, God en de Tempel allemaal onlosmakelijk met elkaar verbonden. Ze liepen over van afkeer voor alles dat buiten deze opvatting viel. Binnen deze context werd Jezus niet nationalistisch genoeg bevonden, te ouderwets voor de Sadducees, te modern en liberaal voor de Pharisees, en te strikt voor de gewone man in de straat. Hij had het moeilijk, hij probeerde alles te zijn voor alle mensen.

Toen Jezus leefde, bestond de enige vorm van educatie uit "onderwijs in religie". Men leerde de mensen dat de Wet van Mozes de meest belangrijke bron van kennis was, en het enige grondbeginsel waarop ze hun leven en manier van denken hoefden te baseren. Het werd de Joden niet geleerd om kritisch na te denken, of de priesters en rabbi's in vraag te stellen. In Jeruzalem werd Jezus met achterdocht in de gaten gehouden, omdat hij mensen vroeg, in te gaan tegen de enige denkwijze die hun ooit was aangeleerd. Hij vroeg hun om aandacht te hebben voor een compleet andere manier van denken, en velen waren daar niet toe in staat. Het was veel makkelijker om deze nieuwe, radicale ideeën voor te stellen aan inwoners van verafgelegen dorpen.

Het was niet makkelijk voor het volk, om gehoor te geven aan ideeën die vaak het tegenovergestelde waren van alles wat ze gedurende hun leven hadden geleerd. Velen beschouwden hem dan ook als een gevaarlijke radicaal, en zijn leer als geraaskal van een gek. Geschiedkundigen beweren dat de preek van Jezus op de Berg nooit had kunnen plaatsvinden in het gebied van Jeruzalem, omdat de stad een toonbeeld van traditie was. De preek gaf de omstaanders de kans om verder te kijken dan traditie, verder dan de exacte letter van de Wet. Om plaats te maken voor een nieuwe en verruimende toepassing van oude gezegdes en waarheden. Zo'n manier van denken zou normaal gesproken niet voorhanden zijn geweest in Judaea, op dat moment. Het was echter exact wat men kon verwachten in de regio van Capernaum.

171

Jezus had de rabbi's, priesters en traditionele Joden tegen zich gekeerd, omdat hij vond dat de priesters in de Tempel te veel aandacht schonken aan rituelen en hoe de ceremonieën werden uitgevoerd. Ze hadden geen aandacht voor de problemen en zorgen van het volk. Jezus zag, dat er een onderhuids conflict heerste, dat dieper ging dat die van de Romeinse tirannie, en de Joden die geloofden dat ze door God waren uitverkoren als volk.

De mensen in Palestina waren terecht bang van de Romeinen. Tijdens het leven van Jezus, aan het begin van de regeerperiode van Herod Antipas, kwamen enkele Joden in opstand. Deze opstand werd de kop ingedrukt dankzij de superieure kracht van de Romeinen, en tweeduizend Joden werden gekruisigd als straf. De mensen leefden onder een schrikbewind. Hun hoop op de komst van een Messias, een verlosser, een redder, om het bestaande systeem te veranderen, toont aan dat ze een verlangen hadden om hun verloren vrijheden terug te winnen.

De Zeloten gebruikten deze emoties, om hun eigen zaak vooruit te helpen. Ze dachten dat Jezus een nieuwe koning zou zijn in de letterlijke zin van het woord, en dat hij aan hun zijde zou staan, als er een echte oorlog uitbrak. Zijn milde wegen en preken over liefde maakten hun kwaad. Ze vonden, dat geweld het antwoord was op de heersende situatie. Judas Iscariot behoorde tot de Zeloten. Dit was een van de redenen voor zijn verraad: hij dacht dat hij Jezus kon dwingen tot vechten, en dat de rest van zijn volgelingen zich achter hem zou scharen in dat gevecht. De Romeinen waren zich terdege bewust van de gewelddadige situatie in Jeruzalem, en het mogelijke gevaar dat schuilde in iemand die zich profileerde als leider.

Toen Jezus op Palmzondag de stad binnenkwam, en begroet werd door de menigte, wisten de Romeinen dat ze, hoe dan ook, van hem af moesten zien te raken. Zijn populariteit was zodanig gegroeid, dat het intussen voor hen een bedreiging vormde. Het volk erkende hem als de langverwachte Messias, die hen vanonder het juk van de Romeinen zou weghalen. Hij was de man die hen zou verlossen. De autoriteiten zagen dat deze man die Jezus werd genoemd, degene kon zijn, die de mensen zover kreeg dat ze wilden rebelleren. Deze vriendelijke, zachtaardige man kon niet langer getolereerd worden. Hij moest worden geëlimineerd.

Mijn onderzoek onthulde, dat het ondergrondse gebied van Jeruzalem bezaaid is met oude doorgangen en geheime kamers. Deze gebieden, en delen van huizen met dubbele (valse) muren, zijn het enige wat ons nog rest van de originele Bijbelse stad. Er waren veel kamers onder de Tempelsite. Sommige hiervan werden gebruikt door de Romeinse soldaten, ze dienden als geheime toegang vanuit hun fort aan de hoek van de Tempelmuur, tot andere gebieden. Het was een verdedigingslinie. Het ligt voor de hand dat dit het gebied is, waarnaar Naomi refereert als de plek waar Jezus mee naartoe werd genomen, om te worden ondervraagd en gemarteld. Dit werd gedaan in de hoop dat hij zijn radicale geloof zou opgeven.

Het ravijn waarin hij werd gegooid volgens Naomi, is de vinden in alle geschiedkundige naslagwerken die naar deze oude stad refereren. Toen Jezus leefde, was de stad verdeeld door een ravijn die de Tyropoeon Vallei werd genoemd. Er was een brug, om van het ene deel naar het andere te komen. Aan de Oostkant van de gigantische hoge Tempelmuur lag de Kidronravijn of de Kidronvallei. Deze werd ook overspannen door een brug vanaf de Olijfberg. Josephus zei, dat deze vallei zodanig diep was, dat je de bodem niet kon waarnemen vanaf deze muur. Afgaande op geschiedkundig onderzoek, werd de broer van Jezus, James, hier vermoord, toen hij vanaf de muur in het ravijn werd gegooid. Dit gebeurde in de turbulente periode die volgde op het overlijden van Jezus, na zijn kruisiging. Deze valleien zijn niet langer terug te vinden.

Als Jezus in staat was om de marteling en moordpogingen van de Romeinen te overleven, is het een kleine stap, om te vermoeden dat hij de arrestatie en de kruisiging had kunnen ontlopen. Hij stierf enkel omdat hij hiervoor koos. Zoals Jezus zegt in de Bijbel, (John 10:17-18) "Ik leg mijn leven neer, zodat ik het opnieuw kan opnemen. No man taketh from me, but I lay it down of myself. Ik heb de kracht om dit neer te leggen, and I have the power tot ake it again." Als hij niet zelf had beslist, dat het zijn tijd was om verder te gaan, als het niet had gepast in het patroon van zijn leven, had hij het de Romeinen hem niet laten vermoorden. Het lijkt erop dat hij een immense controle over zijn lichaam had, in zulke mate, dat hij kon overleven wat een ander de das om zou doen. Hij kende, en begreep, zijn missie op zo'n verfijnde wijze, dat hij de tijd en methode van zijn dood onder controle had.

HOOFDSTUK 10

Naomi's verslag van de kruisiging

Er ging nog een maand voorbij, het was bijna kerstmis in 1987 voor we de tijd vonden en er nog een sessie plaatsvond. Ik heb zelden sessies gedurende de wintermaanden omwille van de mogelijkheid op slecht weer en hevige sneeuw, dit komt wel vaker voor in Arkansas. Ik hou niet van het idee dat ik ergens gestrand raak op onze bergwegen in het donker van de nacht. De winter hult ons ietwat in winterslaap in het gebergteland van Ozark. Ik koesterde echter wel een verlangen om Anna's verhaal van Naomi's verwantschap met Jezus af te hebben. Het schrijven van de Nostradamus-boeken was iets dat me op dat moment compleet opeiste, omwille van de intense en ingewikkelde informatie die daaruit voortkwam.

Het werd me al snel duidelijk, dat het niet uitmaakte hoeveel tijd er tussen de sessies verstreken was. Anna was in staat om verder te gaan met het verhaal op het exacte punt waar we het hadden afgebroken, alsof er geen onderbreking had plaatsgevonden. Ze ging ondertussen verder met haar eigen leven, en vertelde me dat ze zelfs niet dacht aan het regressieverhaal. Voor mij was dit verder bewijs, dat ze het niet had gefantaseerd, omdat er geen drang was om verder te gaan met de sessies. Ze kwamen haast als een extra toevalligheid bovenop haar doorsnee drukke leven. Haar aandacht werd er enkel op gevestigd tijdens een sessie. Bij het ontwaken vertoonde ze een mengeling van verwarring en ongeloof, daarna richtte ze haar aandacht weer op haar dagelijkse routine. Naomi trok zich terug in de kronkels van haar onderbewustzijn.

Naargelang dit verhaal vorderde, begon het erop te lijken dat Naomi niet aanwezig zou zijn in Jeruzalem tijdens de kruisiging van Jezus. Hij had haar verzocht in het dorp te blijven. Ik geloof oprecht dat ze hoe dan ook niet aanwezig had willen zijn. Het zou een extreem lastige en ontwrichtende ervaring zijn, voor alle mensen die nauw betrokken waren bij Jezus. Ze leek me even gevoelig en zorgzaam te zijn, als de Anna die we nu kennen, ze zou niet in staat zijn om zo'n gruwelijk spektakel bij te wonen. Maar ik vermoedde, dat ze het nieuws zou horen, en de verschillende verhalen en versies van wat er was gebeurd. We konden veel leren van deze verslagen. Ik gebruikte Anna's sleutelwoord en telde haar terug in de tijd.

D: Laten we terugkeren naar het ogenblik waarop Naomi in het huis leefde van Bendavid, en Jezus met haar aan het praten was. Laten we daarnaar terugkeren. Wat ben je aan het doen? Wat zie je?

A: *Ik leun tegen een boom. Ik was buiten aan het wandelen. En ik was aan het denken. Ik heb nu een beter beeld van mijn toekomst.*

D: Kan je het met me delen?

A: *(Triest, maar niet zo emotioneel geladen als voorheen, met kalme resolutie ditmaal:) Ik weet dat ik voorbestemd ben, om de bedevaarten van de Nazarener te doen, dat ik van dienst moet zijn in de dorpen en gebieden waar mensen hulp nodig hebben. En ik weet, dat ik terug zal keren naar de kolonies van de melaatsen, om daar van dienst te zijn. Ik weet dat mijn visioenen gevuld zijn met waarheid. En ik weet dat mijn tijd met de Nazarener ten einde komt.*

D: Hoe bedoel je?

A: *Ik weet dat hij niet veel langer in fysieke vorm bij ons zal zijn.*

D: Denk je dit omwille van het visioen dat je kreeg?

A: *Ja. En toen we spraken, vertelde hij me, dat ik de waarheid zag. Hij zei dat zijn missie en doel, zich begeven onder de mensen, tot een einde komt. Zijn doel voor dit fysieke lichaam is bijna bereikt.*

D: Heb je beslist wat je gaat doen?

A: *Ik zal in dit dorp blijven, zolang dat nodig is. Dan zal ik met kleinere groepen meereizen, zij staan ten dienste van mensen in gebieden waar de meesten niet heen willen gaan. Ik wil van dienst zijn waar dit het meeste nodig is, en er is een groep die het hele jaar door aan bedevaarttochten doet. Ik geloof dat dit mijn lot is.*

D: Is de Nazarener al vertrokken?

A: *Hij zal vertrekken in de ochtend.*

D: Weet je waar hij heen gaat?

A: *Ik geloof dat hij nog een bedevaartstocht zal doen. Erna zal hij richting Jeruzalem trekken. Er zijn mensen die hij moet ontmoeten.*

D: Wat voor een mensen? Weet je dat?

A: Ik weet dat hij sommige van zijn volgelingen moet zien. Hij weet ook dat degenen die hem kwaad wensen, weldra op hem af zullen komen. En hij moet zichzelf voorbereiden.

D: Vertelde hij je iets over de dingen die hij weet?

A: Nee, niet met zoveel woorden. Hij vertelde me gewoon, dat wat ik zag, de waarheid was. Dat we nog contact zouden houden, maar niet in langer in onze fysieke lichamen.

D: Ik vroeg me af of je van plan was met hem mee te gaan in de ochtend.

A: Nee, hij wenst dat niet. Hij wil dat ik voorlopig in het dorp blijf. Hij vindt ook dat mijn dienstbaarheid in een bedevaart belangrijk is. Hij vindt, dat ik zo het doel en de geest beter zal dienen. Zo blijf ik veilig, en gezond, waar ik ben.

D: Je wil altijd doen wat hij wenst dat je doet.

A: Ja, soms is dat moeilijk. Ik weet dat ik hier oprecht nodig ben. Ik voel me soms erg oud. Ik heb vrede met mijn beslissing. Maar mijn visioenen zijn zo helder, dat ik weet wat er gaat gebeuren. En dat is het plan van God, dus ik accepteer het met kracht.

D: Ja, als hij ook weet wat er gaat gebeuren, kan hij het vermijden, indien hij dat wenst.

A: Maar hij is hierheen gezonden met een doel, zoals wij allemaal. En zijn doel is bereikt. Dus, bij het overgaan, kan hij verdergaan met groeien, en veel meer goed doen. Meer dan mogelijk zou zijn, als hij nu in die fysieke lichaam bleef. Dus hij doet het voor zijn eigen groei en geest.

D: Heb je een verlangen om terug te keren naar Jeruzalem, en je ouders te zien?

A: Ja, dat heb ik, maar dat zal later gebeuren.

D: Ok, laten we vooruitgaan in de tijd, naar de ochtend waarop hij zich klaarmaakt om te vertrekken. Zag je hem nog voor hij weg ging?

A: (Triest, bijna huilend) Ja, er zijn een paar mensen die met hem meegaan. (Zacht, bijna onverstaanbaar:) En ... Ik... Ik heb het gewoon even moeilijk, (ze begon te huilen) omdat ik weet... Ik weet dat dit pad gevuld gaat zijn met pijn en beschuldigingen. En toch, als ik naar hem kijk, zijn ogen zijn zo zachtaardig en liefdevol. Ik zie de gouden gloed van zijn hartcentrum en rond zijn

hoofd. (Haar stem brak). En ik kan niet eens de woorden vinden.
Het is moeilijk om hem te zien gaan, ditmaal.

Deze emotie was besmettelijk, het was moeilijk om haar te onderbreken, maar het was belangrijk om het verhaal vooruit te helpen.

D: Maar ze gaan nu dus vertrekken op bedevaart?
A: Ja... En dit zal zijn laatste zijn.
D: Heeft hij afscheid van je genomen?
A: (Stilletjes) Ja. Hij legde zijn handen op mijn gezicht en keek me aan en... Hij wenste dat ik verderging met mijn tochten terwijl ik word geleid door mijn hart en mijn geest. En dat is de waarheid (Huilend).
D: Ik weet dat je je erg nauw met hem verbonden voelde. Dat is waarom dit zo'n emotioneel gebeuren is voor je. Maar het is erg wonderbaarlijk dat je contact had met zo iemand. Laten we deze situatie verlaten en vooruitgaan. Ik wil dat je naar de volgende keer gaat dat je hem ziet, en met hem contact hebt. Als er een volgende keer is.

Ik dacht niet ,dat er een volgende keer zou zijn, aangezien ze ervan overtuigd was dat ze hem niet meer zou zien voor hij overleed. Het was een poging waard. Ergens hoopte ik stiekem, dat er een manier was om haar op tijd in Jeruzalem te krijgen. Ik wilde op die manier een ooggetuigenverslag bemachtigen van de kruisiging.

D: Laten we vooruitgaan in de tijd naar de volgende keer dat je hem ontmoet.

Toen ik de zin had beëindigd kwam er opnieuw een opwelling van emoties en tranen. De kans bestond dat ze zijn dood aan het meemaken was.

D: Het komt wel goed. Als je het te lastig vindt, kan je er altijd naar kijken als een toeschouwer. Wat gebeurt er?
A: (Tranen in haar stem.) Ik ben... het is... oooh!
D: Wat is er?

A: Ik ben op de weg, ik loop het melaatsendorp binnen. En hij is weg, ik bedoel, hij heeft zijn fysieke dood ervaren. Maar toch is hij daar... Ik zie hem! Ik zie hem op de weg!

D: Kan je me vertellen hoe hij eruitziet?

A: (Huilend) Hij ziet er hetzelfde uit. Behalve dat hij een smetteloos gewaad aan heeft. Maar verder ziet hij er hetzelfde uit.

D: Alsof hij er fysiek zou zijn? Is hij al lang fysiek weg?

A: Oh, het is al een aantal maanden intussen.

D: Wat gebeurt er nu?

A: (Ze werd bijna overweldigd door emotie) Hij... hij spreekt niet met zijn mond, maar met zijn geest. Hij wou dat ik wist dat hij altijd bij me is, en dat hij van me houdt. En dat hij trots is omdat ik de kracht had om verder van dienst te zijn. Dat hij trots is omdat ik geen angst heb voor mezelf, dat ik hulp bied aan diegenen die zichzelf niet kunnen helpen. Dit waarom hij dit moment koos om zichzelf kenbaar te maken.

D: Ben je daar alleen op de weg?

A: Ja. Ik nam een kleine pauze van het dorpsleven. Ik doet dit soms, dan ga ik wandelen. En het is veilig om dit hier te doen, ik loop een klein eindje, als ik moet nadenken of even wat tijd voor mezelf nodig heb.

D: Dan zag niemand anders hem. Communiceert hij lang met je?

A: Nee, maar hij laat me weten dat hij bij me zal blijven en aan me verschijnen. En dat hij op een betere plek is, waar hij dingen te doen heeft, waar hij nodig is (glimlachend).

D: En erna wandelde hij gewoon weg?

A: (Stilletjes) Hij lijkt verdwenen te zijn. Ik ben opnieuw alleen op de weg.

D: Je moet wel verhalen gehoord hebben over wat er met hem gebeurde. Kan je er iets over vertellen? (Pauze) Je was er niet bij, of wel?

A: (Nog steeds overmand door emotie.) Nee. Maar er waren Romeinse soldaten, dat is wat ik eruit begrepen heb. En hij werd gearresteerd. En ze bevonden hem schuldig (bijna onhoorbaar) en ze stelden hem terecht...

Het was nodig dat ik de vragen formuleerde, alsof ik er zelf niks over wist. Anders zou ik haar misschien beïnvloeden, en ik wou haar zuivere versie van het verhaal.

D: Konden zijn vrienden niks doen om dit te stoppen?

A: *Ze hadden niet genoeg kracht. Je kan de Romeinse soldaten niet bevechten tenzij je genoeg kracht hebt. Meer macht dan zij hebben.*

D: Ik dacht niet dat ze zomaar iemand mochten ter dood veroordelen, zonder specifieke reden.

A: *Ze stelden dat hij godslastering deed volgens de Romeinen. Tegen de regering. En sommige van de religieuze leiders vonden dat hij aan godslastering deed tegen God en hun leer. Ze waren van mening, dat ze deze man niet konden laten leven. Hij was dingen aan het verspreiden die ingingen tegen de overheid, en tegen de Tempel. Ze vonden dat hij... ze vonden... (haar stem brak).*

D: Wat?

A: *(Ze herstelde zich) Ze waren van mening dat wat hij zei, niet gevuld was met waarheid, en dat hij iedereen had belogen. Ze zeiden, dat hij geen mirakels kon uitvoeren. Ze probeerden hem te dwingen tot het uitvoeren van mirakels. Dat deed hij niet. Daarop volgde er een opstand. Zijn volgelingen, een handvol van zijn volgelingen, waren met de soldaten aan het vechten, in de straat. En er zijn mensen vertrappeld, mensen gestorven.*

D: Bedoel je, dat zijn volgers aan het vechten waren, met de Romeinen? Door wat ze over hem zeiden?

A: *Zijn volgelingen probeerden hem te beschermen.*

D: Om ervoor te zorgen dat hij niet gearresteerd werd, bedoel je?

A: *Ja, en ze waren niet met genoeg.*

D: Sommigen zijn gestorven in de straten?

A: *Ja. De soldaten begonnen met vechten, en dan stond het hele dorp op zijn kop. Mensen werden vertrappeld en de soldaten gingen achter iedereen aan.*

D: Je zei dat ze hem probeerden te dwingen tot het uitvoeren van mirakels, en dat hij dit niet kon. Denk je dat hij effectief niet kon, of dat hij eerder niet wou?

A: *Ik denk... (vastberaden) Ik denk, dat ze een manier zouden gevonden hebben, om hem te vermoorden, hoe dan ook. Ik denk, dat hij wist dat mirakelen voor iedereen mogelijk zijn. Maar als je niet gelooft dat dingen kunnen worden genezen, of dat dingen kunnen worden veranderd, zal dat ook niet gebeuren. Hij kon een blinde niet doen zien, als die blinde dat niet wou. Of als er iets anders is, dat de blinde man verondersteld werd te doen, met zijn blindheid.*

D: Ik vermoed dat ze hem wilden testen.

A: Het was een test, die hem doemde tot falen. Hij wist dit. Hij maakte de reis, wetende wat de uitkomst zou zijn. Hij wist wat er zou gebeuren. Ze zouden geen test hebben opgesteld, die hij kon doorstaan. Ze voelden zich te bedreigd.

D: Het zou sowieso moeilijk zijn om mirakels uit te voeren in zo'n sfeer, zo'n omgeving.

A: Dat is zo. En hij was niet onder de mensen gekomen met dit als doel. Dus ze gaven hem een... het was een rechtszaak, maar het was een parodie. En dan planden ze zijn... dood.

D: Weet je hoe hij is omgekomen? (Naomi zuchtte diep). Ik weet dat het erg moeilijk voor je is om te beantwoorden, ik wou gewoon weten wat ze je hebben verteld.

A: Wel, ze vermoorden mensen... Ze maken houten kruisen. (Kruisen leek een onbekend woord voor Naomi). Dit hoe ze mensen ter dood brengen... Op de ergste manier. Ze stellen houten kruisen op, en nagelen mensen eraan vast. En ze laten ze hangen tot ze sterven. Ze vermoorden mensen, veel mensen, op deze manier. Vooral diegenen, die ze als voorbeeld willen stellen voor anderen. Ze willen er zeker van zijn dat ze de massa controleren, met behulp van angst.

D: Dat klinkt als een afschuwelijke manier om zoiets te doen. Hoorde je nog andere verhalen over wat er toen gaande was?

A: Ik hoorde veel verhalen. Ik weet niet wat de waarheid is. Maar sommigen zeggen, dat ze hem zagen sterven aan het kruis, en dat ze hem toch zagen verschijnen de daaropvolgende avond, of de volgende dag. Ik heb ook gehoord, dat ze zijn lichaam niet konden vinden. Ik heb vele zaken gehoord.

D: Sprak je met iemand die ter plekke was, toen hij overleed?

A: Ja. Ik sprak met mensen die hem aan het kruis zagen hangen.

D: Vertelden ze je iets over wat er gebeurde toen hij daar hing?

A: Ze zeiden dat hij in staat was om de pijn te onderdrukken.

D: Dat is wonderbaarlijk goed. Dan weet je dat hij niet te hard leed.

A: *Ik hoorde iemand zeggen, dat ze dezelfde soort gloed zagen, die ik al had waargenomen, vanuit zijn hartcentrum en rond zijn hoofd. Ze zagen dezelfde gouden gloed. Ze zagen ook dat, toen hij neergehaald werd van het kruis, er een kalmte en sereniteit te zien was op zijn gezicht. (Nadenkende pauze.) Maar ik hoorde dat mensen hem achteraf hebben zien verschijnen.*

D: Hing hij daar lang? Men vertelde me dat het lang duurt voor je sterft, op deze manier.

A: *Ik herinner me de tijd niet. Ik weet niet...*

D: Maar hij was in staat controle uit te oefenen over de pijn.

A: *Ja. Ik hoorde dat van een aantal mensen. Ze waren verrast over hoe kalm hij was. Het was alsof hij er niet was. (Pauze) Tegen de ochtend was hij... Ik weet dat ze hem hebben neergehaald tegen de vroege ochtendraad.*

Deze stelling, over Jezus die niet heeft geleden en geen pijn voelde, vind men ook terug in Jezus en de Essenen. Het was alsof hij zichzelf verwijderd had van de situatie, misschien door zijn lichaam te verlaten. Hoe hij het ook voor elkaar kreeg, hij was vergevorderd genoeg, om te weten hoe hij zichzelf moest scheiden van wat zijn lichaam ervaarde. Men gaf ook verslag, van het feit, dat het hem veel minder tijd kostte om te sterven dan gebruikelijk was bij kruisigingen. Dus het lijkt er wel op dat hij complete controle had over zijn fysieke lichaam.

D: Je zei, dat er mensen waren, die zeiden dat ze zijn lichaam niet konden vinden?

A: *Dat is wat ik hoorde.*

D: Wat hoorde je daarover?

A: *Ik hoorde, dat ze zijn lichaam te ruste hadden gelegd en bedekt. En dat er soldaten waren die de wacht hielden.*

D: Waarom waren er soldaten aanwezig?

A: *Ik denk dat de Romeinen bang waren van zijn volgelingen, van de reputatie die hij had. Ze raakten bezorgd. Ik vermoed dat zij vonden, dat hij nog steeds een gevangene van de regering was.*

D: Zelfs na zijn dood?

A: *Ja. Ik denk dat ze vervuld waren met zoveel angst, omdat hij zoveel controle had uitgeoefend. Dat is waarom ze hem niet langer in leven konden laten. Ik hoorde dat er volgelingen het plan hadden opgevat, om zijn lichaam te komen halen.*

D: Dat is waarom er soldaten waren?

A: *Ja, maar ik hoorde dat, toen ze het graf openden, het lichaam niet langer aanwezig was. Dat is wat ik hoorde (giechelend, alsof het absurd was). Ik weet het niet. De soldaten gingen controleren. Ik denk dat het de volgelingen, samen met zijn familie, eindelijk werd toegestaan om het lichaam te zien. En ik vermoed dat de regering misschien het lichaam zal hebben vrijgegeven aan de familie. Maar ze gingen dus controleren, en ze zeiden dat het lichaam er niet meer was. Ik weet niet wat er werkelijk kan zijn gebeurd. De volgelingen kunnen het lichaam hebben meegenomen. Ze kunnen het erop hebben laten lijken dat het lichaam op zichzelf was verdwenen.*

D: Het is moeilijk te geloven, hé?

A: *Ja. Er gaan veel verhalen de ronde. En als je er niet bij was... de verhalen zijn gegroeid. De verhalen groeien en ze worden uitvergroot, tegen dat iemand verder weg ze te horen krijgt. Maar ik weet, dat de regering en de Tempel bang waren van het aantal volgelingen, van de kracht. Ze vreesden nog meer na het horen over de mirakelen en genezingen die plaatsvonden. Ze voelden zich bedreigd, dus was het niet meer dan logisch dat ze een weg vonden om die bedreiging uit de weg te ruimen.*

D: Ja, het klinkt inderdaad alsof ze in hem een grote bedreiging zagen. Maar we weten dat hij nooit iemand kwaad zou doen. Je zei dat je ook verhalen hoorde, over hoe hij aan mensen verscheen? Bedoel je dan verschijnen, zoals hij bij jou deed, op de weg?

A: *Ik hoorde dat hij verscheen in het midden van Jeruzalem.*

D: Ik vraag me af, of hij eruitzag zoals jij hem toen hebt gezien, of dat hij meer leek op een geest. Zeiden ze dat ze hem herkenden?

A: *Ze zeggen dat hij verscheen, en erna meteen weer weg was. Maar dat hij er hetzelfde uitzag. Ze herkenden hem.*

D: Sprak hij met iemand, of niet?

A: *(Pauze) Er was een groep mensen die zeiden dat ze hem hoorden zeggen dat hij hun vergaf. Ik heb niet gehoord wat de anderen zeiden, maar hij sprak niet elke keer. Soms verscheen hij gewoon.*

D: Weet je of hij persoonlijk aan een volgeling verscheen, behalve aan jou?

A: *Ja hoor. Ik hoorde dat hij aan ze verscheen… en zei dat hij iedereen vergiffenis schonk, en dat ze de kracht moesten vinden om in waarheid te leven, en om de leer van God verder te zetten.*

D: Wat denk je dat hij bedoelde met 'hij vergaf hun'? Zijn volgelingen?

A: *Er was iemand – er waren er eigenlijk meer dan een. Hij werd verraden. De Romeinen hebben hem in de val gelokt in het openbaar, waar mensen bij waren.*

D: Welk verhaal hoorde je daarover?

A: *De Romeinen vonden volgelingen die ze konden omkopen, met macht of rijkdom.*

D: Ik had niet gedacht dat zijn volgelingen konden worden omgekocht.

A: *Er zijn er velen die beweren zijn volgeling te zijn, maar een mens kan makkelijk worden verleid als het erop aankomt om het leven persoonlijk te verhogen in standaard. Er zijn er weinig die daar later spijt van hebben.*

D: Ik zie niet in hoe iemand, die in zijn intieme kring mocht vertoeven, hem zou kunnen verraden.

A: *De Romeinen wisten wie ze daarvoor konden aanspreken.*

D: Hoe hebben ze hem verraden?

A: *Ze gaven informatie door aan de Romeinen, teneinde een complot uit te werken. Ze stelden een val op, om hem te doen falen. Ze presenteerden hem een uitdaging, waarvan ze wisten dat het onhaalbaar was. Een genezing die niet zou lukken, een mirakel dat niet kon worden voltrokken. Dat gebruikten ze dan om aan het publiek te duiden, dat hij niet echt was, dat hij een charlatan was. Er had zich een grote menigte verzameld, en de Romeinse soldaten begonnen met de Nazarener te ondervragen in het openbaar. Ze beschuldigden hem en lieten het erop lijken dat hij een clown was. En het was echt een grote groep mensen. Toen hij niet kon doen wat ze van hem vroegen, begonnen ze te roepen, 'Hij heeft niks gedaan om te bewijzen dat hij is wie men zegt dat hij is. Hij is een soort van…demon'. Ze keerden de menigte tegen hem, er was een rel.*

D: Maar je vertelde me ooit, dat ze al eens hadden geprobeerd om hem op die manier te testen. Jezus was toen in staat om ze te ontmaskeren. Waarom deed hij dat nu dan niet?

A: *Hij wist dat dit zijn tijd was. Dat was hoe hij verondersteld werd over te gaan. Hij wist dit, toen zijn eigen mensen zich tegen hem keerden. Hij wist dat de mensen, de massa's, nog niet klaar waren voor zijn waarheid, zijn manier van leven. Hij wist, dat er een kleine groep bestond, die zijn werk zou verderzetten. Maar hij wist ook, dat deze wereld te primitief en gevaarlijk was, hij had zijn doel gediend. Hij had, op dat moment, gedaan wat hij kon. En het was tijd voor hem, om zijn werk verder te zetten vanuit een ander...gebied.*

D: Hoorde je andere verhalen van mensen die hem zagen nadat hij was overleden?

A: *Ja. Naargelang de maanden vorderden, hoorde ik dat hij verschenen was in sommige van de kleinere dorpen waar hij vroeger heen ging. De plekken waar zijn volgelingen waren. En... Ik hoor deze dingen, maar ik... men zegt dat hij genezingen en mirakelen heeft uitgevoerd. Ik weet dat mensen hem waarschijnlijk hebben gezien. Ik vraag me af of zijn volgelingen niet hun eigen genezingen uitvoerden, aangezien ze werkten doorheen het hart en in waarheid leven. Ik vermoed dat ze, na hem gezien te hebben, dachten dat hij degene was die de mirakels uitvoerde. Maar ik denk dat hem zien hetgeen was dat hun de kracht en het geloof gaf, om verder te gaan.*

D: Dat zou wel eens waar kunnen zijn. Wat gebeurde er met de volgelingen?

A: *Ze verkeren in angst. Degenen die in de stad verblijven, waar ze zich veilig voelen, gaan verder met de ondergrondse bijeenkomsten. Degenen die in de verre dorpen wonen, zetten hun leven verder. Ze zijn nog steeds volgelingen, en ze zijn ook in staat dat te zijn, de regering hoeft dit niet te weten. En dan zijn er nog de mensen die op bedevaartstochten zijn, ach, niemand geeft om de mensen die zij helpen, dus zij zijn redelijk veilig.*

D: De Romeinen zien geen bedreiging in die mensen.

A: *Nee. De overheid geeft geen moer om de melaatsen, of de arme dorpen. Ze zullen er niet gaan helpen. En niemand wil de zieken verzorgen. Ze zijn bang van de ziektes. Dus we zijn veilig.*

D: Ze denken waarschijnlijk, dat de rest machteloos is, nu hun leider is weggenomen.

A: *Dat is waar. Dus nu hebben ze de kans om het subtiel te doen, onder de oppervlakte. Om door te gaan met de mensen te onderwijzen, en de waarheid te verspreiden waar mogelijk.*

D: Dankjewel om me de verhalen te vertellen die je hoorde. Je weet tenminste dat jij hem zag, dus je weet dat dat deel waar is.

A: *Ja, en ik kan hem voelen. Ik bedoel dat ik vervuld ben. Ik weet dat hij bij me is.*

D: Ben je al teruggekeerd naar Jeruzalem, om je ouders te zien?

A: *(Zucht) Ik zal dat doen, op mijn volgende tocht naar dat gebied.*

D: Ze vragen zich waarschijnlijk af wat er gebeurd is?

A: *Ik heb geprobeerd een boodschap mee te geven met mensen die die kant opgingen. Ik hoop dat er eentje daarvan hen heeft bereikt.*

D: Als je de kans krijgt om met hen te spreken, kunnen zij je misschien meer de feitelijke versie geven van wat er gebeurd is, ze waren tenslotte in dezelfde stad. Ok, laten we die situatie verlaten en vooruitgaan in de tijd, tot het moment waarop je naar Jeruzalem gaat om je ouders te zien. Laten we naar dat punt gaan. Ging je terug naar Jeruzalem?

A: *Ja.*

D: Ik vermoed dat het een emotioneel weerzien was, na zo'n lange tijd.

A: *Ja, ja. Ze zijn... oh, het viel me op... Wel, ik ben zoveel ouder. Dus ik merkte de leeftijd op, maar ook de triestheid. Er is een kalme triestheid.*

D: Wat veroorzaakte dat, weet je dat?

A: *De oproer binnen de regering, ze worden alle kanten opgetrokken. Ze geloofden sterk in wat de Nazarener zei, maar ze waren geen ware volgelingen. Ze hielden vast aan sommige van hun traditionele wegen, ook al konden ze de Tempel niet helemaal volgen, omwille van diens wreedheid en onrechtvaardigheid. Ze doen hun best om te overleven, dag tot dag.*

D: Maar zei je dan niet dat de Nazarener de broer was van je vader?

A: *Hij was een halfbroer, maar ze verschilden ietwat in geloofsovertuiging. Ik vermoed dat, met het meemaken van zijn dood, en wetende dat hij beschuldigd werd van onware zaken, ze een deel van hun hart zijn kwijtgeraakt. Ze bewegen zich nu gewoon door het leven, niet echt bewust, lijkt het wel.*

D: Ja, ik kan dat wel begrijpen. Kan je ze vragen of ze erbij waren toen hij stierf?

Ze sprak erg langzaam, alsof ze het hen had gevraagd, en dan hun antwoord herhaalde naar mij toe.

A: *(Triest) Ze zagen hem hangen op het kruis. En ze baden. Mijn vader zei dat er een moment was, waarop hij naar boven keek, en hun ogen elkaar ontmoetten. Hij zei dat hij voelde... Hij voelde een warmte en liefde. (Emotioneel) En het was niet van deze wereld, zei hij.*

D: Kan je hem vragen of er iets buitengewoons gebeurde? (Haar gezichtsuitdrukking vertoonde emotie). Wat is er?

A: *Wel... (diepe zucht) Hij zei... en het is alsof ik het doorheen mijn vaders ogen kan zien. Hij zei, dat, toen ze hem neerhaalden, hij een visioen zag, van zijn broer in een net gewaad. Alsof hij in een nieuw lichaam... (huilend) alsof het fysieke lichaam de ene kant opging, en dit andere lichaam dat verscheen en heel was, en gezond, ging de andere kant op. Hij zag hetzelfde als wat ik op de weg zag. (Tranend) En hij beschreef hetzelfde gevoel.*

D: Vraag hem eens naar de verhalen rond het verdwenen lichaam, weet hij daar iets over?

A: *Ja. Hij zei dat ze, de volgende ochtend, zijn lichaam wilden gaan ophalen. Ze openden de grafsteen, en hij zei dat het lichaam verdwenen was.*

D: Hij zag dat het er niet meer was?

A: *Ja, maar hij heeft hier geen verklaring voor. Zoals ik ook al zei, zegt hij dat er vele zaken kunnen gebeurd zijn. Er waren soldaten, en sommigen van zijn intimi, en de andere religieuze groepen bij betrokken. Mijn vader heeft de indruk, nadat hij hem zag aan het kruis, dat zijn fysieke lichaam geen betekenis had. Maar er was geen lichaam.*

D: Was er nog iemand bij je vader, toen hij erheen ging?

A: *Hij zei dat enkele volgelingen van de Nazarener erbij waren, misschien een dozijn.*

D: Wat dachten de soldaten toen ze vaststelden dat het lichaam verdwenen was?

A: Ze waren eerst in shock. Dan werden ze kwaad, omdat ze wisten dat zij verantwoordelijk gingen worden gehouden. Maar ze waren vooral geschokt, omdat ze zelf ook geen idee hadden hoe het lichaam verdwenen was.

D: Dan lijkt het erop dat zij er niks mee te maken hadden.

A: Nee, ik geloof dat er verschillende kruiden en specerijen bestaan, die je kan mengen, onder voedsel of dergelijke. Deze brouwsels doen mensen slapen. Dus ik weet het niet. Er waren vele manieren waarop dit had kunnen gebeuren. De soldaten herinneren zich niets, of dat zeggen ze toch.

D: Ja, dat klinkt zeker als een mogelijkheid. Kon iemand erlangs zijn geglipt, en het lichaam hebben meegenomen?

A: Ik denk dat dat wel gebeurd kan zijn.

D: Waar hij in opgeborgen was, was dat afgesloten?

A: Hij werd in een tombe geplaatst, en dan werd zijn tombe bewaakt door soldaten. Dus het zou wel wat planning hebben gevergd, als het lichaam op die manier is weg gehaald, en niet vanzelf is verdwenen.

D: Is dat mogelijk, denk je? Dat het op onverklaarbare wijze is verdwenen?

A: Ik denk het niet.

D: Dat zou erg vreemd zijn.

A: Ja, ik weet niet wat de regering, de volgelingen, de religieuze leiders, of wie er dan ook bij betrokken was ... Ik weet niet wat hun plannen waren.

D: Ja. Maar hoe dan ook, het lichaam was verdwenen. Ik dacht dat de tombe misschien zou zijn afgesloten, zodat er niemand in kon komen.

A: Dat veronderstelde men inderdaad. Maar... het zou meer dan twee mensen vergen, om het deksel van de tombe te krijgen. Het was zwaar. Dus er was iets gepland op voorhand.

D: Ga je een tijd bij je ouders blijven?

A: Nee, slechts een korte poos. Dan moet ik naar andere plaatsen, naar mensen om voor te zorgen.

D: Ben je daar op je eentje?

A: *Nee, er zijn andere volgelingen die naar Jeruzalem afgezakt zijn. Ik ga niet alleen naar buiten, het is doorgaans een kleine groep.*

D: Wel, ik weet dat je ouders blij zijn met je bezoek.

A: *Ja. Het is fijn om ze te zien. Maar deze plek doet me erg vreemd aan.*

D: Het moet wel eeuwen geleden lijken, dat je er laatst was.

A: *Ja. En de gehele sfeer van dit gebied voelt niet goed aan.*

D: Ik veronderstel dat er veel is veranderd sinds je wegging. Jij bent veranderd, op zoveel manieren.

A: *Ja. (Giechel) Levens.*

D: Vele veranderingen. Ok. Laten we daar weggaan, en ik wil dat je vooruitgaat in de tijd, een laatste maal, naar een belangrijke dag in je leven, een dag die gebeurde na dit. Een belangrijke dag, voor jou. Ik zal tot drie tellen en dan zijn we er. 1... 2... 3... Het is een belangrijke dag in je leven. Een dag die voor jou belangrijk is. Wat ben je aan het doen? Wat zie je?

A: *Ik ben in een dorp. En ik ben een pak ouder. (Haar stem klonk beslist ouder). Maar we waren erg succesvol als het aankomt op het bijbrengen van waarheid, en de filosofie van de Nazarener en van God. Ik weet dat deze groep de leer zal verder doen uitspreiden, het zal bijbrengen aan anderen, en dat het nooit zal uitsterven. Ooit zal de hoop die hij had voor de mensheid, waarheid worden, en zal wat hij voor ogen had, bestaan. Ik vermoed dat deze specifieke dag belangrijk is voor mij, omdat ik weet dat mijn eigen tijd nabij is. Ik kan overgaan met een vol hart, omdat ik weet dat ik vele mensen iets heb bijgebracht, en dat het de waarheid was die ik gaf. Zij gaan dit op hun beurt doorgeven aan anderen, en groeien. Ik heb al vele jaren met die familie van mij doorgebracht in deze gemeenschap. En we zijn veilig. We zijn niet bedreigd door de regering of religie. We kunnen nog steeds onze bedevaartstochten doen, en van dienst zijn. We groeien gestaag, en we hebben kracht.*

D: Gaf iemand je dorp een naam?

A: *Ja. We hebben het Bethsharon genoemd. (Fonetisch. Nadruk op de laatste lettergreep).*

Mijn Joodse consultant vertelde met dat "Beth" voor een naam zoveel als "huis" betekende (een voorbeeld hiervan is Bethlehem, wat

"Huis van Brood" betekent). Hij vermoedde dat Bethsharon "Huis van Rozen" betekende, omdat sharon een bloem is. Dit klonk plausibel, en volgde de Joodse traditie aangaande plaatsnamen. Bij mijn onderzoek ontdekte ik, dat er een dorp bestond tijdens het leven van Jezus, wat vlak onder de Jordaanrivier te vinden was. Dit was de overeenkomende locatie. Het werd Bethshean genoemd ("Huis van Rust", "Huis van kalmte", "Huis van veiligheid", of "Gehucht in stilte"). Bethshean was beter bekend onder de Griekse naam Scyntholopolis, het was een grote stad. De kolonie van de melaatsen zou alvast niet dezelfde zijn als deze grote stad. De Joodse naam was echter wel toepasselijk voor een geïsoleerde plek. Ik ben aan het gokken, maar het kan zijn dat, toen de Griekse naam de overhand kreeg, de volgers van Jezus de Joodse naam kozen voor een kleiner dorp. Het kan zijn dat de naam werkelijk Bethsharon was, en dat Bethshean slechts een fonetisch verwantschap vertoont. Er is zo weinig bekend over de namen van steden en dorpen tijdens die periode, dat alles wel een mogelijkheid wordt.

D: Ben je ooit getrouwd?

A: Nee. (Giechel) Dat was een lange tijd geleden. Ik weet dat ik getrouwd was met mijn geloofsovertuigingen. En dat ik enkel de meest pure job kon doen. De beste job, door op mijn eentje te zijn, en door de vrijheid te hebben om te dwalen, en van dienst te zijn. Ik kon niet al deze kinderen hebben onderwezen, al deze wezen hebben geholpen, en onze eigen familie hebben gevormd. Niet als ik getrouwd zou zijn geweest.

D: Je vermeldde dat je daar was met je familie, dus ik dacht dat dat was wat je bedoelde.

A: Het gehele dorp is mijn familie. We zijn een grote familie.

D: Zag je Jezus nog verschijnen, na die ene keer op de weg?

A: Ja. Hij verscheen op dezelfde manier, zo nu en dan. En ik vermoed dat, nu ik ouder geworden ben, ik hem meer zie in mijn hoofd. Maar als ik op wandel ga, op mijn eentje, verschijnt hij wel eens.

D: En hij ziet er nog steeds hetzelfde uit?

A: (Liefdevol) Ja.

D: Wat zei hij tegen je op deze gelegenheden?

A: Oh. Hij zei vele dingen. Hij hield de hoop levend. Hij zei ook dat zijn denkwijze en zijn waarheid opnieuw zal opzwellen doorheen de harten van de mensen. Op deze manier zal hij opnieuw naar voren treden. Hij weet dat de mensheid kan leven zonder de grenzen van de regering, en zonder de grenzen van religie. Dus hij blijft hoop en aanmoediging geven aan diegenen die de waarheid delen.

D: Denk je dat hij een nieuwe religie wil starten?

A: Nee, nee. Hij wil gewoon de waarheid verspreiden, de waarheid die je vindt in het geven om elkaar. En hoe je dan verbonden bent met je geest, met je God. Hij wou nooit dat hij aanbeden werd. Hij wou dat we om elkaar gaven, zoals we willen dat er om ons wordt gegeven.

D: Is er iemand die spreekt over het starten van een religie met als basis hem, en zijn woorden?

A: Er zijn er velen die zijn weggetrokken naar andere oorden. Enkele van zijn discipels hebben geprobeerd om de macht te winnen met behulp van zijn leer. Ze probeerden aan te tonen dat hun manier de enige juiste manier was. Maar dat klopt niet. Dat is niet hoe hij was. Ze creëren zo uiteindelijk waar hij van vluchtte, waarvoor hij de Tempel verliet. Dat is dus aan het gebeuren.

D: Wat is het verschil tussen de 'discipels' en de 'volgelingen'?

A: Ik vermoed dat, als ik aan discipels denk, ik denk aan die kleine groep denk, die altijd bij hem was. Maar de volgelingen zijn alle mensen die in zijn woorden geloven, de massa.

D: Ik vroeg het me af, omdat je zelf ook bij hem was, voor een tijdje.

A: Ja, maar voor mij was het met als doel mijn eigen doel te ontdekken. Ik had helderheid. Ik had iets speciaal. Ik wou geen controle, geen macht. Ik wou enkel waarachtig zijn.

D: Dus sommigen wilden macht, en dat is helemaal niet waar hij voor stond?

A: Absoluut niet. Dat is waarom hij de aarde op zo'n jonge leeftijd verliet. Hij was dat de tijd nog niet rijp was. Hij had alles gedaan wat hij kon.

D: In orde. Ik dank je, voor dit gesprek en me al deze dingen te vertellen. Ik zou graag nog een keer bij je terugkomen op een ander moment. Laten we die scene verlaten.

Ik bracht Anna terug bij haar volle bewustzijn. Toen ze ontwaakte, herinnerde ze zich nog steeds de kruisiging. Ik schakelde de bandopnemer in, om haar commentaar vast te leggen.

D: Je zei dat je de scene kon aanschouwen doorheen de ogen van je vader en dat het er afschuwelijk uitzag. Jezus zat volkomen onder het bloed, niet enkel op bepaalde plekken.

A: *Als je hem daar had zien hangen op dat kruis, zoals ik het zag, door mijn vaders ogen, zou je beven en zodanig geschokt zijn, dat je nog amper kon ademen. Het is verschrikkelijk, om zoiets barbaars te zien, dat mensen elkaar dit aandoen... Je zou denken aan de ongelooflijke pijn, van de nagels die ze doorheen je lichaam sloegen. De steekwonden, van alle prikken die ze je gaven. Hij zag er bijna grijs uit, niet langer als een levend iemand.*

D: Had hij ook steekwonden?

A: *Ik zag bloed stromen vanuit verschillende wonden. Ik vermoed dus van wel, ik vermoed, dat ze hem opensneden op verschillende plekken. En toch, zoals ik zei, wist ik, dat hij daar fysiek geen ongemak van voelde.*

D: Had hij iets op zijn hoofd?

A: *Zijn haar leek dof, modderig en geklit.*

D: Ik ben nieuwsgierig, we hebben in mijn huidige tijd afbeeldingen, van wat wij denken dat er toen gebeurd is, snap je?

A: *Japs, maar ik zie geen... Dit is ik, die stel, dat ik beelden van hem heb gezien. En Christelijken zeggen, dat hij een doornenkroon op had, maar ik zie dat niet erg duidelijk. Ik zie eerder geklit, vuil en modderig haar. Misschien van op de grond te rollen ofzo, bladeren en modder of...*

D: Misschien was dat, wat er echt met hem gebeurde.

A: *Ik weet het niet.*

D: Misschien zijn de steken en andere wonden ook aangebracht vooraleer hij op het kruis werd gehesen.

A: *Ja... (Een plotse openbaring:) Oh, ik weet het! Ik denk dat wat ik voel, is dat er soldaten, of mensen uit de menigte, hem steken moeten hebben toegebracht. Er was zoiets gaande, heb ik de indruk. Ik ben er sterk van overtuigd, dat hij zich bewust was, van alles wat er ging gebeuren en dit voor het gebeurde. Ik denk, dat hij zichzelf aan het voorbereiden was, elk moment van zijn leven.*

192

Zelfs bij de menigte, was hij zichzelf aan het voorbereiden op de pijn. Ik denk dat de pijn werd veroorzaakt door mensen die hem steken gaven, door mensen die hem op de grond gegooid hebben, en vertrappeld hebben.

D: Wel, het is aanneembaar, dat hij hier niks van zou ervaren, hij was in staat op die momenten afstand te nemen van zijn fysieke lichaam.

A: *Ja, en ik denk, dat hij dat zelfs aan het doen was, nog voor ze hem op het kruis hingen. Ik kon het zien doorheen mijn vader zijn ogen. Nu komen al deze zaken weer naar boven. Ik kan voelen hoe mijn vader oogcontact maakte met hem. Toen hun ogen elkaar ontmoeten, was het alsof het de ogen van... iemand anders waren. Ik bedoel, het waren wel degelijk zijn ogen, maar er was geen pijn in te vinden. Ze vervulden mijn vader met warmte en liefde, en ze zeiden hem dat het allemaal goed zou komen.*

HOOFDSTUK 11

De dood is slechts een bedevaart

Ik wist dat er nog een laatste sessie zou moeten plaatsvinden, om het verhaal van Naomi af te maken. We zouden haar moeten vergezellen bij de laatste reis, het einde van haar leven. Ik wou ook meer te weten komen over de dingen die ze over Jezus had gehoord, geruchten, of andere verhalen. Ik gebruikte het sleutelwoord, en telde Anna terug in de tijd.

D: 1... 2... 3... We zijn terug gegaan in de tijd naar toen Naomi leefde, tegen het einde van haar leven. Wat ben je aan het doen? Wat zie je?

Anna's stem klonk erg oud en vermoeid, en dat bleef zo gedurende de gehele sessie. Het stond in schril contrast met de onschuldige naïeve klank van de dertienjarige waarmee we dit verhaal begonnen.

A: *Ik ben in het dorp, bij de zieken die melaatsheid hebben. Ik zorg voor ze.*

D: Werd je zelf ziek door voor hen te zorgen?

A: *Nee, nee. Ik verkeerde in goede gezondheid, voor het grootste deel van mijn leven. Ik heb vele zaken geleerd over genezing. En ik heb mezelf beschermd.*

D: Dat is een gebruikelijke angst die heerst onder het volk, of niet? De angst om die ziekte op te lopen?

A: *Ja. En angst is ironisch genoeg doorgaans wat de ziekte veroorzaakt.*

D: De gemiddelde mens zou liever niet naar dat dorp gaan, of wel?

A: *Dat klopt. Het is moeilijk om mensen ... te doen geven om, diegenen die het werkelijk nodig hebben.*

D: Hoe oud ben je nu ongeveer?

A: (Zucht) Ik ben... achten...zestig. (Ze leek niet helemaal zeker).

D: Dan leefde je een lange tijd, hé?

A: (Zwak) Ja, dat is zo.

D: Hoe voel je je als je terugkijkt op je leven?

A: Ik voel me... Ik voel me op vele manieren gezegend. Ik heb het gevoel dat ik me onzelfzuchtig en dienend heb opgesteld. En ik kijk ernaar uit om verder te gaan.

D: Ben je ooit getrouwd?

A: Nee, ooit was het erg nipt. Maar het zou niet gewerkt hebben.

D: Had je daar ooit spijt van?

A: Nee, over het algemeen niet. Ik heb mezelf gevuld met andere dingen. Ik weet dat de man van wie ik hield... Ik werd gezegend met die zeldzame momenten. Maar, op zichzelf staande, was het genoeg om dat aspect van mijn leven te vervullen. Ik wist dat mij andere dingen te doen stonden.

D: Je was erg toegewijd. Ben je nog teruggekeerd om je ouders te zien?

A: (Zucht) Oh, jazeker. In het begin, toen ze nog leefden, ging ik langs als ik op bedevaart ging. Dat zal zo eenmaal per jaar geweest zijn. En erna zoveel als ik kon. Het werd lastiger om reizen te maken. Het werd ook moeilijker om mensen te vinden die mijn plaats konden innemen.

D: Bracht je het grootste deel van je tijd dan in dat dorp door, of ergens anders?

A: Het merendeel van mijn tijd. Maar er waren ook andere dorpen waar ik heen ging. Sommige dorpen waren doorsnee gemeenschappen, waar er bijeenkomsten werden gehouden om de weg van God te leren, om genezing te leren. Andere bezoeken hadden als doel om nuttig te zijn waar het nodig was.

D: Bezocht je ook grotere dorpen?

A: Nee, de meeste waren kleine gemeenschappen waar het aan zorg ontbrak.

D: Ik vroeg me af of er een plaats(naam) was die ik zou herkennen.

A: Er is een plek waar ik naar bleef terugkeren als ik kon, Bar-el. Ik ging ook naar een dorp dat Ramat heet (fonetisch), en de melaatsenkolonie, Grafna (fonetisch).

Ik was niet verrast toen ik niks kon vinden over deze dorpen in de hedendaagse atlas van Israël. Mijn onderzoek toonde aan dat er een groot aantal kleinere gemeenschappen in dat gebied waren. De namen ervan (als ze ooit al in een bestand werden opgenomen) zijn ons nog niet bekend. Ze kunnen doorheen de eeuwen ook veranderd zijn. De Joodse man met wie ik contact hield tijdens dit project, zei dat de namen van de dorpen zeker en vast Joods waren. Bar-el zou "Bron van God" betekenen, Beth-sharon (eerder vermeld) zou "Huis van Rozen" betekenen, Ramat betekent "heuvel" en er was waarschijnlijk nog een woord te vinden in die naam. Hij kon Grafna niet onmiddellijk thuisbrengen, behalve dat het hem Joods in de oren klonk. Toen ik deze feiten meedeelde aan Anna, kreeg ze koude rillingen over haar hele lichaam. Ze wist dat deze details niet vanuit haar bewuste brein naar voren waren gekomen, omdat ze geen Hebreeuws kende, en nooit was blootgesteld aan Hebreeuws in haar tempel (de Gereformeerde Joodse Tempel). Ik dacht oorspronkelijk dat elke Jood vanzelfsprekend Hebreeuws kende, maar ik veronderstel dat die redenering even logisch is als de veronderstelling dat elke Katholieke Latijns zou kennen.

D: Maar je bleef voornamelijk in dat ene gebied? Klopt dat?
A: *Ja, het werd harder voor me om te reizen. En ik bleef het grootste deel van de tijd hier, waar ik nodig ben.*
D: Ging je ooit naar Nazareth?
A: *Ik ben er geweest, ja.*
D: Hoe is Nazareth? Is het een grote stad?

Ik probeerde haar vergelijking te vergelijken met die van Katie in Jezus en de Essenen.

A: *Het was een middelgrote stad. Winderige straten en witte gebouwen. Een marktplaats in het oude deel.*
D: Is het gebied van Nazareth gelijkaardig aan dat van Jeruzalem?
A: *Het is gelijkaardig, maar kleiner. Ik herinner me… Ik herinner me het centrale gebied, ik weet dat er een marktplaats is… en mensen komen er voor water. Even kijken. En er zijn heuvels op de achtergrond. Maar het is klein, in vergelijking met de andere stad.*

D: Ik vroeg me af, of het platteland waar je doorheen reisde om er te geraken, er hetzelfde uitzag.

A: Ah, het platteland daar. Het is… Ik zie enkele heuvels. Ik zie… stoffige wegen. Oh, het is wel wat gelijkaardig, ja.

D: Ik hoorde de namen van enkele plaatsen, en ik vroeg me af of jij erheen was gegaan op een van je bedevaarttochten. Ken je Capernaum? Heb je daar ooit iets over gehoord?

A: Ja. Capernaum.

D: Is dat dichtbij Jeruzalem gelegen?

A: Het is… het is lang geleden. Ik denk dat dit meer naar buiten toe is, weg van Jeruzalem. Ik denk dat het rijk is… ik herinner me een rijke landeigenaar daar, en er waren problemen. Maar mijn tijd werd vooral gespendeerd waar ik nodig was. Met de toepassing waarvoor ik was opgeleid.

D: En wat met de Jordaanrivier? Heb je daar ooit iets over gehoord?

A: Oh, ja! De Jordaanrivier, ja. (Pauze, alsof ze aan het nadenken was). Dit… Ik herinner me dat, toen ik jonger was, we in dit gebied liepen. Het was er heerlijk. Ja. (Dit leek op verzinken in een herinnering).

D: Hoorde je ooit over plek die Qumran heet?

Dit was waar de Essenen hun geheime gemeenschap hadden opgebouwd, met hun mystery-school en bibliotheek, te vinden in de kliffen boven de Dode Zee.

A: Ah, ja. (Giechel) De Nazarener… Ik hoorde hierover van de Nazarener. En ik herinner me dat mijn ouders erover spraken. Het was een gemeenschap waar bepaalde geloofsovertuigingen werden gevolgd. Waar onderwijs plaatsvond. De Nazarener heeft er tijd doorgebracht.

Het bracht een zekere validatie met zich mee toen ze Qumran een gemeenschap noemde. Het werd altijd zo genoemd (zelfs door archeologen). Het wordt nooit vernoemd als dorp of dergelijke.

D: Vertelde hij je dit?

A: Ik herinner me dat hij me dit vertelde, ja. Hij vertelde het me toen hij me genezing aan het leren was.

197

D: Wat vertelde hij je precies over zijn tijd ginds?

A: Hij vertelde me dat hij kennis kreeg over de oude Boom des Levens. Hij vertelde me dat hij bepaalde filosofische leer en genezing had geleerd daar. Hij leerde er dingen die je normaal gesproken niet voorgeschoteld krijgt.

D: Is dat dan het type gemeenschap waar zulke dingen worden onderwezen?

A: Ja. In de school die daar is. Maar ik vermoed dat deze gemeenschap er een andere filosofie op na houdt.

D: Denk je dat het daar is, waar hij zoveel van die speciale talenten heeft opgedaan?

A: Ik geloof dat dat zo is, ja. Ik geloof dat hij misschien uitzonderlijk was in het zoeken naar de juiste informatie, in het filteren; Andere studenten zouden misschien niet zo ver gaan. Hij had ook toegang tot materiaal waar slechts enkelen het privilege voor hebben. Hij was geïnteresseerd in dingen en ontdekte zo dingen in zichzelf die hij in vraag stelde.

D: Het klinkt alsof hij dingen heeft geleerd die de gemiddeld persoon niet weet. Het moet wel een andere soort school zijn, daar.

A: Ja. Ze leerden hoe we in samenhang leven met het universum, en de verbondenheid der dingen. En de weg van de Boom des Levens.

D: Wat bedoel je met de Boom des Levens?

A: De Boom des Levens is het oeroude mysterie dat door sommige mensen wordt bedolven om nooit meer te worden onderwezen. De Tempel sprak hier niet over.

D: Waarom iet? Ik ben altijd op zoek naar kennis. Ik kan niet begrijpen hoe mensen dit verbergen.

A: Omdat ze de controle zouden verliezen, als mensen in staat zouden zijn om de waarheid binnenin te vinden. Of als ze begrip hadden en op zichzelf zouden leren, en hun eigen kracht onderhouden en geloof en vertrouwen in de connectiviteit met alles dat er is. Met hun bron van God-zijn.

D: Waarom zouden ze de Boom des Levens beschouwen als iets waarover het volk niks hoorde te weten?

A: Omdat dit de waarheid is. Het zijn de verschillende paden van iemands zijn, lichaam en ziel, en het zijn de verbindingen met de zon en de maan en de getijden. Het legt uit waarom de dingen bestaan, en wat ze zijn.

D: Ik denk dat dit wonderbaarlijke dingen zijn om te weten.

A: *Dit is wat de "Kaballah" wordt genoemd.*

D: Oh, ik hoorde dat woord al eens. Het zal wel een lange tijd duren vooraleer je al deze dingen kan leren.

A: *Het vergt veel toewijding, het is geen makkelijke taak om al de informatie te verzamelen, en te leren hoe dit toe te passen in je alledaagse leven. Hoe je op deze wijze van dienst kan zijn.*

D: Probeerde hij zijn volgelingen dit bij te brengen?

A: *Ik denk van wel, zijn eigen interpretaties zodat we in staat waren het te begrijpen.*

D: Bedoel je dan dat hij het minder ingewikkeld maakte? Ging je ooit naar Qumran?

A: *Nee, ik heb geen herinnering daarvan, nee.*

D: Hoorde je ooit spreken over de Dode Zee?

A: *Ja, ik hoorde daarover. Het heeft een andere naam, maar ik de naam die je zegt is me bekend.*

D: Onder welke naam ken jij het?

A: *(Veel aarzeling bij het vinden van de naam). Het is zoiets als... Elot's? Elot, misschien de Elot Steen... Elot's? Er is daar een strand, herinner ik me.*

D: Ik hoorde ook dat het de Dode Zee werd genoemd, onder andere. Weet je waarom ze het die naam gaven?

A: *Ik weet niet waarom. (Giechel) Ik denk niet dat ik me dat herinner. De Dode Zee? Ik herinner me niet dat het ooit bekend stond onder die naam, hoewel het bekend klinkt, maar ik kan niet...*

D: Dat is niet erg. Ik was gewoon nieuwsgierig. Dat zijn gewoon enkele plaatsen waar ik wat over hoorde.

Anna zei bij het ontwaken dat, terwijl ze Naomi was, ze deze plaatsen kende onder een andere naam, maar ze kon ze zich niet herinneren. Ze dacht dat de Dode Zee zoiets als het "Asfalt Meer" werd genoemd. Het ontzette haar dat ze niet de juiste benamingen kon geven. Maar het was perfect begrijpelijk, omdat we spraken met een ouder wordende Naomi, die waarschijnlijk al een poos niet meer had gereisd. Op dit moment in haar leven, was ze toegewijd aan de zorg voor haar melaatsen.

Later bedacht ik met dat er een verband bestond met het Bijbelse personage Lot, wiens verhaal beslist verband hield met Sodom en Gomorrah, de steden die onder de Dode Zee verborgen liggen. Elots' Steen kon een verwijzing zijn naar de legendarische zoutpilaar. Het is een mogelijkheid.

Het Asfalt Meer was ook een andere naam voor de Dode Zee, omwille van de aanwezigheid van pek en teer. Een andere oude naam ervoor, was de Zee van Lot.

D: Wat weet je over Bethesda? Hoorde je daar ooit iets over?

A: Bethesda? Dat bevindt zich in hetzelfde gebied, denk ik. Vermoedelijk een andere kleine gemeenschap. De namen komen me allemaal zo bekend voor, maar ik ben al lang niet meer naar de kleine dorpen of steden gegaan.

D: Ik bedacht me dat je ze misschien kent onder een andere naam. Maar je bent dus voornamelijk in dat ene gebied gebleven. Heb je contact gehad met veel van zijn volgelingen?

A: Voornamelijk meteen na zijn dood, velen verspreiden zich en gingen hun eigen weg. Ook uit angst, ze vreesden voor hun leven. Ze leefden jarenlang in angst, en sommigen ervan gingen weer ondergronds. Ik kreeg gewoon meer kracht, en (zucht) luisterde naar mijn eigen innerlijke stem, mijn hartcentrum, en ging mijn eigen weg. Ik heb een gevoel van triestheid, omdat de mensen niet begrepen wat hij probeerde over te brengen. Dat waren degenen die hij ten koste van alles wilde bereiken, maar ze konden de waarheid in zijn leer niet aan, de waarheid over God. De waarheid over de manipulatie vanuit de Tempel en de regering. Het is veel makkelijker voor mensen, om hun gewone leven te accepteren op die manier, ze zijn immers te bang om te veranderen. Die manier van leven vergt geen kritisch nadenken, zo zetten ze simpelweg hun leven verder. Omdat hij stond voor verandering, keerden uiteindelijk zelfs zijn eigen mensen zich tegen hem. Uit angst, uit overlevingsdrang. Ik denk dat zijn filosofie nog steeds wordt verdergezet door een aantal van zijn volgers. Het gaat echter door in het geheim, onopgemerkt in ondergrondse bijeenkomsten. Ze leefden in hevige angst.

D: Waren ze bang dat er iemand achter hen aan zou komen?

A: Ja.

D: Dan klinkt het wel alsof je doet wat Jezus wou dat je deed, klopt dat?

A: *Dit was mijn persoonlijke boodschap voor hem. En daarin schuilt de triestheid, dat mensen het niet lijken te begrijpen. Hij hield... onderwijzen – ah, het is soms moeilijk om te praten. (Haar stem klonk oud, soms klonken de woorden als gewauwel). Hij onderwees de leer van het leven, op de meest eenvoudige wijze. In zijn puurste vorm. Dat is waarom hij dat pad volgde, en waarom hij preekte.*

D: Denk je dat de meesten van zijn volgelingen zijn filosofie verzetten, door erop uit te trekken en mensen te helpen, zoals jij?

A: *Toen ze opnieuw naar buiten kwamen was het waarschijnlijk erg stil. Ze waren een bron van angst, volgens de meesten. De Romeinen zetten iedereen tegen hen op. De Romeinen hadden alle controle en macht, dus de mensen werden simpelweg gemanipuleerd met behulp van angst.*

D: Het is moeilijk te vatten waarom ze bang zouden zijn van deze mensen, zijn volgelingen.

A: *Oh, omdat ze zijn filosofie misschien verderzetten. Volgelingen verzamelen. En de Romeinen kunnen misschien opnieuw iets te vrezen hebben, als dat gebeurt.*

D: Het zou me lijken dat ze geen angst meer hebben nadat ze de sleutelfiguur hebben verwijderd.

A: *Zijn woorden en zijn leer, zijn filosofie, leeft verder onder de mensen, zelfs als ze opnieuw slechts te vinden waren in deze ondergrondse, geheime, bijeenkomsten. Maar de meesten zullen een lange tijd onder de radar blijven.*

D: Dan heb je geen contact meer gehad met hen?

A: *Ik had contact met sommigen, degenen die hielpen in de dorpen. Ik zag ze soms, als ik op bedevaartstocht ging.*

D: Wat heb je nog te vertellen over dienen die "discipels" worden genoemd? Heb je daarmee nog contact gehad?

A: *(Zucht) Oh, dat is een lange tijd geleden, maar ja hoor. Sommigen houden nog steeds vergaderingen in de bluffs nabij Kinnereth. En anderen proberen de woorden van de Nazarener levende te houden. Dus ja, sommige ervan zetten door.*

D: Herinner je je da namen van zijn discipels die dit doorzetten?

A: Ik herinner met dat er sprake was van Simeon (uitgesproken: Sim-e-on) en… (denkend) Abram (klonk meer als A-from). Er was ook… Peter.

Dit werd allemaal erg traag uitgesproken, alsof ze moeite had met de herinnering. Naomi was nu een oude vrouw, deze dingen waren jaren geleden gebeurd.

D: Dat zijn de voornaamste die je…

A: (Onderbrekend) Dat ik weet dat ik opnieuw zag erna, ja.

D: Hoorde je van een discipel die "Judas" zou genoemd worden?

A: Oh, ja. Degene die zich tegen hem keerde?

D: Ja, ik denk dat hij degenen is waar het meeste over gesproken wordt.

A: Ja, we wisten het al voor er iets was gebeurd.

D: Je wist er al van?

A: Ja. Ik had er visioenen over. Ja, we wisten van hem af.

D: Kan je me daarover iets vertellen? Wat wist je al?

A: (Triest) Wel, alles wat ik me herinner, is de laatste ontmoeting met de Nazarener, en mijn visioen. En hij vertelde me toen hoe juist, hoe correct, het was. En hij wist het.

D: Je zei toen, dat je wist, dat er iets met hem ging gebeuren.

A: Ja, en hij wist dit ook. Hij wist dat er iemand was, en er waren er waarschijnlijk meerdere. Mensen, die konden worden overtuigd, met geld, en met beloftes van rijkdom en macht. Mensen, die zich tegen hem zouden keren. Degenen die, als je ze genoeg intimideert, de Romeinen zouden geloven, en omgekocht konden worden.

D: Het is lastig voor me, om te begrijpen hoe iemand in zijn nabijheid nog zo… kon zijn.

A: We beschikken over vrije wil. En als iemand toestaat, dat angst de controle overneemt, kunnen ze niet langer de waarheid onderscheiden. Dus het maakt deel uit van hun levensplan.

D: Heb je Judas ooit ontmoet?

A: Ik kende hem, jaren en jaren geleden. Toen ik voor het eerst met de Nazarener meereisde.

D: Was er toen al een aanwijzing, dat hij op die manier zou uitdraaien?

A: *Nee. Ik had er geen persoonlijk contact mee. Er waren zo ver terug alvast nog geen aanwijzingen.*

D: Wat gebeurde er? Wat deed hij?

A: *Hij werd overtuigd (zucht) door de Romeinen, om controversie te veroorzaken, en vragen te stellen rond deze mirakelmaker, deze man, gezonden door God. Hij startte rellen, en zorgde ervoor dat de burgers gewelddadig werden.*

D: Dus hij was een soort van oproerkraaier?

A: *Ja.*

D: Was dit rond de tijd dat de Nazarener werd gearresteerd?

A: *Ja, en dit werd allemaal opgezet als een soort val, met zijn hulp.*

D: Dat is moeilijk voor me om te begrijpen. Kreeg hij iets als beloning?

A: *Ja, hij kreeg er geld voor, en landgoed.*

D: Wat gebeurde er met Judas? Is hij nog in leven, hoorde je nog wat van hem?

A: *Ik hoorde verschillende verhalen. Ik hoorde dat hij vermoord werd. Ik hoorde dat hij ... gewoonweg niet langer met zichzelf kon leven, na een tijd. Dat hij zichzelf om het leven bracht. Ik hoorde vele dingen.*

D: Hij kon dus niet echt van het geld, noch van het land genieten, of wel?

A: *Nee, niet echt. Hij kon niet omgaan met wat er was gebeurd. Toen hij zichzelf uiteindelijk wel moest confronteren met wat er binnenin hem huisde, was het meer dan hij aankon.*

D: Maar je zei dat de Nazarener dus visioenen had gehad over deze man, over de pijn die Judas hem zou toebrengen?

A: *Ja, hij wist... Hij wist wat zijn levensdoel was. Hij wist waarom hij hierheen was gekomen. Hij wist wanneer hij verondersteld werd over te gaan, verder te gaan.*

D: Dus hij probeerde het niet te voorkomen.

A: *Ja, dat bedoel ik. Hij speelde het scenario van zijn leven, hij vervulde zijn persoonlijk levensdoel.*

D: Zoals je zelf zei, dit was Judas zijn vrije keuze, zijn vrije wil. Ik dacht dat je waarschijnlijk vele verhalen had gehoord, sinds de Nazarener overleden was. Ik hoorde ook veel verhalen, en ik weet niet goed wat waar is, en wat niet.

A: *(Lacht) Ik weet niet of iemand dat weet.*

D: Dat is waarom ik je wou vragen, of je misschien dezelfde verhalen als mij had gehoord. Hoorde je verhalen over zijn geboorte?

A: Ja, ik hoorde mijn ouders daarover praten. Ik was zo jong, er zijn zaken die ik toen niet echt begreep. Maar ik weet, dat zijn moeder veel kinderen had. Men vond het een mirakel op zich, dat ze in staat was om een kind zoals Jezus te baren. Maar het gebeurde, en dan beval ze opnieuw. Iedereen dacht, dat het een mirakel was. Maar (giechel), ik ben bang dat het gebeurde hoe het normaal gezien in zijn werk gaat. En het ware mirakel was het kind zelf, niet zijn geboorte.

D: Is dat het enige verhaal dat je kent over zijn geboorte?

A: Mensen schijnen te denken dat het een of ander... door God gezonden verwekking was. Maar ik geloof hier niet in. Ze probeerden al een lange tijd om kinderen te krijgen.

D: Waarom, denk je, proberen mensen het te laten lijken op iets Goddelijks?

A: Dat weet ik niet. Ik denk dat het menselijke gedachtes zijn, ter manipulatie, voor het verkrijgen van macht. Ik weet dit niet zeker. Maar dit was, waarlijk, een mirakel-kind. Toch vind ik dat we allemaal kunnen stellen dat we uit God verwekt worden. We zijn allemaal kinderen van God. Er zijn nog andere uitzonderlijke kinderen geweest.

D: Dat is wat ik me net bedacht. Hij was zo uitzonderlijk, misschien dachten ze wel dat hij dan ook een uitzonderlijke geboorte moet hebben meegemaakt.

A: Ja, ik weet dat er anderen op deze aarde hebben rondgelopen. Ook met de goddelijke verbinding en liefde en mogelijkheden, zoals hij. Maar hij was... oh, de ideeën die de mensen over hem hebben!

D: Dit zijn enkele verhalen die we hebben gehoord, onder andere dat hij een miraculeuze geboorte had.

A: (Lachend) Het mirakel zit in het feit dat ze een ongewoon kind ter wereld bracht.

D: Ja, dat is zo. Maar je zei dat je vader een andere moeder had, dan hem. Is dat waar? Je vader was de zoon van Jozef, maar had een andere moeder? (Ze aarzelde). Heb ik het bij het juiste eind?

A: (Pauze) Jozef zijn... Ja... Halfbroer, zeg je?

D: De moeder was een andere vrouw.

A: Ja, ja. Dat is waar.

D: Dit was dan voor hij getrouwd was met de moeder van de Nazarener?

A: *Ja.*

D: Dan was je vader een pak ouder, veronderstel ik, of niet?

A: *Ja, dat was zo. Ik herinner me dat.*

D: Ontmoette je ooit de moeder van de Nazarener?

A: *Ik herinner me dat ik haar zag, toen ik nog een kind was. Het is een vage herinnering. Maar ze was gewoon een vrouw, niks meer. (Lachend)*

D: Ik ben bang dat ze verhalen die ik hoorde, zijn moeder een meer goddelijk aandoende status gaven. Gewoonweg omdat ze 'zijn' moeder was.

A: *Van wat ik weet, uit mijn jeugdherinneringen, waren ze normale, simpele mensen. Hun leven vertoonde weinig verschil met dat van anderen. Ik herinner me niks buitengewoons. Maar dat zijn herinneringen uit mijn kindertijd. Ze leek voor mij, toen, gewoon een doorsnee vrouw.*

D: En hoe zit het met Jozef? Heb je hem ooit ontmoet?

A: *Ik herinner me, dat ik hem zag, maar het zijn vage herinneringen. Het was een klein dorp, waar ik hen ontmoette. Ze waren bezig met hun dagdagelijkse bezigheden. Gewoon doorsnee dagelijks leven. Ze deden alle normale dingen, ik kan me niks herinneren, behalve dat ze deden wat iedereen deed.*

D: Dit was natuurlijk een lange tijd geleden. Ik probeer heel vroege herinneringen bij je naar boven te halen. Maar er was dus niks dat je opviel, of anders was.

A: *Nee. Ze waren puike mensen, lieve, goede mensen. Misschien hadden ze iets meer dan gemiddeld als het aankwam op... Ze waren niet arm. Maar ze waren niet meer dan de gemiddelde mens. Jezus ging zijn geloof achterna, op een manier die voor hem klopte, maar zijn ouders brachten gewoon hun andere kinderen groot en leefden hun leven.*

D: Ik hoorde ook veel over de mirakels die de Nazarener heeft uitgevoerd. Men sprak zelfs over het terug tot leven wekken van mensen. Weet jij daar iets over?

A: *Ja. Ik heb genezingen gezien. Ik heb geleerd. Ik weet dat er momenten zijn, waarop iemand op het randje van de dood zweeft. Alle levenssignalen zijn zodanig vertraagd, dat het lijkt alsof ze*

dood zijn. Het kan ook zijn dat ze voor enkele minuten zijn
overgegaan. Het is mogelijk om, als het nog niet hun tijd daarvoor
is, ze terug te brengen. Ik heb dit gezien.

D: Heb je hem dit zien doen?

A: Ik heb hem dit zien doen, ja.

D: Kan je me iets vertellen over die ervaring?

A: Ik herinner me dat dit in het dorp van Bar-el was. Hij was me
dingen aan het leren, en het werd me toegestaan om mee te gaan
met hem terwijl hij zijn ronde deed van huis naar huis. Er was
daar een man met koorts, en het was nog niet zijn tijd. Ik herinner
me, dat ik in zijn huis was, dat ik zijn vrouw zag. En er was ook
een jong kind. (Ze raakte geëmotioneerd). En ik weet... oh, het is
zo moeilijk om de woorden te vinden... (Huilend) maar, het was
zoveel meer dan slechts een fysiek gebeuren. Ik weet dat, met de
wisselwerking tussen de genezing van de Nazarener, en de
toewijding en liefde van zijn vrouw... Hij werd teruggebracht. Ik
zag, hoe de Nazarener zijn handen op deze man legde. En ik zag
hoe deze man weer bij bewustzijn kwam. Ik herinner me, dat men
de vrouw had verteld, dat het zijn tijd was om te sterven, maar dat
bleek niet zo te zijn. Hij werd uit de koorts gehaald, weg van de
koorts. (Sniffend) Ik denk, dat de training en kennis die de
Nazarener had, hiertoe hebben bijdragen. Ook zijn manier van
leven, in samenhang met zijn Godsdeeltje in zijn hartcentrum, en
zijn balans met het universum. Ik denk dat hij zich bewust was,
van wat er kon worden gedaan. Maar het had ook veel te maken
met de persoon in kwestie, met diens waarheid, diens geloof in
genezing. Er moet een verlangen hebben bestaan om te blijven
leven.

D: Denk je dat hij dit had kunnen doen, als de persoon al een langere
tijd overleden was?

A: Nee. Ik denk, dat de persoon moet gewenst hebben, dat er een
terugkeer mogelijk was. Hij had iets meer nodig in dit huidige
leven.

D: Denk je dat dit het meest merkwaardige mirakel is, waar je over
hoorde? Mensen terug tot leven brengen?

A: Ik denk... Ik denk dat dit inderdaad het meest opmerkzame is.
Maar, als je het mij vraagt, zijn alle mirakelen gelijk. Andere
genezingen, iemand weer vreugde geven, hun familie bij elkaar

brengen, het heeft dezelfde waarde. Het hart, en de ziel weer heel maken is wonderbaarlijk. Maar ik vermoed, dat, voor de meesten, dit mirakel wel de kroon spant.

D: Ik vroeg me af, wat jij hierover te zeggen had, hij deed zoveel wonderbaarlijke dingen.

A: Ja. Het is moeilijk om te kiezen, elk mirakel dat hij veroorzaakte, met de hulp van de persoon in kwestie, was een mirakel, als je afging op de gezichten van de nabije omgeving. Dat was dus evenwaardig, even belangrijk. Het bracht evenveel genezing als de andere mirakels.

D: Ja. Ik denk dat het wonderlijk is, dat het je werd toegestaan om met hem vertrouwd te raken. Om van hem te leren. Het was duidelijk erg belangrijk. En ik denk dat je, op je eigen manier, ook veel goeds hebt gedaan. Door anderen te helpen.

A: Ik probeerde.

D: En je deelde je kennis ook met andere mensen. Dat is erg belangrijk. Ik denk dat je je leven goed hebt besteed, op die manier. Ok, ik wil dat je vooruitgaat in de tijd, naar de laatste dag van dat leven. Je kan het als een observeerder ervaren, als dat makkelijker is voor je. Het zal je niet dwarszitten om het te observeren en me te vertellen wat er die dag gebeurde.

De sprong naar dat moment gebeurde spontaan, en direct. Ik hoefde niet af te tellen.

A: (Grote zucht) IK weet dat het mijn tijd is. Ik denk dat ik gewoon op ben, klaar om te gaan.

D: Je leefde een lang leven, hé?

A: Ja. Ik denk dat er enkelingen zijn waarmee ik werkte, zij kunnen mijn plaats innemen. Mijn werk in het dorp, mijn bedevaartstochten, het zal worden verdergezet. Maar ik ben buiten het dorp gaan wandelen, naar een plek waar ik soms heenga. En ik zit tegen een boom. Dit waar ik gewoonlijk nadenk, bid of met de Nazarener spreek.

D: Oh? Communiceert hij daar nog met je?

A: Ja. Oh, ik kon hem altijd voelen, het maakt niet uit waar ik ben. Maar hier ben ik wat afgezonderd, niet afgeleid. Ik kan hier rustig

*zitten, het licht voelen, de warmte en gloed die straalt. (Traag) En
zo zal hij naar me toe komen op het volgende niveau.*

D: Laten we vooruitgaan, tot als het net is gebeurd. Wat zie je?

*A: (Lacht) Het is erg verschillend. Ik kan mijn lichaam zien...
(giechel) Ik kan mezelf daar zien leunen tegen de boom. Ik zit er
erg vredig bij.*

D: Was het een vredige dood?

*A: Ja, er is hier vrede te vinden. Ik voelde me erg moe. Ik sloot mijn
ogen, en nu sta ik hier, en kijk ik naar mijn lichaam. Het gebeurde
erg snel. Het is erg vreemd, maar ook erg wonderbaarlijk.*

D: Wat zie je nog?

Ze was aan het glimlachen, en het geluk straalde van haar af.

*A: Ik zie de Nazarener, hij wenkt me. Ik hoor hem zeggen dat ik
welkom ben. Dat dit nu mijn thuis is. Veel vreugde, en veel leren
wacht op mij. Ik zie een pad voor me. (Lacht) Het lijkt erop dat
we op een nieuwe bedevaartstocht gaan.*

D: Ga je het pad af?

*A: Hij neemt me bij de hand. Ik heb het gevoel dat het allemaal erg
traag gebeurt, ik beweeg me erg langzaam. Het lijkt wel alsof ik
naar een ander dorp ga, in de verte. Het is een gevoel van
thuiskomen, van zijn waar ik moet zijn. Als dit 'dood' is, dan is de
dood slechts een nieuwe bedevaart.*

D: Wat denk je over het leven dat je net achterliet?

*A: Oh, ik vind... ik vind dat ik mijn best heb gedaan. Oh, maar ik lijd,
ik lijd voor de mensen, de mensen van deze wereld, die zo traag
zijn in hun begrijpen, in het zien van de waarheid.*

D: Je leerde wel het een en ander in je voorbije leven, vind je niet?

*A: Oh, ik was zo gezegend in dat leven. Ik was vervuld met liefde. De
Nazarener liet me nooit in de steek. Ik vermoed, dat hij degene
was waar ik van hiel. En ik vermoed dat de reden is, waarom ik
niet verondersteld werd te trouwen. Want ik was al vervuld, met
die liefde, en met die kennis, wetende dat ik dingen alleen moest
doen, zodat ik het meeste kon bereiken.*

D: Het klinkt alsof je een goed leven had. Je bereikte veel. Weet je
waar je nu heen gaat?

*A: Ik weet gewoon dat ik naar een plek ga, die als thuis aanvoelt, waar
ik ga leren.*

D: Dat lijkt me erg fijn. Je had een fijn leven, en ik dank je, dat je de
kennis, die je verworven hebt tijdens dat leven, met me wou delen.
Ik ben er enorm dankbaar voor.

A: En ik dank jou.

D: Goed, laten we die situatie verlaten.

Ik bracht Anna terug bij haar volle bewustzijn en Naomi trok zich
voor de laatste maal terug. Ze zou nooit meer worden opgeroepen.

Er gingen vele maanden voorbij, als ik Anna bij gelegenheid tegen
het lijf liep, zei ze erg nieuwsgierig te zijn naar de details van de
sessies. Ze had enkele malen proberen luisteren naar de tapes, maar ze
raakte om een of andere reden nooit verder dan enkele minuten. Ze
kon niet accepteren dat deze woorden van haar afkomstig waren.
Teveel onontdekte emoties werden op deze manier losgemaakt. Dat
zorgde ervoor dat ze zich gedwongen voelde, om de taperecorder uit
te schakelen. Anna heeft zeer weinig mensen over de regressiesessies
verteld, enkel een paar intimi, die ze vertrouwde. Zelfs aan hun,
vertelde ze het met aarzeling, en selectief. Nooit de volledige ervaring.
Het was te persoonlijk, te gevaarlijk voor haar, om het risico van
ongeloof te lopen. Dus hield ze het voornamelijk verborgen.

Na verscheidene maanden, vroeg ik haar, of ze het misschien
comfortabeler zou vinden, om de geschreven versie ervan te lezen. Ze
nam dat aanbod gretig aan, haar nieuwsgierigheid liet haar niet met
rust. Ik gaf haar de ruwe, onafgewerkte verslagen van de tapes. Ze kon
deze lezen, omdat ze haar meer objectiviteit bij de observatie
verschaften, wat ze nodig had. Het verwijderde de persoonlijke
connectie, die haar eigen stem teweegbracht, en maakte het
gelijkaardig aan het lezen van een roman. Maar zelfs met deze
objectiviteit raakte het verhaal van Naomi en haar connectie met Jezus
een gevoelige snaar.

Toen Anna me de verslagen terugbracht, had ze er een kort briefje
aan toegevoegd: "Ik dank je vanuit mijn hele zijn, dat je me dit deel
van mezelf terug heb weten te geven. Een stuk dat heel belangrijk is
voor me, om mijn weg terug naar huis te vinden. Woorden volstaan
niet om mijn dankbaarheid uit te drukken. Je hebt me diep geraakt,
omwille van jou zal ik groeien."

Anna heeft geen kunstonderwijs of dergelijke genoten, maar, ze zei, dat ze bij tijd en wijle in staat is om opmerkzame schilderijen of tekeningen te produceren. Dit talent kan zijn oorsprong vinden in een vorig leven dat nog niet ontdekt is. Na deze sessies over Naomi's connectie met Jezus, tekende ze onverklaarbaar de bijgevoegde tekening. Ze zei, dat het een zo nauwkeurig mogelijke weergave was, van haar herinnering aan Jezus.

De herinneringen van haar nauwe verbintenis met Jezus trokken zich terug in haar onderbewustzijn, en de levens van deze twee vrouwen keerde terug naar de dagdagelijkse sleur. Ik vroeg me af, of ze ooit weer volkomen normaal zouden zijn. Ze keerden terug naar hun alledaagse levens, en de regressies werden vergeten. Het was een interessante onderbreking geweest, niks meer. Het hielp Mary te begrijpen waarom ze problemen ondervond met mannen in haar huidige leven. Ik geloof dat het haar in staat stelde om te begrijpen waar deze gevoelens vandaan kwamen, en hoe ze haar limiteerden. Ze ontwikkelde een relatie met een mannelijke vriend, en dompelde zichzelf onder in haar kinderzorgbedrijf. Dit, samen met de zorg voor haar jonge kinderen was genoeg om haar bezig te houden.

Anna's visioen van Jezus' gezicht toen ze uit trance kwam

Anna was meer dan ooit druk bezig met hun bed & breakfast.
Zowel zij, als haar man, schaften ook meerdere panden aan, die ze
verhuurden en bijgevolg hun aandacht vroegen. In de vrije tijd die ze

kon vinden, was ze vrijwilliger in een verpleeghuis, om patiënten en hun familie bij te staan in ervaringen rond de dood. Op deze manier lekte de zorg, en onzelfzuchtige liefde - die Naomi had voor de zieken en stervenden - door, in haar hedendaagse leven. Andere mensen vertelden me, dat werken in dit zorgsysteem deprimerend kan wezen, omwille van de focus op de naderende dood. Anna vond het een bevredigende en rijke beloning. De dienstbaarheid vervulde haar. Ze zei, dat ze al een allegaartje aan vrijwilligerswerk had geprobeerd, maar dat niks haar zoveel voldoening gaf, als het werken met de terminale zieken. Ze had haar unieke plaatsje in dit werk gevonden.

Ik geloof, dat de invloed van een connectie met Jezus nog steeds zijn echo vond in deze vrouwen hun leven. Het zou dan eerder wel op een onbewust niveau zijn, niet op een manier die ze zonder slag of stoot zouden toegeven. Ik hou er de mening op na, dat ze deze regressie op een volwassen en gezonde manier hebben benaderd. Er is een deeltje geschiedenis aan ons terug gegeven. De herinneringen van deze verbintenis, die verborgen lagen in een hoekje van iemands onderbewustzijn. Ik geloof dat dit boek, en de andere boeken die er al zijn - en degenen die nog zullen komen - het uiteindelijke doel zijn van deze regressies. In jezus en de Essenen, is het doel, om ons de oorspronkelijke Jezus te tonen. Om te tonen hoe en wie hij werkelijk was. Ik had altijd de indruk dat hij anders, speciaal, moet zijn geweest. Zijn acties en woorden doorstonden de tand des tijds. Maar tot deze regressies plaatsvonden, vatte ik nooit echt wat dat "iets" was.

In de verduisterde kamer, luisterend naar de vrouw die in trance op het bed haar verhaal aan het herleven was, kreeg ik een inkijk in de ware persoonlijkheid van Jezus. Het enorme charisma van de man, en de extreme vriendelijkheid. Ik heb nog nooit zo'n hoeveelheid liefde voelen uitstralen van een menselijk leven. Bij zowel Mary als Anna, hoorde je de liefde in hun stem, als ze spraken over hun ontmoetingen met Jezus. Ik zat erbij, in mijn stoel, en liet dit wonderlijke gevoel mijn lichaam overspoelen. Ik probeerde het te absorberen. Ik had het gevoel dat ik erbij was, in zijn nabijheid, ik realiseerde me, dat dit het effect was dat hij had op mensen. Je kon niet in zijn nabijheid zijn zonder hem lief te hebben.

Voor ik dit boek begon te schrijven, liet ik de tapes ook aan andere mensen horen, zij waren evenzeer ontroerd door het relaas van de twee vrouwen. Ik zuchtte en zei, "Hoe ga ik in godsnaam dat gevoel op papier overbrengen?" Ik kreeg van verschillende mensen het antwoord, "Je moet het op zijn minst proberen." Wat je net las, is dus het resultaat van mijn pogingen. Ik deed een poging, al dan niet verdienstelijk, om de emotie die met deze regressie gepaard ging over te brengen in geschreven woord. Ik denk dat je aanwezig moet zijn geweest om ten volle te begrijpen hoe moeilijk dit was.

Ik vond het een heus voorrecht, dat ik deze momenten uit de geschiedenis mocht meemaken, en ik weet dat ik ergens een spreekwoordelijke toorts draag. Het is mijn plicht deze momenten te delen met de rest van de mensheid. Ik hoop dat ik erin geslaagd ben om Jezus weer te geven, hoe ik hem ervaarde. Hij was een vriendelijke, zachtaardige, meelevende mens, in staat om talenten te verwerven en ontwikkelen. Talenten waar elke mens over beschikt, binnenin ons. Ze bevinden zich in een soort slaapmodus, wachtend om te worden gewekt. Jezus was een man met een grenzeloze liefde voor de mensen op Aarde.

Addendum

De meest onverwachte hoek waaruit het bewijs voor mijn materiaal wordt geleverd, is die waarin mijn lezers me dit leveren. Ze vinden dingen die ik nooit had kunnen tegenkomen bij mijn eigen onderzoek. Het volgende is een uittreksel van een brief die ik ontving in 1997. "Ik heb informatie die je misschien interessant zal vinden. Het gaat over de regressie van Anna, als Naomi. Je vroeg Naomi naar namen van dorpen waar ze heen reisde om de melaatsen en armen te helpen. Je merkte op bij je onderzoek, dat je niet in staat was om de namen van de dorpen te achterhalen. Maar ik herinnerde me dat ik verschillende oude kaarten van het Heilige Land heb, ze bevinden zich achterin mijn Bijbel die "The New World Translation of the Holy Scriptures, heet, ik deed mijn eigen onderzoek naar deze dorpen. Hierbij in het achterhoofd houdend dat je de woorden fonetisch had neergeschreven, dit is wat ik ontdekte:

Bethsharon – Er is een klein dorp, dat "Beth-haron"heet, ten Noorden van Jeruzalem, in de nabije omgeving.

Ramat – In hetzelfde gebied was er een klein dorp dat "Ramah" heette.

Bar-el – Een beetje verder in het Noorden gelegen, ten opzichte van deze dorpen, is er een dorp, en dat heet "Ba'al-hazor". (De apostrof in woorden betekent, dat er een letter is weggelaten. Ze kan het ook verkort als Ba'al hebben uitgesproken.)

Abram – Je zei, dat ze deze naam uitsprak als A-from. Een veelgebruikte naam in dat gebied was Ephraim, wat op dezelfde manier wordt uitgesproken. En er is, toevallig ook een ander klein dorp tussen Gophna en Ramah, dat dorpje heet Ephraim.

Al deze dorpen zijn in de nabije omgeving van Bethel, niet ver ten Noorden van Jeruzalem.

Het hoeft amper vermeld te worden, hoe dankbaar ik deze lezer ben, dat hij met deze informatie is komen aandraven. Het was geen alom bekende informatie, dus dank om dit te delen.

Author Page

DOLORES CANNON is een hypnosetherapeut en paranormale onderzoeker, ze verzamelt "verloren gegane" kennis. Ze is geboren in 1931 in ST. Louis, Missouri. Ze liep school in Missouri tot ze trouwde in 1951 met een legerofficier. Ze reisde de daaropvolgende twintig jaren de wereld rond, zoals typerend is voor een vrouw met een man die een functie heeft in het leger.

In 1968 ervaarde ze voor het eerst iets met reïncarnatie door middel van regressieve hypnose. Dit gebeurde toen haar man, een amateur-hypnotiseur, op een vorig leven botste toen hij met een vrouw werkte die kampte met haar gewicht. Op dat moment was het concept van vorige levens nogal abnormaal, niet veel mensen hielden zich er mee bezig. Het wekte haar interesse, maar het werd aan de kant geschoven. Haar familieleven ging voor.

In 1970 werd haar man ontslagen uit het leger, hij was toen een fysiek beperkte veteraan. Ze trokken zich terug in de heuvels van Arkansas. Dan begon ze aan haar schrijverscarrière, ze begon met het verkopen van haar artikels aan verschillende magazines, en nieuwsbladen. Toen haar kinderen het huis uit gingen, werd haar interesse in hypnose en reïncarnatie een nieuw leven ingeblazen. Ze bestudeerde de verschillende methodes binnen hypnose en ontwikkelde gaandeweg haar eigen unieke techniek, dit stelde haar in staat om op de meest efficiënte wijze informatie los te weken uit haar cliënten. Sinds 1979 heeft ze honderden gevallen van regressie opgeslagen. In 1986 breidde ze haar onderzoek uit in ging ze ook aan de slag binnen de UFO-gemeenschap. Ze heeft onderzoek gedaan naar UFO-landingen, zowel vanop afstand als ter plekke. Ze heeft de graancirkels in Engeland nauw bestudeerd. De meerderheid van haar werk is de opeenstapeling van bewijs afkomstig van vermoedelijke ontvoeringslachtoffers, door middel van hypnose.

De boeken die al zijn uitgegeven van deze auteur zijn: Nostradamus spreekt, Nostradamus spreekt opnieuw, Jezus en de Essenen – Ze Wandelden met Jezus – Between Death and Life – A soul Remembers Hiroshima – Keepers of the Garden – Legacy fro mthe Stars – The Legend of Starcrash – The Custodians

Verschillende van haar boeken zijn te verkrijgen in meerdere talen.

Dolores heeft vier kinderen, en veertien kleinkinderen, die haar gegrond houden in het "echte" leven met haar familie en de "onechte, ongeziene" wereld die haar werk omvat.

Als je met Dolores contact wenst op te nemen of vragen hebt over haar werk, nodig ik je graag uit om naar het volgende adres al je vragen te sturen. (Voeg hier aub een geposteerde envelop ter retourzending aan toe.) Je kan ons ook contacteren via de website.

Dolores Cannon
Ozark Mountain Publishing
P.O. Box 754
Huntsville, AR 72740

WWW.OZARKMT.COM

Other Books by Ozark Mountain Publishing, Inc.

Dolores Cannon
A Soul Remembers Hiroshima
Between Death and Life
Conversations with Nostradamus,
    Volume I, II, III
The Convoluted Universe -Book One,
    Two, Three, Four, Five
The Custodians
Five Lives Remembered
Jesus and the Essenes
Keepers of the Garden
Legacy from the Stars
The Legend of Starcrash
The Search for Hidden Sacred
    Knowledge
They Walked with Jesus
The Three Waves of Volunteers and
    the New Earth
A Vey Special Friend
Aron Abrahamsen
Holiday in Heaven
James Ream Adams
Little Steps
Justine Alessi & M. E. McMillan
Rebirth of the Oracle
Kathryn Andries
Time: The Second Secret
Cat Baldwin
Divine Gifts of Healing
The Forgiveness Workshop
Penny Barron
The Oracle of UR
P.E. Berg & Amanda Hemmingsen
The Birthmark Scar
Dan Bird
Finding Your Way in the Spiritual Age
Waking Up in the Spiritual Age
Julia Cannon
Soul Speak – The Language of Your
    Body
Ronald Chapman
Seeing True

Jack Churchward
Lifting the Veil on the Lost
    Continent of Mu
The Stone Tablets of Mu
Patrick De Haan
The Alien Handbook
Paulinne Delcour-Min
Spiritual Gold
Holly Ice
Divine Fire
Joanne DiMaggio
Edgar Cayce and the Unfulfilled
    Destiny of Thomas Jefferson
    Reborn
Anthony DeNino
The Power of Giving and Gratitude
Carolyn Greer Daly
Opening to Fullness of Spirit
Anita Holmes
Twidders
Aaron Hoopes
Reconnecting to the Earth
Patricia Irvine
In Light and In Shade
Kevin Killen
Ghosts and Me
Donna Lynn
From Fear to Love
Curt Melliger
Heaven Here on Earth
Where the Weeds Grow
Henry Michaelson
And Jesus Said – A Conversation
Andy Myers
Not Your Average Angel Book
Guy Needler
Avoiding Karma
Beyond the Source – Book 1, Book 2
The History of God
The Origin Speaks

For more information about any of the above titles, soon to be released titles,
or other items in our catalog, write, phone or visit our website:
PO Box 754, Huntsville, AR 72740|479-738-2348/800-935-0045|www.ozarkmt.com

Other Books by Ozark Mountain Publishing, Inc.

The Anne Dialogues
The Curators
Psycho Spiritual Healing
James Nussbaumer
And Then I Knew My Abundance
The Master of Everything
Mastering Your Own Spiritual
    Freedom
Living Your Dram, Not Someone Else's
Sherry O'Brian
Peaks and Valley's
Gabrielle Orr
Akashic Records: One True Love
Let Miracles Happen
Nikki Pattillo
Children of the Stars
A Golden Compass
Victoria Pendragon
Sleep Magic
The Sleeping Phoenix
Being In A Body
Alexander Quinn
Starseeds What's It All About
Charmian Redwood
A New Earth Rising
Coming Home to Lemuria
Richard Rowe
Imagining the Unimaginable
Exploring the Divine Library
Garnet Schulhauser
Dancing on a Stamp
Dancing Forever with Spirit
Dance of Heavenly Bliss
Dance of Eternal Rapture
Dancing with Angels in Heaven
Manuella Stoerzer
Headless Chicken
Annie Stillwater Gray
Education of a Guardian Angel
The Dawn Book
Work of a Guardian Angel

Joys of a Guardian Angel
Blair Styra
Don't Change the Channel
Who Catharted
Natalie Sudman
Application of Impossible Things
L.R. Sumpter
Judy's Story
The Old is New
We Are the Creators
Artur Tradevosyan
Croton
Croton II
Jim Thomas
Tales from the Trance
Jolene and Jason Tierney
A Quest of Transcendence
Paul Travers
Dancing with the Mountains
Nicholas Vesey
Living the Life-Force
Dennis Wheatley/ Maria Wheatley
The Essential Dowsing Guide
Maria Wheatley
Druidic Soul Star Astrology
Sherry Wilde
The Forgotten Promise
Lyn Willmott
A Small Book of Comfort
Beyond all Boundaries Book 1
Beyond all Boundaries Book 2
Beyond all Boundaries Book 3
Stuart Wilson & Joanna Prentis
Atlantis and the New Consciousness
Beyond Limitations
The Essenes -Children of the Light
The Magdalene Version
Power of the Magdalene
Sally Wolf
Life of a Military Psychologist

For more information about any of the above titles, soon to be released titles,
or other items in our catalog, write, phone or visit our website:
PO Box 754, Huntsville, AR 72740|479-738-2348/800-935-0045|www.ozarkmt.com